MOSAIK

DER GESCHICHTE AUF DER SPUR
B 10

Herausgegeben
von Joachim Cornelissen • Martin Ehrenfeuchter •
Christoph Henzler • Michael Tocha • Helmut Winter

Erarbeitet
von Joachim Cornelissen • Martin Ehrenfeuchter •
Hans-Georg Fink • Christoph Henzler • Dorina Jechnerer •
Jan Koppmann • Gertrud Lübbecke • Julia Möhle •
Bettina Nitsche • Wolfgang Opel • Stefan Schipperges •
Michael Tocha • Stefan Weih • Sabine Wierlemann •
Helmut Winter

Beraten
von Christoph Cornelißen

Oldenbourg

Herausgeber und Autoren:
Joachim Cornelissen, Meerbusch
Dr. Martin Ehrenfeuchter, Königsfeld
Hans-Georg Fink, Kempten
Dr. Christoph Henzler, Krumbach
Dorina Jechnerer, Ansbach
Jan Koppmann, Berg
Gertrud Lübbecke, Arnstadt
Julia Möhle, Augsburg
Bettina Nitsche, Ingolstadt
Wolfgang Opel, Sachsen bei Ansbach
Dr. Stefan Schipperges, Offenburg
Michael Tocha, VS-Pfaffenweiler
Stefan Weih, Karlsruhe
Dr. Sabine Wierlemann, Pfinztal
Helmut Winter, Meerbusch

Wissenschaftlicher Berater:
Prof. Dr. Christoph Cornelißen, Universität Kiel

Zu den Kapiteleingangsbildern:
S. 10–11: Sowjetische und amerikanische Panzer stehen sich am amerikanischen Kontrollpunkt „Checkpoint Charlie" in Berlin gegenüber (1. Oktober 1963); „Balance des Friedens auf der Mauer" (Karikatur von Ronald Searle, 1963).
S. 44–45: Der amerikanische Präsident Ronald Reagan bei einem Besuch im Sommer 1987 in Berlin;
Öffnung der Mauer um das Brandenburger Tor am 22. Dezember 1989 im Beisein von Bundeskanzler Helmut Kohl und DDR-Ministerpräsident Hans Modrow sowie Politikern aus Ost und West.
S. 72–73: Französischer Blauhelmsoldat der UN-Friedensmission UNIFIL im Libanon (Foto, 1996); Bild vom Anschlag auf das World Trade Center am 11. September 2001; Bundeswehrsoldat im Einsatz in Afghanistan; Auswirkungen von Hunger im Sudan (1963); Weltraumstation ISS; Grafik zur Globalisierung.

Das Papier ist aus chlorfrei gebleichtem Zellstoff hergestellt, ist säurefrei und recyclingfähig.

1. Auflage 2008 R06
Druck 12 11 10 09 08
Die letzte Zahl bezeichnet das Jahr des Drucks.

Alle Drucke dieser Auflage sind untereinander unverändert und im Unterricht nebeneinander verwendbar.

Umschlagkonzept: Mendell & Oberer, München
Umschlaggestaltung und Layoutkonzept: Groothuis · Lohfert · Consorten GmbH, Hamburg
Lektorat: Dr. Karin Friedrich (Assistenz: Margret Bartoli)
Herstellung: Eva Fink
Bildredaktion: Elisabeth Maier
Karten und Grafiken: Achim Norweg, München
Satz und Reproduktion: artesmedia GmbH, München
Druck: Himmer AG, Augsburg

ISBN 978-3-486-**00739**-8
ISBN 978-3-637-**00739**-0 (ab 1.1.2009)

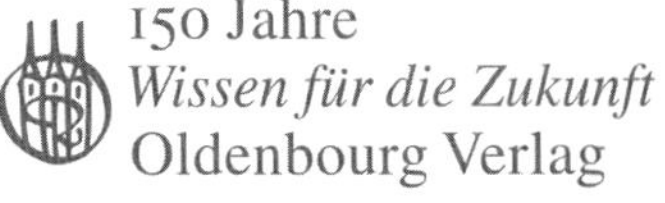

Was ich bisher gelernt habe: 1920–1967

Nationalsozialismus. In den 1920er Jahren entwickelten sich in vielen europäischen Ländern autoritäre Regime. In Italien hatte Mussolini die „Nationalfaschistische Partei" begründet und 1922 mit seinen Kampfbünden die Macht ergriffen. Seine Herrschaft wurde von seinen Gegnern als „totalitär" bezeichnet, weil sie alle Bereiche des Staates und des Privatlebens durchdrang. In der UdSSR baute Stalin, auf der kommunistischen Ideologie fußend, eine menschenverachtende Parteidiktatur auf, die als „Stalinismus" auch den ungeheuren Personenkult um den allmächtigen Parteiführer mit einschloss.
Die Auswirkungen der Weltwirtschaftskrise belasteten ab 1929 auch die Weimarer Republik schwer; vom Reichspräsidenten ernannte Präsidialkabinette konnten eine Radikalisierung der politischen Lage nicht verhindern. Am 30. Januar 1933 berief Reichspräsident Hindenburg Adolf Hitler, Parteivorsitzender der NSDAP, zum Reichskanzler. Nach dem Brand des Reichstags erließ der Reichspräsident auf Vorschlag Hitlers eine Notverordnung, durch die alle Grundrechte eingeschränkt oder aufgehoben wurden. Gegner konnten nun ohne richterlichen Beschluss eingesperrt werden; die ersten KZ entstanden. Am 24. März 1933 ließ sich Hitler im Reichstag durch ein „Ermächtigungsgesetz" für vier Jahre alle legislative Gewalt übertragen. Zugleich begann die NSDAP sämtliche Lebensbereiche gleichzuschalten: Im Mai wurden die Gewerkschaften zerschlagen, bis Ende Juni waren alle Parteien verschwunden und die Länder des Reichs zum 1. Januar 1934 endgültig aufgelöst. Auf Weisung Hitlers kam es im Juni 1934 zur Ermordung der SA-Spitze und anderen konservativen Gegnern. Nach dem Tode Hindenburgs am 2. August übernahm der „Führer und Reichskanzler" auch das Amt des Staatsoberhauptes und war damit zugleich Oberbefehlshaber des Heeres.
Der Staat wurde straff nach dem „Führerprinzip" ausgerichtet. Gegner wurden unerbittlich verfolgt und das KZ-System weiter ausgebaut. Der von den Nationalsozialisten vertretene Antisemitismus trat nun offen zutage. Mit den „Nürnberger Gesetzen" 1935 aberkannte man den Juden die deutsche Staatsbürgerschaft; sie wurden aus vielen Bereichen des öffentlichen Lebens ausgeschlossen und waren Schikanen und Gewalttaten schutzlos ausgeliefert. Mit dem Angriff auf die Synagogen in der Pogromnacht vom 9./10. November 1938 erreichten die staatlich gelenkten Übergriffe einen weiteren Höhepunkt. Neben dem Terror setzten die Nazis von Anfang an auf den Einsatz von Massenpropaganda in Form von Radio, Filminszenierungen und Massenveranstaltungen (z. B. Reichsparteitage). Eine besondere Beachtung schenkte das Regime der Jugend, die von Kindheit an im Sinne des NS-Ideologie erzogen werden sollte. Auch Kunst und Architektur wurden in den Dienst der Machthaber gestellt.

Nach außen hin war Hitler bemüht, seinen Friedenswillen zu zeigen, doch dies entsprach nie seinen wahren Absichten. Das Regime plante von Anfang an eine Revision des Versailler Friedensvertrags und einen Vernichtungskrieg im Osten. Hierzu bereitete man auch die Wirtschaft auf einen Krieg vor. Im Münchner Abkommen vom Oktober 1938 wurde, da die Westmächte vor einem Krieg zurückschreckten („Appeasement-Politik"), der Anschluss des Sudetenlandes an das Reich festgelegt. Im März 1939 ließ Hitler entgegen diesem Vertrag auch die „Rest-Tschechei" besetzen. Völlig überraschend schlossen im August 1939 das Deutsche Reich und die UdSSR einen Nichtangriffspakt. In einem geheimen Zusatzabkommen wurde die Aufteilung Polens festgelegt.

Zweiter Weltkrieg und Völkermord. Mit dem Angriff auf Polen am 1. September 1939 begann der Zweite Weltkrieg. In mehreren erfolgreichen Blitzkriegen eroberte die deutsche Wehrmacht bis zum Sommer 1940 Polen, Dänemark und Norwegen sowie Frankreich und die Beneluxländer; eine Invasion Englands scheiterte. Nach der Besetzung Jugoslawiens und Griechenlands griffen die deutschen Truppen im Juni 1941 die UdSSR an. Doch der frühe Winter machte die anfänglich erzielten Erfolge zunichte. Mit dem japanischen Angriff auf die amerikanische Pazifikflotte in Pearl Harbor im Dezember 1941 sowie der Kriegserklärung Hitlers an die USA weitete sich der europäische Krieg zu einem Weltkrieg aus.

Von Anfang an wurde der Krieg in Russland als Vernichtungskrieg gegen die dortige Bevölkerung, insbesondere gegen die dort lebenden Juden geführt. Die Nationalsozialisten suchten während des Kriegs nach immer effektiveren Mordverfahren. Auf der „Wannsee-Konferenz" im Januar 1942 wurde die „Endlösung der Judenfrage", die Ermordung aller Juden in Europa, besprochen. In Konzentrationslagern wie Auschwitz fielen rund 6 Millionen Juden, darunter etwa 1,5 Millionen Kinder und Jugendliche unter 16 Jahren, dem Holocaust zum Opfer.
Während mit der Dauer des Kriegs in den besetzten Ländern der Widerstand wuchs, gab es in Deutschland nur wenige, die versuchten, dem Diktator entschieden entgegenzutreten. Herausragend waren Einzeltäter wie Georg Elser, der bereits 1939 versucht hatte, Hitler in die Luft zu sprengen. Die Mitglieder der Studentengruppe „Weiße Rose" mit den Geschwistern Scholl bezahlten ihren Widerstand mit dem Leben. Auch das Attentat vom 20. Juli 1944 durch Oberst Graf von Stauffenberg scheiterte.
Das Ende der 6. Armee im Januar 1943 in Stalingrad bedeutete die Kriegswende. Ab diesem Zeitpunkt wurden die deutschen Truppen an allen Fronten zurückgedrängt oder mussten, wie in Nordafrika, kapitulieren. Am 6. Juni 1944 eröffneten die Alliierten in der Normandie eine zweite Front, während ihre Bomberverbände die deutschen Städte in Schutt und Asche legten. Nach dem Selbstmord Hitlers kapitulierte die deutsche Wehrmacht am 8. Mai 1945. Im Pazifik endete der Krieg erst nach den amerikanischen Atombombenabwürfen über Hiroshima und Nagasaki am 2. September 1945.

Leben in der Trümmerzeit (1945–1949). In ganz Europa hatte der Krieg tiefe Wunden geschlagen. Deutschland war von einer beispiellosen Zerstörung seiner Städte und einer Flucht- und Vertreibungswelle gezeichnet. Es galt der Kampf um das tägliche Überleben. Auf der Konferenz von Potsdam (Juli/August 1945) legten die Alliierten die Aufteilung des Reichs in Besatzungszonen fest, mit Berlin als Viermächtestadt. Schon bald zerbrach die Allianz an den unterschiedlichen Vorstellungen über die Zukunft Deutschlands bzw. Europas. Man sprach von einem „Eisernen Vorhang", der Ost und West zu trennen begann. Während die UdSSR ihre Zone und die

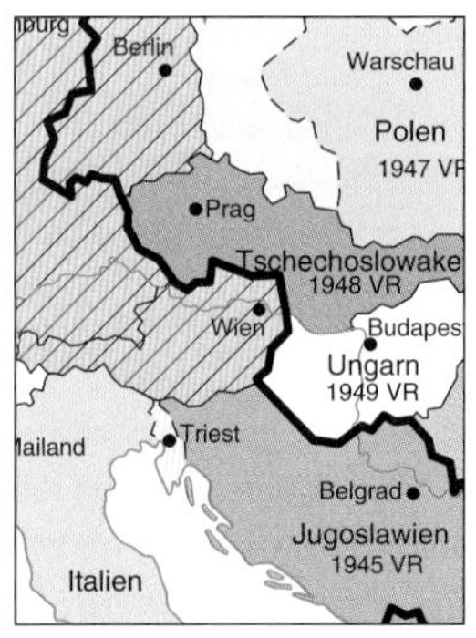

osteuropäischen Länder abschottete und in ihnen kommunistische Einparteiensysteme installierte, setzten die westlichen Alliierten auf die Rückkehr zur demokratischen Ordnung mit einem Mehrparteiensystem. Im Dezember 1946 erhielt Bayern eine neue Verfassung.
Im Ringen um die Einflussnahme auf die europäischen Länder, bei dem der sowjetische Einfluss stärker zurückgedrängt werden sollte, begannen die USA eine Politik der Eindämmung (Containment-Politik). Mithilfe der Gelder aus dem Marshallplan sollte der Wiederaufbau Europas und damit auch Deutschlands schneller ermöglicht werden. Als im Juni 1948 die Westalliierten die „DM" (Deutsche Mark) einführten, antworteten die Sowjets mit einer Blockade Berlins. Die Stadt wurde ein Jahr lang nur über eine Luftbrücke versorgt. Gleichzeitig einigten sich die Westalliierten und Ministerpräsidenten ihrer Zonen auf die Schaffung eines Weststaates. Um den provisorischen Charakter dieser Staatsbildung zu betonen, nannte man die am 23. Mai 1949 unterzeichnete Verfassung „Grundgesetz": Die Bundesrepublik Deutschland war entstanden. Auch die Sowjets hatten die Gründung eines eigenen Staates in ihrer Besatzungszone vorangetrieben. Am 7. Oktober 1949 entstand die „Deutsche Demokratische Republik" (DDR) und damit ein zweiter deutscher Teilstaat.

Deutschland in einer geteilten Welt (1949–1961). Das Jahr 1949 markiert auch einen Einschnitt in der Weltgeschichte: Die NATO, ein westliches Verteidigungsbündnis gegen die UdSSR, wurde gegründet. Von da an standen sich zwei hoch gerüstete Militärblöcke im Kalten Krieg gegenüber. Der Koreakrieg (1950–1953) hatte im Westen die Befürchtung verstärkt, vom Kommunismus akut bedroht zu sein. In der nun folgenden US-Politik sollte auch Westdeutschland zur Verteidigung der „freien Welt" herangezogen werden. Unter Bundeskanzler Adenauer verfolgte die Bundesrepublik eine Politik der Westintegration, um zum einen die volle Souveränität, zum anderen aber auch den Schutz der westlichen Gemeinschaft zu erhalten.

Gleichzeitig sprach er sich für die Integration der Bundesrepublik in ein zusammenwachsendes (West-)Europa aus. Ein entscheidender Schritt hierzu war 1951 die Schaffung der Montanunion, in der sich die Bundesrepublik, Frankreich und die Beneluxstaaten zur Kontrolle der Kohle- und Stahlerzeugung zusammenschlossen. 1955 wurde die Bundesrepublik in die NATO aufgenommen, die Besatzungsherrschaft beendet und die allgemeine Wehrpflicht eingeführt. Außenpolitisch kam es zur Regelung der deutschen Auslandsschulden und einem Wiedergutmachungsabkommen mit Israel, beides Grundlage für eine eigenständige deutsche Außenpolitik. Innenpolitisch ging der Wiederaufbau erstaunlich schnell voran. Mit der sozialen Marktwirtschaft und ihrer These vom „Wohlstand für alle“ gelang es Wirtschaftsminister Ludwig Erhard, der sozialistischen Planwirtschaft ein erfolgreiches Modell entgegenzustellen. Schon bald sprach man vom „Wirtschaftswunder“: Bereits Mitte der 1950er Jahre war die Vollbeschäftigung erreicht, die sogar dazu führte, dass die ersten „Gastarbeiter“ nach Deutschland kamen. Mit einer zunehmenden Motorisierung waren auch Ferienreisen nach Österreich oder Italien für viele Bürger erschwinglich. Dieses Gefühl, den Krieg überwunden zu haben, steigerte sich noch, als 1954 die (west-)deutsche Fußball-Nationalmannschaft in Bern die Weltmeisterschaft gewann.

Zur gleichen Zeit wurde die DDR fester Bestandteil des Ostblocks, der sich 1955 militärisch im Warschauer Pakt zusammenschloss. Die Niederschlagung des Arbeiteraufstands vom 17. Juni 1953 durch sowjetische Truppen verstärkte die Abwanderung von DDR-Bürgern in den Westen. Um den zunehmenden Verlust an Bevölkerung zu stoppen, ließ die DDR-Führung am 13. August 1961 eine Mauer rund um die Westsektoren von Berlin und Sperranlagen an der innerdeutschen Grenze errichten.

Weltpolitische Veränderungen im Schatten des Kalten Kriegs. Trotz der Blockbildung in West und Ost war es mit der Gründung der UNO gelungen, ein Gremium zu schaffen, das über alle Krisen hinweg als Gesprächsforum erhalten blieb.

Erweitert wurde es auch durch jene Staaten, die sich vermehrt in den 1940er bis 1960er Jahren von ihren Kolonialherren befreit hatten. Diese Entkolonialisierung geschah nicht selten in blutigen Unabhängigkeitskriegen (z. B. in Algerien). Es kämpften aber auch verschiedene Unabhängigkeitsbewegungen gegeneinander, die dann von einer der beiden Supermächte unterstützt wurden (Stellvertreterkrieg). Doch trotz gewonnener Unabhängigkeit blieben die großen Unterschiede besonders zwischen den nördlichen Industrienationen und den südlichen Entwickungsländern, zumeist aus den ehemaligen Kolonien hervorgegangen, bestehen. Dieser Nord-Süd-Konflikt dauert bis heute an.

Mit besonderer Aufmerksamkeit wurde auch die Schaffung des Staates Israel verfolgt, der im Mai 1948 gegründet worden war. In drei Kriegen (1948, 1956 und 1967) gegen seine arabischen Nachbarn, die sich weigerten, das Existenzrecht Israels anzuerkennen, verteidigte der junge Staat seine Unabhängigkeit.

In (West-)Europa waren insbesondere Politiker aus Frankreich und Deutschland bemüht, eine dauerhafte Friedensordnung für den Kontinent zu schaffen. Nach der Montanunion (1951) schlossen sich die Bundesrepublik Deutschland, Frankreich, Italien und die Beneluxländer im März 1957 zur Europäischen Wirtschaftsgemeinschaft (EWG) und der Europäischen Atomgemeinschaft zusammen. 1967 wurden diese drei Gründungen zur Europäischen Gemeinschaft vereinigt. Im Mittelpunkt dieser Entwicklung stand die Aussöhnung von Deutschen und Franzosen, die ihren symbolischen Höhepunkt 1963 im deutsch-französischen Freundschaftsvertrag erhielt, unterzeichnet von Bundeskanzler Konrad Adenauer und Staatspräsident Charles de Gaulle.

N E U Z

Zeitalter des Ost-West-Kon

1949 – 1990 Teilung Deutschlands (BR

1960	1963	1965 1966	1969 1970	1974 1975	1980 1982
Bundeskanzler Konrad Adenauer (CDU)	Bundeskanzler Ludwig Erhard (CDU)	Bundeskanzler Kurt Kiesinger (CDU)	Bundeskanzler Willy Brandt (SPD)	Bundeskanzler Helmut Schmidt (SPD)	

1961 Bau der Berliner Mauer

1962 Kubakrise

1963 Abkommen zwischen USA und UdSSR zum Stopp von Atomtests: Beginn der ***Entspannungspolitik***

1964–1973 Vietnamkrieg

1967 Sechstagekrieg (Israel)

Gründung der Europäischen Gemeinschaft (EG)

1967/68 „Außerparlamentarische Opposition“ (APO)

„68er-Bewegung“

1968 „Prager Frühling“

1970–1972 Ostverträge

1972 Grundlagenvertrag

1973 BRD und DDR Mitglieder der UNO

1975 KSZE-Schlussakte von Helsinki

Helmut Kohl

„Kanzler der Einheit

1979 Einmarsch sowjet. Truppen in Afghanistan

erste Direktwahl zum Europäischen Parlament

NATO-Doppelbeschluss

E I T

i k t s | Globalisierung

n d DDR) | Bundesrepublik Deutschland

985 | 1990 | 1995 | 1998 | 2000 | 2005 | 2007

Bundeskanzler Helmut Kohl (CDU)

Bundeskanzler Gerhard Schröder (SPD)

Bundeskanzlerin Angela Merkel (CDU)

ab 1985 Reformpolitik in der UdSSR
Michail Gorbatschow Generalsekretär der KPdSU

Perestrojka und Glasnost

1989/90 Umbruch im Ostblock

9. November 1989 Öffnung der innerdeutschen Grenze

3. Oktober 1990 „Tag der Deutschen Einheit“
Wiedervereinigung: Beitritt der DDR zur BRD

ab 1991 Zerfall Jugoslawiens

1991 Ende des Warschauer Pakts
Ende der UdSSR/Gründung der GUS

1993 Vertrag von Maastricht – EU

1994/95 Abkommen in Oslo zwischen Israel und den Palästinensern/ Nahostkonflikt hält an

11. September 2001 Terroranschläge radikaler Islamisten in den USA

2004/07 Osterweiterung der EU

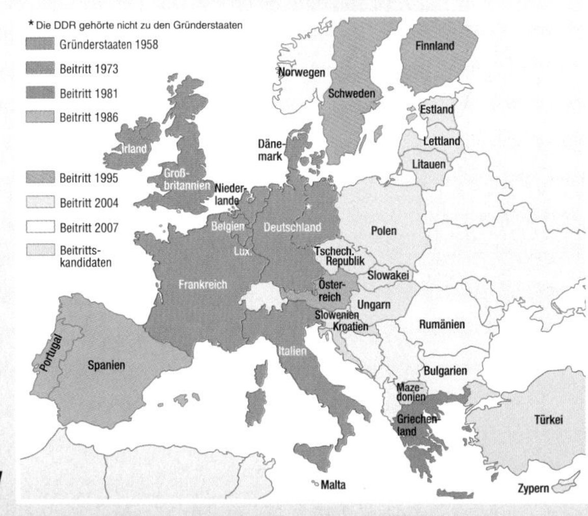

▸ Diese Begriffe werden ab Seite 122 erläutert.

US ARMY CHECKPOINT
YOU
THE A
ВЫ
АМЕРИ
VO
DU SE
SIE VERLASS

Die Welt und Deutschland von den 1960er Jahren bis zu den 1980er Jahren

Agentenkrieg zwischen Ost und West

„007“ rund um den Globus. Mit dem Mauerbau im August 1961 war ein weiterer Höhepunkt des Kalten Kriegs erreicht. In Berlin standen sich Panzer der beiden Supermächte gegenüber (s. S. 10). Weil jede Seite einen Atomkrieg fürchtete, kam es zu keiner direkten Konfrontation. Die Beziehungen zwischen Ost und West waren aber weiterhin angespannt. „Heiß“ hingegen blieb der Krieg der Informationsbeschaffung. Hierbei spielten zunehmend die Abhörtechnik und Spionageflüge mit speziellen Aufklärungsflugzeugen, ab den 1960er Jahren die Aufklärungssatelliten, eine entscheidende Rolle. Die beiden Führungsmächte verfügten dabei über ein weltweites Netz von Agenten und Zentren mit Überwachungstechniken: die USA mit dem CIA (Central Intelligence Agency; verstärkt tätig bei „verdeckten Aktionen“ im Ausland) und dem NSA (National Security Agency; über 20000 Mitarbeiter; spezialisiert auf High-Tech-Aufklärung); die UdSSR mit dem KGB (dt. „Komitee für Staatssicherheit“). Hinzu traten verbündete „Mittelmächte“, die selbst möglichst eigenständig zu operieren gedachten, wie Großbritannien mit einem eigenen weltumspannenden Spionagenetz. Dieses erlangte weitaus größere Berühmtheit in der Kinoversion mit dem Agenten „007“.
Bei der wirklichen Agententätigkeit, nicht selten auch hinter dem Rücken der eigenen Parlamente, wurde der Schleier über diesem geheimnisumwitterten Kampffeld nur selten gelüftet.

M2 Agentenaustausch auf der Glienicker Brücke *(1986)*

„Brücke in die Freiheit.“ Die Enttarnung von gegnerischen Agenten gehört neben der Spionagetätigkeit zu den wichtigsten Aufgaben der Geheimdienste. Waren zunächst Top-Spione in den 1940er und 1950er Jahren noch hingerichtet worden, wuchs mit Beginn der 1960er Jahre die Bereitschaft zu gegenseitigem Austausch. Die geteilte Stadt Berlin, und hier besonders die Glienicker Brücke, kamen in Folge derartiger Aktivitäten zu weltweiter Beachtung. So spielte sich hier am 10. Februar 1962 eine filmreife Szene ab: Von Osten betrat morgens um 8.44 Uhr der Amerikaner Gary Powers die Brücke. Er war im Mai 1960 über der UdSSR in seinem Spionageflugzeug abgeschossen und in einem spektakulären Prozess zu 10 Jahren Gefängnis verurteilt worden. Von Westen kam zeitgleich Rudolf Abel, 1957 als Top-Agent wegen Aufbau eines Spionagenetzes in den USA zu 30 Jahren Haft verurteilt. Am 11. Juni 1985 stand die Glienicker Brücke erneut im Rampenlicht der Weltöffentlichkeit: 23 in Polen und der DDR enttarnte CIA-Spione wurden gegen vier Agenten östlicher Geheimdienste ausgetauscht. Ein Jahr später durften – nicht weniger spektakulär – der russische Bürgerrechtler Anatolij Schtscharanski und drei Westagenten die Brücke nach Westberlin überqueren, in der Gegenrichtung waren es ein russischer Computerspezialist und vier Ostagenten. Erst der Mauerfall 1989 gab der Brücke wieder ihre eigentliche Bestimmung zwischen Berlin und Potsdam zurück.

M1 „James Bond“ *(Filmplakat, 1963)*
Der erfolgreichste Agentenfilm aller Zeiten musste nach dem Mauerfall 1989 sein Feindbild wechseln, da der russische Geheimdienst KGB kein ideologischer Gegner mehr war.

M3 **Bundeskanzler Willy Brandt** *(links)* **und Günter Guillaume Anfang der 1970er Jahre**

Spion im Kanzleramt. Zu den spektakulärsten und politisch folgenschwersten Agentengeschichten für die Bundesrepublik Deutschland gehörte die Enttarnung des DDR-Spions Günter Guillaume im April 1974. Er arbeitete als persönlicher Referent des damaligen Bundeskanzlers Willy Brandt im Bundeskanzleramt. Sich zunehmend im engsten Umfeld des Kanzlers bewegend – er begleitete die Familie Brandt sogar auf ihren Urlaubsreisen – lieferte er jahrelang Informationen direkt aus der Bonner Regierungszentrale. Seine Frau unterstützte ihn dabei. Für den Kanzler blieb kein Ausweg: Im Mai trat der ein Jahr zuvor als Friedensnobelpreisträger ausgezeichnete Regierungschef zurück; sein Nachfolger wurde der damalige Finanz- und Wirtschaftsminister Helmut Schmidt. Guillaume wurde zu 13 Jahren Haft, seine Frau zu acht Jahren verurteilt, beide schob man aber bereits 1981 in die DDR ab.

M4 Geheimdienste – wozu?

Der australische Journalist und Kenner der internationalen Nachrichtendienste, Phillip Knightley, fasste seine Kenntnisse über die Dienste 1986 zusammen:

Die Geheimdienste könnten – nur vielleicht – eine gewisse Existenzberechtigung haben, wenn sie wirklich das täten, was sie zu tun behaupten: rechtzeitig vor Bedrohungen der Nation warnen. Doch erfüllen sie diese Versprechen selbst in Kriegs-5 zeiten nur teilweise und scheinen in Friedenszeiten weniger darum bemüht, Informationen zu beschaffen, als darum, dem rivalisierenden Dienst eins auszuwischen, ihr Budget und ihre Organisation zu schützen und neue Rechtfertigungen für ihre Existenz zu ersinnen.

Zitiert nach: Phillip Knightley: Die Geschichte der Spionage im 20. Jahrhundert, Bern (Scherz) 1986, S. 378. Übers. von Jürgen Bavendam.

1 Sprechen Sie in der Klasse über den Mauerbau 1961. Welchen Eindruck vermittelt dazu das Bild auf Seite 10? Wie sieht der Karikaturist (Seite 11) die Chancen für einen Frieden?

Wovon handelt dieses Kapitel? Nicht nur in Berlin, sondern weltweit kam es zwischen Ost und West zu Beginn der 1960er Jahre immer wieder zu Konfrontationen. 1963 stand die Welt am Rande eines Atomkriegs, als die UdSSR heimlich versuchte, Atomraketen auf Kuba zu stationieren und die USA dies um jeden Preis verhindern wollten. Nach Beendigung dieser Krise ordneten die Supermächte ihr Verhältnis neu. Trotz Bemühen um eine friedliche Koexistenz bauten Ost und West permanent ihre Waffenarsenale aus. Das gleichzeitige enorme Engagement der USA im Vietnamkrieg (Mitte der 1960er Jahre bis 1975) endete für die westliche Supermacht traumatisch.

Ab 1969 verfolgte Willy Brandt, der erste sozialdemokratische Kanzler seit Bestehen der Bundesrepublik, eine neue Ostpolitik. In der Innenpolitik trat er zudem mit dem Versprechen „Mehr Demokratie wagen" an und versuchte so, die zunehmenden Proteste der jungen Generation aufzunehmen. Neue Herausforderungen waren auch die internationalen Ölkrisen in den 1970er Jahren oder die Mordserie der terroristischen „Rote-Armee-Fraktion" (RAF). Das Regime in der DDR schien sich nach dem Mauerbau 1961 zu stabilisieren, doch zeigte z. B. die Ausbürgerung des Liedermachers Wolf Biermann, dass bei aller staatlichen Regie und Fürsorge die Proteste im Innern nicht verstummten und den Bürger noch immer viele Freiheiten vorenthalten wurden.

2 Informieren Sie sich im Internet oder in Ihrer Schulbibliothek über die Geheimdienste CIA und KGB sowie SIS, insbesondere über ihre Aktivitäten in den 1960er und 1970er Jahren. Wie gibt das Filmplakat (M1) diese Aktivitäten wieder?

3 Die Glienicker Brücke – Spiegelbild für die Ost-West-Beziehungen? Nennen Sie Beispiele (M2 und Autorentext).

4 Das Spionageflugzeug von Gary Powers galt offiziell als unerreichbar für die sowjetischen Luftabwehrraketen. Diskutieren Sie anhand der Informationen zu den Spionageflüge in den 1960er Jahren und der Agententätigkeit von Günter Guillaume (M3 und Autorentext) die These von Phillip Knightley (M4).

Die Kubakrise – Wendepunkt im Kalten Krieg

Castros Revolution. 1959 hatte der kommunistische Revolutionär Fidel Castro den kubanischen Diktator Fulgencio Battista gestürzt. Während Battista enge Beziehungen zu den USA pflegte, wurde Castro von der Sowjetunion unterstützt. Vergeblich versuchten 1961 von Washington ausgerüstete und trainierte kubanische Emigranten, auf Kuba zu landen und Castros Revolution rückgängig zu machen. Die Invasion endete mit einem Fiasko, die Amerikaner hatten das Unternehmen nur halbherzig unterstützt. Erschwerend kam noch hinzu, dass sich die kubanische Bevölkerung nicht, wie die Invasoren erhofft hatten, gegen die von Castro geführte Regierung erhob.

Raketen gegen die USA. Die Sowjetunion nutzte die Chance, auf Kuba, also in unmittelbarer Nähe zu den USA, Atomraketen zu stationieren. Mit diesen hätten die meisten nordamerikanischen Großstädte zerstört werden können. Der sowjetische Ministerpräsident Nikita Chruschtschow hoffte, damit ein Gegengewicht zu den US-Raketenbasen in der Türkei in die Hand zu bekommen und die Amerikaner von einem weiteren Invasionsversuch abhalten zu können.

Als die amerikanische Regierung im Oktober 1962 erkannte, welche Bedrohung sich auf Kuba anbahnte, informierte Präsident John F. Kennedy die Öffentlichkeit. Er legte dabei Bildmaterial vor, das die Existenz der Raketenbasen auf Kuba bewies, welche die Sowjetunion bisher geleugnet hatte. Zum Schutz seines Landes verhängte Kennedy darüber hinaus eine Seeblockade über die Insel und verlangte den sofortigen Abzug der Raketen.

Am Rande des Atomkriegs. Daraufhin entsandten die Sowjetunion weitere Schiffe mit Soldaten und Raketen Richtung Kuba, um die Blockade der Amerikaner zu brechen. In den USA wurde die Atombomberflotte in Alarmbereitschaft versetzt. Als dann auch noch ein amerikanisches Aufklärungsflugzeug über Kuba abgeschossen wurde, war der Fall eingetreten, für den das US-Militär einen Vergeltungsschlag vorsah: Die Welt stand am Rande eines Atomkriegs. Gleichsam im letzten Moment lenkte der sowjetische Ministerpräsident ein, und die Supermächte einigten sich auf einen Kompromiss: Die Sowjetunion zog ihre Raketen von Kuba ab. Die USA sagten zu, stillschweigend diejenigen Raketen abzubauen, die sie in der Türkei stationiert hatten und auf die Sowjetunion gerichtet waren.

M1 Gegenseitige Bedrohung

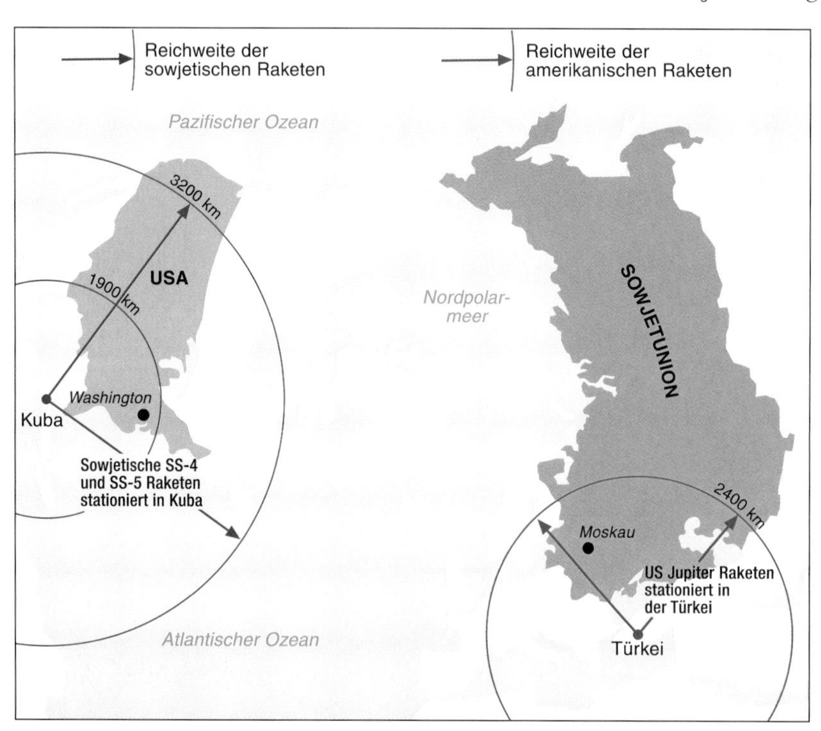

Folgen der Krise. So markierte die Kubakrise in der Geschichte des Kalten Kriegs einen Wendepunkt: Die USA und die Sowjetunion erkannten, dass es notwendig sei, künftig zu einer Form des friedlichen Zusammenlebens zu gelangen. Hierzu diente zunächst die Einrichtung eines „heißen Drahtes", einer direkten Fernschreiberverbindung zwischen den Regierungszentralen in Washington und Moskau. Damit sollte im Falle einer Krise ein schneller Austausch an Informationen möglich sein.

M2 „O.K., Mr. President. Let's talk."

Karikatur aus der „Daily Mail" (1962)

M3 Das Verhältnis zwischen den USA und der Sowjetunion

Aus einer Rede John F. Kennedys an der Universität Washington (10. Juni 1963):

Keine Regierung oder kein Gesellschaftssystem ist so teuflisch, dass man bei seinen Bürgern nur schlechte Eigenschaften feststellen muss. Als Amerikaner empfinden wir den Kommunismus als außerordentlich abstoßend, da er eine Negierung der persönlichen Freiheit und Würde darstellt. Trotzdem können wir das russische Volk doch noch wegen seiner vielen Errungenschaften in der Wissenschaft und im Weltraum, in der Ökonomie und im industriellen Wachstum und wegen seiner Kultur und hervorragender Taten wertschätzen. Unter den vielen gemeinsamen Charakterzügen der Menschen unserer beiden Länder ist keiner stärker ausgeprägt als unser beiderseitiger Abscheu vor dem Kriege. Nahezu einzigartig unter den größeren Weltmächten haben unsere beiden Länder nie miteinander im Krieg gelegen ... Sollte heute jemals erneut ein totaler Krieg ausbrechen, gleichgültig wie, dann würden unsere beiden Länder die ersten Zielscheiben sein. Es ist Ironie, aber es steht doch fest, dass die zwei größten Mächte in der größten Gefahr sind, zerstört zu werden. Alles, was wir aufgebaut haben, alles, wofür wir gearbeitet haben, würde in den ersten 24 Stunden zerstört werden. Sogar im Kalten Krieg, der für so viele Länder und auch unsere engsten Verbündeten Bürden und Gefahren mit sich bringt, tragen unsere beiden Länder die schwersten Lasten. Denn beide stecken ungeheure Summen in Waffen, anstatt sie für den Kampf gegen Unwissenheit, Armut und Krankheit zu verwenden ... Kurzum: die Vereinigten Staaten mit ihren Verbündeten und die Sowjetunion mit ihren Verbündeten haben ein gegenseitiges großes Interesse an einem gerechten und wahren Frieden und an der Beendigung des Wettrüstens. Übereinstimmung mit diesen Zielen liegt im Interesse der Sowjetunion und auch in unserem; und sogar bei den am meisten verfeindeten Nationen kann man darauf vertrauen, dass sie diese Vertragsverpflichtungen akzeptieren und einhalten, weil es eben Verpflichtungen sind, die in ihrem Interesse liegen.

Zitiert nach: Robert McNamara: Blindlings ins Verderben, Reinbeck (Rowohlt) 1987, S. 11ff. Übers. von Volker Englich und Wolfgang Mallmann.

M4 „Chruschtschow beugt sich!"

New York Mirror, 29. Oktober 1962:

Chruschtschow gegenüber Kennedy: „Ich bewundere Ihren Sinn für das rechte Maß, das von Ihnen gezeigte Verständnis für die Verantwortung, die Sie gegenwärtig für die Erhaltung des Friedens in aller Welt gezeigt haben."
Kennedy über Chruschtschow: „Ich bewundere die staatsmännische Entscheidung des Vorsitzenden Chruschtschow, den Ausbau der Basen auf Kuba einzustellen, die Offensiv-Waffen zu demontieren und sie unter Kontrolle der Vereinten Nationen in die Sowjetunion zurückzutransportieren. Dies ist ein wichtiger Beitrag zum Frieden".

Zitiert nach: Jeremy Isaacs/Taylor Downing: Der Kalte Krieg. Eine illustrierte Geschichte 1945–1991, München/Zürich (Diana Verlag) 1999, S. 202.

1 Erläutern Sie die gegenseitige Bedrohungslage anhand von M1.
2 Beschreiben Sie, wie das Verhältnis zwischen den USA und der Sowjetunion in der Karikatur M2 dargestellt wird. Erklären Sie, für welche Seite der Karikaturist vermutlich Partei ergreifen wollte.
3 Skizzieren Sie den historischen Hintergrund, der Kennedy zu seiner Rede veranlasst haben dürfte (M3 und Autorentext).
4 Zeigen Sie auf, wie Kennedy die Notwendigkeit eines friedlichen Zusammenlebens der Supermächte begründete (M4 und Autorentext). Erarbeiten Sie die Absichten, die Kennedy mit seiner Rede verfolgte.
5 Beurteilen Sie die Aussagen der beiden Staatsmänner (M4).

„We were wrong, terribly wrong" – der Krieg in Vietnam

Die „Dominotheorie". Als 1954 Widerstandskämpfer, von der Sowjetunion unterstützt, die französischen Kolonialherren nach einem erbitterten Dschungelkrieg endgültig aus Vietnam vertrieben hatten, waren die USA aufs Höchste alarmiert: Man befürchtete, auch die Nachbarstaaten könnten dem Kommunismus zufallen, ähnlich umkippenden Dominosteinen. Um dies zu verhindern, entschlossen sich die USA einzugreifen.

Von Militärberatern zu Soldaten. Nach dem französischen Abzug kam es zur Teilung Vietnams in einen kommunistischen Norden und einen westlich orientierten Süden. Letzterer entwickelte sich allerdings nicht zu einem Staat mit einer demokratischen Ordnung, sondern zu einer Militärdiktatur. Dennoch unterstützten die USA Südvietnam in dem jetzt ausbrechenden Konflikt zwischen den beiden Landesteilen mit Geld und Waffen, da man in ihm einen wichtigen Partner im Kampf gegen den Kommunismus sah. Die Sowjetunion ihrerseits stand aufseiten der kommunistischen Widerstandsgruppen, der sogenannten Vietcong, die vom Norden aus in den Süden eindrangen. Unter US-Präsident John F. Kennedy arbeiteten bereits 1962 über 16 500 amerikanische „Berater" für die südvietnamesische Armee, die auch in Kämpfe eingriffen. Sein Nachfolger, Lyndon B. Johnson, entsandte schließlich 600 000 reguläre Soldaten.

Eine Großmacht verirrt sich im Dschungel. Je länger der Vietnamkrieg andauerte, umso deutlicher wurde, dass die hochgerüsteten amerikanischen Soldaten gegen die Guerillataktik der einheimischen Kämpfer keinen Erfolg haben würden, weil diese sich immer wieder geschickt in die ausgedehnten Dschungelgebiete zurückziehen und von dort aus Überraschungsangriffe starten konnten. Vergeblich warfen die Amerikaner und Südvietnamesen über Vietnam mehr Bomben ab, als im gesamten Zweiten Weltkrieg niedergegangen waren. Kampfstoffe, wie Napalm, ließen Menschen qualvoll sterben, hochgiftige Pflanzenvernichtungsmittel entlaubten riesige Waldgebiete und verseuchten auf Jahrzehnte hin ganze Landstriche. Noch heute leidet die Bevölkerung an den Auswirkungen dieser Giftstoffe.

M1 Nach einem Bombardement mit Napalm fliehen Kinder aus einem vietnamesischen Dorf *(1972).*

„Make love, not war" – Proteste in den USA. Die Brutalität und lange Dauer der Kämpfe führten in den USA zu Massendemonstrationen gegen den Vietnamkrieg. Den meist jugendlichen Protestierenden ging es aber bald um mehr: Abgelehnt wurden nicht nur der Krieg, sondern auch die als „spießig" empfundenen bürgerlichen Lebensformen und moralischen Werte. „Flower power" und „Make love, not war" lauteten die Parolen. Durch bunte Kleidung und ihren Haarschmuck hoben sich die sogenannten „Hippies" von der übrigen Bevölkerung ab. Sie waren gegen jegliche Form von Gewalt und forderten eine Abkehr von allen Zwängen der Gesellschaft. Der nordvietnamesische Staatsgründer Ho Tschi Minh wurde Idolfigur auch vieler westlicher Studenten.

Vietnam – das Trauma der USA. Nach längeren Verhandlungen kam es 1973 schließlich zu einem Friedensabkommen: Dabei glich der Rückzug der Amerikaner mehr einer Flucht. Der Norden eroberte 1975 den Süden; die beiden Länder wurden unter einer kommunistischen Regierung wiedervereinigt.
Der Verlust von 56 000 Amerikanern war zu beklagen, viele Soldaten kehrten kriegsversehrt und traumatisiert zurück. Die Verluste auf vietnamesischer Seite waren um ein Vielfaches höher: 1,1 Millionen Soldaten hatten das Leben verloren, schätzungsweise zwei Millionen Zivilisten waren den Flächenbombardements zum Opfer gefallen. Der damalige Verteidigungsminister Robert McNamara bekannte viele Jahre später: „We were wrong, terribly wrong."

M2 Die „Dominotheorie"

US-Präsident Dwight D. Eisenhower erläuterte 1954 anlässlich einer Pressekonferenz:

... Zum Ersten geht es um den spezifischen Wert eines geografischen Raumes im Hinblick auf die Produktion von Rohstoffen, die die Welt braucht. Dann besteht die Möglichkeit, dass viele Menschen unter eine Diktatur geraten, die der freien Welt feindlich gegenübersteht. Schließlich gibt es allgemeinere Überlegungen, die sich ableiten aus dem Prinzip, das man als „Dominotheorie" bezeichnen kann. Es steht da eine Reihe von Dominosteinen. Sie stoßen den ersten um, und was mit dem letzten geschieht, ist die Gewissheit, dass es sehr schnell gehen wird. So könnte der Anfang eines Zerfalls mit außerordentlich weitreichenden Folgen aussehen.

Wenn wir zu dem möglichen Ablauf der Ereignisse kommen, dem Verlust von Indochina[1], Burma[2], Thailand, Indonesien – hier geht es um Millionen und Millionen von Menschen –, so sind die möglichen Konsequenzen für die freie Welt gar nicht auszudenken.

Presseerklärung Präsident Eisenhowers 1954. Zitiert nach: Ernst-Otto Czempiel/Carl-Christoph Schweitzer: Weltpolitik der USA nach 1945, Bonn (Bundeszentrale für politische Bildung) 1989, S. 154. © Leske und Budrich, Leverkusen 1984

[1] Indochina = Französisch-Indochina: Auf dem ehemaligen Gebiet entstanden Vietnam, Laos und Kambodscha.

[2] heute Myanmar

M3 Brutalität des Kriegs

Der von den USA unterstützte Polizeichef von Saigon erschießt am 1. Februar 1968 auf offener Straße einen Vietcong. Kurz vor dieser Tat war die Familie des Polizeichefs von Vietcong-Soldaten ermordet worden.

M4 Musical „Hair" *(Kinoplakat, 1979)*

Die Uraufführung fand 1967 in New York statt. Weltweit wurde es zu einem der erfolgreichsten Musicals aller Zeiten. Die langen Haare standen u. a. für die Ablehnung der kurz geschorenen Haare der Soldaten, sollten aber auch als Protest gegen das „Spießertum" der Eltern-Generation angesehen werden.

1 Erklären Sie mithilfe von M2, was Präsident Eisenhower unter der „Dominotheorie" verstand und diskutieren Sie darüber, ob sie einen Krieg rechtfertigt.

2 Begründen Sie mit den Informationen des Autorentextes sowie M1 und M3, warum der Vietnamkrieg in den USA und weltweit auf massive Proteste stieß.

3 Noch heute leiden über eine Million Menschen an den Spätfolgen der Kampfstoffe. Erkundigen Sie sich über die Wirkung von Napalm oder dem in Vietnam eingesetzten Pflanzengiftstoff Agent Orange.

4 Beschreiben Sie anhand von M4 und dem Autorentext, auf welche Weise die „Hippies" Kritik an der Gesellschaft übten.

5 Informieren Sie sich, z. B. im Internet, über die Handlung des Musicals „Hair" und versuchen Sie, dessen großen Erfolg zu erklären.

Auf dem Weg zur Supermacht – China im 20. Jahrhundert

Die Volksrepublik China entsteht. 1912 gelang es Revolutionären, China in eine Republik zu verwandeln; der letzte Kaiser musste abdanken. Die wichtigste politische Kraft zur Zeit der Republik war die Kuomintang (Nationale Volkspartei), die seit 1925 von General Chiang Kai-shek geführt wurde. Gegen dessen autoritäre Regierung kämpfte seit 1927 die Kommunistische Partei (KPCh) in einem langjährigen Bürgerkrieg. Nach dem Ende des Zweiten Weltkriegs gelang es der KPCh sich durchzusetzen. Chiang Kai-shek zog sich nach Taiwan zurück, wo er einen eigenen Staat gründete. Der Vorsitzende der KPCh, Mao Zedong, rief 1949 die Volksrepublik China aus.

Die permanente Revolution. Mitte des 20. Jh. war China ein Land, dessen Bevölkerung mehrheitlich in bitterer Armut lebte. Hunger gehörte zum Alltag vor allem der Masse der Kleinbauern, welche die Machtbasis Maos und der KPCh bildeten. Insofern wurde 1949 die Übernahme der Regierung durch die Kommunisten von breiten Volksschichten begrüßt. In den nächsten Jahren veränderte Mao China grundlegend. Weil er dabei immer wieder neue gesellschafts- und wirtschaftspolitische Experimente initiierte, bezeichnet man seine Herrschaft als permanente Revolution: Zunächst ließ er eine Bodenreform durchführen und Handel, Industrie und Banken verstaatlichen. Im Zuge der Kollektivierung der Landwirtschaft mussten die Bauern sich zu großen Produktionsgenossenschaften zusammenschließen. Gleichzeitig forcierte Mao die Industrialisierung des Landes. Insgesamt blieb seine Wirtschaftspolitik aber erfolglos; sie führte zu Hungersnöten, die Millionen Menschen das Leben kosteten.

In sozialer Hinsicht beabsichtigte Mao eine völlige Neuordnung der Gesellschaft. Zu diesem Zweck wurden sogenannte Volkskommunen gegründet, in denen Angehörige verschiedener Bevölkerungsschichten zu einer Einheit verschmelzen und gemeinsam Landwirtschaft und Handel betreiben sollten. Dieser „Große Sprung nach vorn“ sollte China innerhalb weniger Jahre zu einer der leistungsstärksten Volkswirtschaften machen; allerdings scheiterte Mao auch mit diesem Experiment, was zu einer Schwächung seiner Stellung in der KPCh führte. Deshalb verkündete Mao die Große Proletarische Kulturrevolution: Alle Gegner Maos innerhalb wie außerhalb der KPCh sollten ausgeschaltet werden. Dabei bediente sich Mao vor allem der Jugend. Bald war vor den Angriffen der „Roten Garden“, die sich aus fanatisierten Schülern und Studenten rekrutierten, niemand mehr sicher. China drohte im Chaos zu versinken, und nur mithilfe der Armee gelang es Mao, die Lage schließlich wieder zu beruhigen.

Chinas Außenpolitik. Seit Gründung der Volksrepublik betrieb China eine offensive Außenpolitik: 1950 wurde das unabhängige Tibet besetzt; Grenzstreitigkeiten mit Indien, der Sowjetunion und Vietnam kulminierten wiederholt in militärischen Zusammenstößen. Taiwan wird von China bis heute nicht anerkannt; der Inselstaat stellt für die Regierung in Peking eine abtrünnige Provinz dar, die mit der Volksrepublik wiedervereinigt werden soll. Die Konflikte mit der Sowjetunion führten schließlich zum Bruch zwischen den beiden kommunistischen Staaten, als China erfolgreich Nuklearwaffen testete. Um neue Partner zu gewinnen, nahm China in den 1970er Jahren diplomatische Beziehungen zu Japan und den USA auf. (1972 trifft US-Präsident Nixon Mao in Peking.) 1971 wurde China Mitglied der Vereinten Nationen und erhielt einen ständigen Sitz im Weltsicherheitsrat. Nicht zuletzt dieser Umstand dokumentierte Chinas Status als Großmacht.

Reformen unter Deng Xiaoping. Als Mao 1976 starb, konnte sich mit Deng Xiaoping ein Politiker an der Spitze der KPCh durchsetzen, der China reformieren wollte. In wirtschaftlicher Hinsicht wurden immer mehr Freiheiten gewährt. Deng ließ die Volkskommunen auflösen und erlaubte den Bauern, Land zu pachten, um unabhängig wirtschaften zu können. Der Privatinitiative des Einzelnen eröffnete er immer größere Spielräume. So schuf Deng die Voraussetzungen für die großen ökonomischen Erfolge, die China seit den 80er-Jahren des 20. Jh. verzeichnen kann und das Land möglicherweise zur neuen Supermacht des 21. Jh. werden lassen. Dagegen werden politische Freiheiten bis heute nicht gewährt. Nach wie vor ist China eine Diktatur, in der die Menschenrechte nicht garantiert sind. Oppositionelle Strömungen werden bekämpft und Bestrebungen nach Demokratie oder politischer Teilhabe verfolgt.

M1 Personenkult um Mao Zedong (1893–1976)

Massenveranstaltung in einem Stadium. Jeder der dort Anwesenden erhielt ein Fähnchen. Aus der Summe dieser entstand dieses Bild.

M2 Veränderungen hinsichtlich der Familie

Auszüge aus einem Artikel in einer Jugendzeitschrift (erschienen um 1960).

Der Rahmen der individuellen Familie, der Tausende von Jahren bestand, ist endgültig zerschmettert ... Wir müssen die Volkskommune als unsere Familie betrachten und der Bildung einer eigenen Kleinfamilie keine besondere Beachtung schenken ... Seit Jahren hat man Mutterliebe verherrlicht ... Die liebsten Menschen in der Welt sind die Eltern und doch können sie nicht mit dem Vorsitzenden Mao und der Kommunistischen Partei verglichen werden ..., denn nicht die Familie hat uns alles gegeben, sondern die Kommunistische Partei und die große Revolution ... Die private Liebe ist nicht so wichtig: Frauen sollten daher nicht zu viel von der Energie ihrer Männer für sich beanspruchen.

Aus der führenden chinesischen Jugendzeitschrift. Zitiert nach: Klaus Mehnert: Peking und Moskau, Stuttgart (Deutsche Verlag-Anstalt) 1962, S. 451.

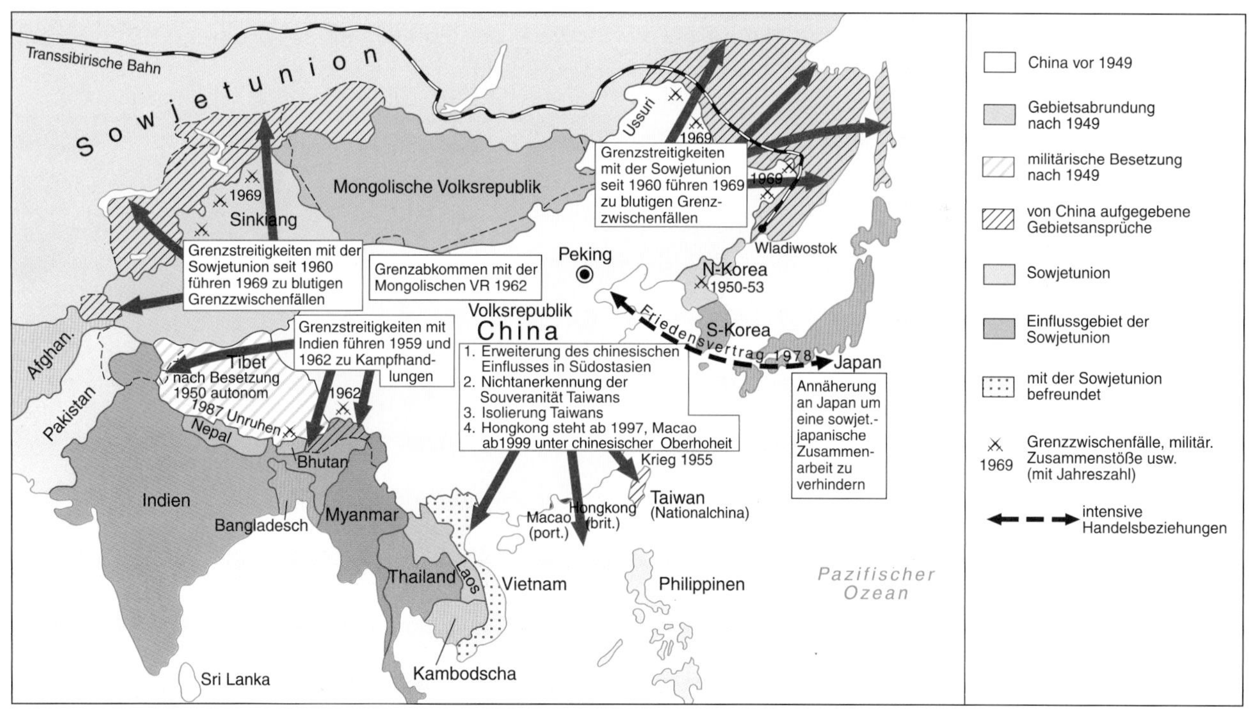

M3 Chinas Politik als Großmacht

1 Erläutern Sie Veränderungen in der Gesellschaft, die Mao anstrebte (M2 und Autorentext).

2 Erörtern Sie, ob Maos Stellung in der Gesellschaft aus Ihrer Sicht berechtigt erscheint (M1–M2 und Autorentext).

3 Skizzieren Sie die chinesische Außenpolitik anhand der Karte M3.

4 Vergleichen Sie Maos Politik mit der seiner Nachfolger und nennen Sie Unterschiede und Gemeinsamkeiten (Autorentext).

Konfrontation und Entspannung – die Supermächte ringen um die Macht

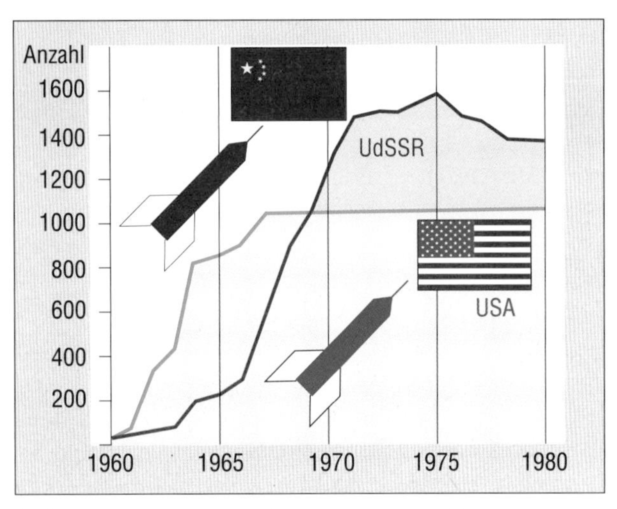

M1 Rüstungswettlauf zwischen den USA und der UdSSR am Beispiel der Interkontinentalraketen *(Reichweite: bis zu 15 000 km)*

Friedliche Koexistenz? Die Kubakrise (s. S. 14f.) hatte das Risiko einer Eskalation gezeigt und die Angst vor einem „heißen" Krieg geschürt. Sowohl die USA als auch die Sowjetunion erkannten, dass es notwendig sei, die militärische Lage zu entschärfen. Unter dem amerikanischen Präsidenten John F. Kennedy wandelte sich die „Strategie der massiven Vergeltung" mit Nuklearwaffen zum „Konzept der angemessenen Reaktion" („flexible response"). Sie zielte darauf, einen konventionellen Angriff zunächst mit konventionellen Mitteln abzuwehren, verbunden zugleich mit der Bereitschaft, den Konflikt auch atomar zu beantworten. Diese Strategie behielt die NATO bis 1991 bei. Die beiden Supermächte nahmen die seit langem eingefrorenen Verhandlungen über Rüstungskontrolle wieder auf. Im August 1963 schlossen die USA, die Sowjetunion und Großbritannien ein Abkommen zum Stopp der Atomtests in der Atmosphäre, im Weltraum und unter Wasser. Unterirdische Kernwaffenversuche wurden fortgesetzt. 1968 einigten sich dieselben Staaten auf die Nichtweitergabe von spaltbarem Material, um den Kreis der Atommächte möglichst klein zu halten. Frankreich und China, die mittlerweile auch Atomwaffen besaßen, verweigerten die Unterschrift. Als der „Prager Frühling" in der Tschechoslowakei (s. S. 50f.) durch den Einmarsch von Truppen des Warschauer Pakts beendet wurde, griff der Westen nicht ein, da man eine Konfrontation vermeiden wollte. Zwar regte die Sowjetregierung anschließend eine europäische Sicherheitskonferenz an, doch wegen des Vietnamkriegs (s. S. 16f.) sollten noch sechs Jahre bis zu einem Vertragsabschluss vergehen.

Rüstungswettlauf. Parallel zu den Abrüstungsbemühungen intensivierten die Supermächte aber weiterhin ihre Rüstungsanstrengungen. Sie entwickelten immer zielgenauere und schlagkräftigere Waffen sowie leistungsfähigere Trägersysteme für die Sprengköpfe. Stets war man bemüht, dem Gegner einen Schritt voraus zu sein. Das galt sowohl für die atomaren Waffen als auch für die konventionellen Waffensysteme. Die hohen finanziellen Aufwendungen und die erforderlichen Produktionsanlagen ließen Rüstungsindustrien entstehen, die zu einem wichtigen Faktor auch in der Innenpolitik der jeweiligen Länder wurde. Wirkliche Erfolge in der Begrenzung strategischer Waffen kündigten sich erst im Zuge der Entspannungspolitik der 1970er Jahre an (s. S. 22f.).

M2 Zehn Stockwerke hohe Titan-II-Interkontinentalrakete auf ihrer Abschussrampe 45 Meter unter der Erde *(1965)*

M3 Militärparade in Moskau 1965 zum Jahrestag des Sieges im Zweiten Weltkrieg

M4 Atomunfälle im Kalten Krieg

Am 17. Januar 1966, einem klaren Wintertag, ereignete sich in einer Höhe von 9 000 Metern über der spanischen Mittelmeerküste ein höchst dramatischer nuklearer Zwischenfall. Ein B-52-Bomber, der in North Carolina zu einer routinemäßigen Luftpatrouille gestartet war, wurde in der Luft von einem Tankflugzeug des Typs KC-135 befüllt; dabei stießen die zwei Maschinen zusammen. Beide Flugzeuge explodierten, die gut 150 000 Liter Treibstoff an Bord des Tankflugzeugs gingen in Flammen auf. Acht der elf Besatzungsmitglieder beider Flugzeuge starben, vier Wasserstoffbomben der B-52 stürzten in der Nähe des Dorfes Palomares vom Himmel. Die Sicherheitsvorkehrungen verhinderten zwar eine thermonukleare Explosion, doch die hochexplosiven Sprengladungen in zwei der Bomben detonierten. Über mehrere hundert Hektar Agrarland lagen radioaktive Partikel verstreut. Eine dritte Bombe ging unbeschädigt in der Nähe des Dorfes nieder, die vierte stürzte ins Meer. 33 US-Marineschiffe riegelten das Gebiet ab; Taucher und Tauchboote suchten den Meeresgrund ab. Nach acht Tagen wurde die fehlende Bombe schließlich gefunden. Sie war unbeschädigt und schien keinerlei Radioaktivität abgegeben zu haben. Nach wenigen Tagen wurde festgestellt, dass die beiden Bomben, deren Sprengladungen detoniert waren, erschreckend hohe Mengen an Plutoniumstrahlung abgegeben hatten. Rund 1750 Tonnen Erde mussten abgetragen und zur Entsorgung in die USA gebracht werden. In der Region um Palomares wurden hauptsächlich Tomaten angebaut; mehrere Tonnen mussten vergraben oder auf andere Weise vernichtet werden. Erst 1985 erhielten die Menschen von Palomares Zugang zu ihren medizinischen Unterlagen. 1975 fasste das Amt für nukleare Entwicklungen des US-Verteidigungsministeriums den Palomares Summary ab. Der Bericht hielt fest, dass der am Tag des Unfalls herrschende Wind plutoniumhaltigen Staub aufgewirbelt hatte und dass „das ganze Ausmaß der Verbreitung nie in Erfahrung zu bringen sein würde".

Zitiert nach: Jeremy Isaacs und Taylor Downing: Der Kalte Krieg. Eine illustrierte Geschichte 1945–1991, München/Zürich (Diana Verlag) 1999, S. 238. Übersetzt von Markus Schurr u. a.

1 Interpretieren Sie die Grafik über den Rüstungswettlauf (M1 und Autorentext).

2 Beschreiben Sie das Nebeneinander von Rüstungsbeschränkung und Aufrüstung in den 1960er Jahren (M1–M3 und Autorentext).

3 Erläutern Sie, welche innen- und außenpolitischen Absichten mit der Militärparade verbunden gewesen waren (M3).

4 Stellen Sie den Zwischenfall in Palomares (M4) und die Reaktionen im US-Verteidigungsministerium dar. Zählen Sie Gefahren für die Bevölkerung auf, die in dem Bericht genannt werden.

Krisen und Lösungsversuche – die Welt in den 1970er und 1980er Jahren

KSZE und die Folgen. 1975 trafen sich im finnischen Helsinki Vertreter der USA, Kanadas und fast aller europäischer Staaten zu einer ▸ „Konferenz über Sicherheit und Zusammenarbeit in Europa" (KSZE). In der Schlussakte, die von 35 Staats- und Regierungschefs aus West und Ost unterzeichnet wurde, verpflichteten sich die unterzeichnenden Staaten zu Gewaltverzicht, zur Unverletzlichkeit der bestehenden Staatsgrenzen, zur Wahrung der Menschenrechte und zum ständigen Dialog. Im militärischen Bereich sollten die Ankündigung und Beobachtung von Manövern vertrauensbildend wirken. Die Schlussakte erzielte in der Folgezeit politische Wirkung: Der „Geist von Helsinki" wurde zum Signal für die Befreiung von politischer Unterdrückung in den Staaten des Ostblocks. Die Schlussakte ermutigte Intellektuelle und andere Bürgerrechtler in den Ostblockstaaten, Menschenrechtsverletzungen öffentlich anzuklagen und für Meinungsfreiheit einzutreten. Dennoch blieb jede Form von Opposition gegen die kommunistische Herrschaftsstruktur gefährlich (s. S. 48f.).

Neue „Eiszeit"? Trotz Rüstungsspirale setzten die USA und die UdSSR ihre Gespräche um Rüstungsbeschränkung fort. In verschiedenen Abkommen (SALT = Strategic Arms Limitation Talks) einigten sich die beiden Großmächte in Gesprächen zwischen 1972 und 1979 auf Höchstzahlen für den Besitz von Interkontinentalraketen und atomaren Sprengköpfen. Diese Politik der Entspannung geriet in eine schwere Krise, als 1979 sowjetische Truppen in Afghanistan einmarschierten. Sie sollten der dortigen prokommunistischen Regierung gegen islamische Rebellen zu Hilfe kommen. Die meisten westlichen Staaten boykottierten daraufhin die Olympischen Spiele 1980 in Moskau. Zugleich fanden die USA via Spionage und Satellitenbeobachtungen heraus, dass die UdSSR die Zeit der Entspannungspolitik dafür genutzt hatte, sich militärische Vorteile zu verschaffen und ihren Bestand an Mittelstreckenraketen mit einer Reichweite bis 5 500 km zu vergrößern. Dies war zwar durch die SALT-Abkommen nicht untersagt, verschob aber das Gleichgewicht zugunsten des Warschauer Pakts. Der Westen reagierte 1979 mit dem sogenannten ▸ NATO-Doppelbeschluss, in dessen Folge 1983 amerikanische Mittelstreckenraketen stationiert wurden. Ihre Aufstellung rief in der Bundesrepublik eine breite Protestbewegung hervor (s. S. 34).

Zu einem weiteren Tiefpunkt in der Ost-West-Beziehung führte das Programm zur Entwicklung eines amerikanischen Raketenabwehrsystems im Weltraum. Es zwang die UdSSR zum Einlenken, da sie mit dieser sehr kostspieligen Entwicklung nicht mithalten konnten. Mit dem Amtsantritt des sowjetischen Generalsekretärs Gorbatschow 1985 trat die UdSSR wieder in Abrüstungsverhandlungen mit den USA ein (s. S. 46f.).

M2 Karikatur *(Luff, 1990, anlässlich des Gipfeltreffens der KSZE in Paris)*

M1 Staatsratsvorsitzender der DDR Erich Honecker *(links)* **im Gespräch mit Bundeskanzler Helmut Schmidt während der KSZE-Konferenz** *(1975)*

M3 Auszug aus der Schlussakte der KSZE-Konferenz von Helsinki 1975

VII. Die Teilnehmerstaaten werden die Menschenrechte und Grundfreiheiten, einschließlich der Gedanken-, Gewissens-, Religions- oder Überzeugungsfreiheit für alle ohne Unterschied der Rasse, des Geschlechts, der Sprache oder der Religion achten. Sie werden die wirksame Ausübung der zivilen, politischen, wirtschaftlichen, sozialen, kulturellen sowie der anderen Rechte und Freiheiten, die sich alle aus der dem Menschen innewohnenden Würde ergeben und für seine freie und volle Entfaltung wesentlich sind, fördern und ermutigen. In diesem Rahmen werden die Teilnehmerstaaten die Freiheit des Individuums anerkennen und achten, sich allein oder in Gemeinschaft mit anderen zu einer Religion oder einer Überzeugung in Übereinstimmung mit dem, was sein Gewissen ihm gebietet, zu bekennen und sie auszuüben ...
Die Teilnehmer anerkennen die universelle Bedeutung der Menschenrechte und Grundfreiheiten, deren Achtung ein wesentlicher Faktor für den Frieden, die Gerechtigkeit und das Wohlergehen ist, die ihrerseits erforderlich sind, um die Entwicklung freundschaftlicher Beziehungen und der Zusammenarbeit zwischen ihnen sowie zwischen allen Staaten zu gewährleisten. Sie werden diese Rechte und Freiheiten in ihren gegenseitigen Beziehungen stets achten und sich einzeln und gemeinsam, auch in Zusammenarbeit mit den Vereinten Nationen, bemühen, die universelle und wirksame Achtung dieser Rechte und Freiheiten zu fördern. Sie bestätigen das Recht des Individuums, seine Rechte und Pflichten auf diesem Gebiet zu kennen und auszuüben.

VIII. Kraft des Prinzips der Gleichberechtigung und des Selbstbestimmungsrechts der Völker haben alle Völker das Recht, in voller Freiheit, wann und wie sie es wünschen, ihren inneren und äußeren politischen Status ohne äußere Einmischung zu bestimmen und ihre politische, wirtschaftliche, soziale und kulturelle Entwicklung nach eigenen Wünschen verfolgen.

Zitiert nach: Europäische Geschichte. Quellen und Materialien, hrsg. von Hagen Schulze und Ingo Paul, München (bsv) 1994, S. 284.

M4 „Hilfe, ich werde verfolgt!"
(Karikatur von Horst Haitzinger, 1981)

M5 Reichweiten der Mittelstreckenraketen

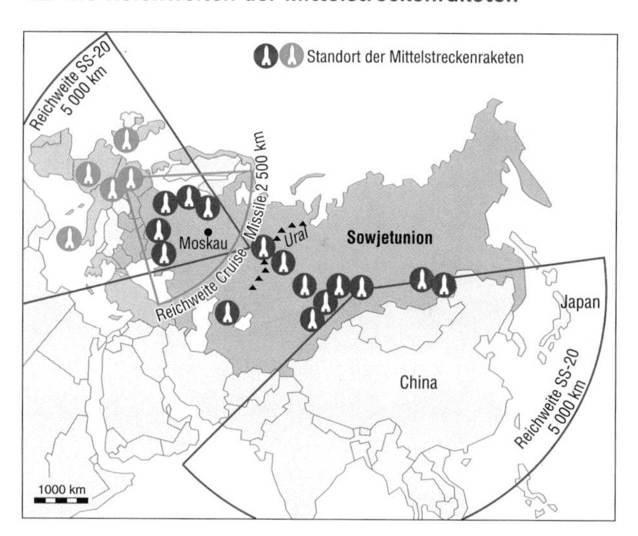

1 Nennen Sie die in der KSZE-Schlussakte von Helsinki (M3) formulierten Forderungen und erörtern Sie deren mögliche Wirkung auf die Ostblockstaaten. Wie sah der Karikaturist die Auswirkungen der KSZE-Beschlüsse (M2)?

2 Die KSZE bot auch die Chance, die deutsch-deutschen Beziehungen weiter zu verbessern. Unterstützen Sie diese These durch die Bildanalyse von M1.

3 Zeigen Sie die Entwicklung vom KSZE-Prozess bis hin zu einem neuen Wettrüsten auf (M4–M5 und Autorentext).

Propaganda im Kalten Krieg

Schaffung von Feindbildern. Beide Supermächte schürten die Furcht vor dem feindlichen Gegenüber. Durch die bewusste Verfälschung von Informationen wurde die gegnerische Nation zum Angreifer erklärt und als Friedensstörer angeklagt. Die gezielte Medienpropaganda sollte zudem die eigene Stärke und Entschlossenheit zeigen und Skeptiker überzeugen. Man griff dabei auf bekannte Bilder und Symbole wie Spinnen oder Schlangen zurück, um aktuelle Hoffnungen oder Befürchtungen mit bewährten Mustern wirksam zu verknüpfen. Die jahrelang aufgebauten Feindbilder schränkten in Konfliktsituationen den Spielraum der Verhandlungspartner ein und erschwerten die Verständigung durch die negativen Vorurteile.

Die antikommunistische bzw. antikapitalistische Propaganda wurde in Zeitungsnachrichten, Fernsehbildern und Radiokommentaren verbreitet und prägte das Bild vom anderen nachhaltig. Dabei kam dem Rundfunk in Berlin besondere Bedeutung zu. Dort standen sich der sowjetisch gelenkte „Berliner Rundfunk“ und der amerikanische Sender „RIAS“ (Radio im amerikanischen Sektor) gegenüber. Beide versuchten, die Bürger der geteilten Stadt durch Radiopropaganda zu beeinflussen. Im Westen sah man auf ein Schreckgespenst des Kommunismus, in der DDR wurde die Bundesrepublik als Nachfolger des nationalsozialistischen Regimes gekennzeichnet.

Konkurrenz der Kulturen. Der Kampf der weltanschaulich verschiedenen Machtblöcke verlagerte sich angesichts der verheerenden Auswirkungen eines atomaren Kriegs auf viele andere Ebenen. Dies führte zu einem Wettkampf um die besseren Leistungen u. a. in den Bereichen Raumfahrt und im Sport.

M1 „Vorsicht RIAS-Gift“
(Plakat des Amtes für Information der DDR, 1952)

M2 Wettlauf im All
Der amerikanische Astronaut Neil Armstrong betrat als Kommandant der Mondfähre von „Apollo 11“ am 21. Juli 1969 als erster Mensch den Mond.

In Büchern und in Filmen wurden die Menschen auf der anderen Seite des Eisernen Vorhangs als unerbittliche Gegner dargestellt. In zahlreichen Agentenromanen und -filmen in West und Ost wurden die jeweiligen Gegner und deren Verbündete als kalt, skrupellos und brutal beschrieben. In entsprechenden Veröffentlichungen der Ostblockstaaten erschienen die Westmenschen als konsumgierig und moralisch verdorben.

M3 Aufbau von Feindbildern

Aus einer Handbroschüre für Soldaten der Nationalen Volksarmee (1972):

Die westdeutschen Militaristen sind Erben der Wesenszüge der faschistischen deutschen Armee. Sie sind zu ungeheuerlichen Bestialitäten und Gewalttätigkeiten fähig, wie sie die deutschen Faschisten während des Großen Vaterländischen Kriegs (= Zweiter Weltkrieg) begangen haben. Der Entwicklungstendenz revanchistischer Ansichten nach sind die Imperialisten der BRD, die Kernwaffen erstreben, imstande, die Hitlerfaschisten in ihren Verbrechen gegen die Menschheit noch zu übertreffen. Wie wir sehen, nutzen die amerikanische und die westdeutsche militärische Führung die Erfahrungen Hitler-Deutschlands, verbreiten sie unter ihren Truppen beharrlich einen Kult der rohen Gewalt, der Grausamkeit und Bestialität. Infolge einer solchen ideologischen Beeinflussung sind viele Soldaten, Matrosen und Offiziere der imperialistischen Armee brutal, verüben sie entsprechend dem bei ihnen entwickelten reaktionären Bewusstsein Willkürakte in den kolonialen und abhängigen Ländern ...

Zitiert nach: Wolfgang Bickel: „Seien wir doch ehrlich ...". Vom Bild des Feindes im Kalten Krieg. In: Praxis Geschichte: Der Kalte Krieg 5/91, S. 29.

M4 „Die Mauer ist stärker"

(Karikatur von Kurt Poltiniak, 1951)

M5 „From Russia with Love" *(1963)*

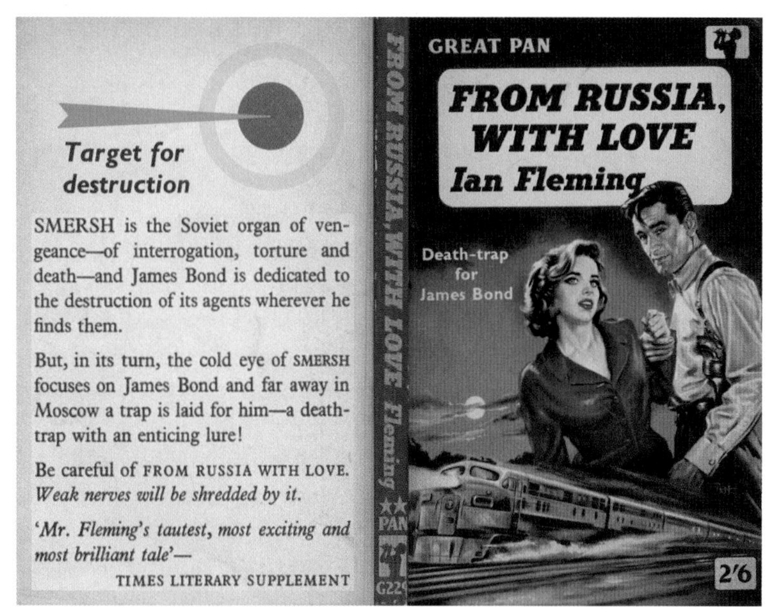

Romanvorlage zu dem gleichnamigen Film über den britischen Agenten James Bond („Liebesgrüße aus Moskau", s. S. 46)

1 Der Ost-West-Konflikt war nicht nur ein militärischer. Weisen Sie dies anhand der Materialien (M1–M5) und des Autorentextes nach.

2 Erklären Sie, warum es für die Amerikaner so wichtig war, als Erste auf dem Mond gelandet zu sein (M2).

3 Beurteilen Sie die Bewertung der Bundeswehr in der Broschüre für Soldaten der Nationalen Volksarmee (M3).

4 Welche Bildelemente werden in M1 und M4 verwendet? Ordnen Sie die Abbildungen einer der Supermächte zu und bestimmen Sie die jeweilige Aussageabsicht und den historischen Zusammenhang.

5 Befragen Sie Großeltern oder ältere Verwandte, ob sie sich noch an bestimmte Medienereignisse oder Aktionen in der Epoche des Kalten Kriegs erinnern und stellen Sie die Ergebnisse in einem Kurzreferat vor.

Proteste in der Bundesrepublik

Die Entstehung der APO. Als 1966 Kurt Georg Kiesinger Bundeskanzler einer Großen Koalition aus CDU/CSU und SPD wurde (bis 1969), besaßen die Regierungsparteien im Bundestag eine Mehrheit von 90 % der Parlamentssitze. Die Opposition, deren Aufgabe die kritische Kontrolle der Regierung ist, bestand lediglich aus der FDP. Gegenüber dieser Übermacht der Regierungsparteien fühlten viele Bürger ein Unbehagen. Es formierte sich, besonders unter jungen Erwachsenen, die sogenannte Außerparlamentarische Opposition, kurz APO genannt.

Der Rechtsstaat in Gefahr? Zu heftigen Protesten hatte bereits die „Spiegel-Affäre" (1962) geführt, als der damalige Finanzminister und spätere bayerische Ministerpräsident Franz Josef Strauß die Redaktionsräume des Nachrichtenmagazins „Der Spiegel" durchsuchen und Material beschlagnahmen ließ, weil er Spiegel-Redakteure des Landesverrats bezichtigte. Die Vorwürfe stellten sich später als haltlos heraus; das Vertrauen vieler Bürger in den Rechtsstaat war beschädigt.
Nun richtete sich der Protest gegen die konkrete Politik der Großen Koalition: Die im Mai 1968 nach schwierigen Verhandlungen eingeführten ▸ Notstandsgesetze ermöglichten dem Staat im Krisenfall weitgehende Eingriffe in die Privatsphäre der Bürger. Viele fürchteten, dass der Staat dadurch zu mächtig werden würde. Es kam zu heftigen Debatten im Bundestag und in der Öffentlichkeit.

Gegen Krieg und für neue Lebensformen. Vor allem Studierende waren Träger des Protests, der sich gegen verschiedene gesellschaftliche Bereiche wandte. Die wichtigste studentische Vereinigung war der „Sozialistische Deutsche Studentenbund" (SDS), als dessen führender Kopf Rudi Dutschke (1940–1979) galt. Formen und Themen des Protests wurden zum Teil aus den USA übernommen, wo zur selben Zeit Demonstrationen gegen den Vietnamkrieg stattfanden (s. S. 16f.). Auch in Deutschland kam es zu Kundgebungen und teilweise zu gewalttätigen Ausschreitungen. Übernommen wurde ebenfalls die schroffe Ablehnung von als „spießig" empfundenen Lebensformen der Elterngeneration. Stattdessen kamen Wohngemeinschaften und andere alternative Lebensweisen in Mode; die Hippie-Kultur fand viele Anhänger. Ein speziell deutsches Thema hingegen war der Vorwurf der Jugendlichen an ihre Eltern, die Verbrechen des Nationalsozialismus zu verdrängen anstatt gründlich aufzuarbeiten und sich der Verantwortung für die Vergangenheit zu stellen.

M 1 Studentenprotest
Studenten demonstrierten anlässlich einer Feier an der Hamburger Universität gegen die veralteten Zustände an den Hochschulen (Talare = knöchellange Festgewänder von Professoren).

Die Radikalisierung der APO. Höhe-, aber auch Wendepunkt der Proteste war das Jahr 1968. Daher nennt man deren Anhänger die „68er-Bewegung". Im Juni 1967 besuchte der Schah von Persien (heute Iran) Deutschland. Die Bundesregierung bereitete dem Herrscher einen glanzvollen Empfang, obwohl gegen ihn viele Vorwürfe wegen Menschenrechtsverletzungen existierten. Während einer Demonstration gegen diesen Besuch wurde der Student Benno Ohnesorg von einem Polizisten – angeblich aus Notwehr – erschossen. Der Protest wurde immer heftiger und richtete sich vermehrt u. a. gegen die „Bild"-Zeitung, der man durch ihre Berichterstattung die Mitschuld am Tod Ohnesorgs gab. Die konservative Presse wiederum machte die Studenten und vor allem Rudi Dutschke für die chaotischen Verhältnisse verantwortlich. Die Lage drohte sich noch zu verschlimmern, als Dutschke am 11. April 1968 durch drei Schüsse lebensgefährlich verletzt wurde. Zehntausende protestierten gegen den Anschlag. Die Empörung drückte sich teilweise wiederum in Gewalttaten aus. Aber bereits 1969 kam es zum Ende der Studentenunruhen. Die Bewegung hatte stets nur eine begrenzte Anhängerschaft (s. S. 34f.).

M2 Demonstration gegen den Vietnamkrieg
(2. v. l.: Rudi Dutschke)

M3 „Kommune 1"

Die Studenten zeigten bewusst Fotos in den Medien von ihrer sehr offenen Lebensgemeinschaft.

M4 Zeitzeugen ziehen Bilanz

a) Das größte Verdienst der Bewegung von '68 ist vielleicht - auch wenn wir das damals nicht so sahen – die Zersetzung der herrschenden Alltagskultur. Wir können noch immer offener sprechen, freier denken und ungezwungener leben als vor der Revolte; die soziale Kontrolle über den Einzelnen ist weniger allmächtig. Was in den sechziger Jahren als Emanzipationsprozess begann, lebt bis heute fort ... Aber es bleibt noch mehr an Nachwirkungen der Revolte von '68. Auch die Institutionen veränderten sich unter dem Einfluss der Bewegung, die sich auf ihrem Höhepunkt noch gleichgültig oder ablehnend ihnen gegenüber gezeigt hatte. Auswirkungen sind auch hier bis heute spürbar. Mag auch der aufrührerische Geist von '68 vergangen sein – die erstickende Normalität von einst ist nur selten wieder in die Institutionen zurückgekehrt. Die Kultur des Landes bleibt von dem Umwälzungsprozess jener Jahre beeinflusst. Viele leben in ihrem Alltag heute verhältnismäßig ungestört das, was einst härtesten Kampf erforderte. Und so manches davon ist – wenn auch in abgeschwächter Form – in breitere Bevölkerungskreise eingedrungen: die Auflockerung der Institution Ehe und die Alltäglichkeit nichtehelicher Beziehungen, die Idee der Wohngemeinschaft, eine freiere Kindererziehung nicht nur in Krabbelstuben, Kinderläden oder freien Schulen, sondern auch in Kindergärten und Regelschulen, offenere Umgangsformen der Menschen untereinander, die Etablierung einer alternativen Kultur – von Straßenfesten bis zu selbstorganisierten Kulturzentren.

Zitiert nach: Volkhard Brandes: Wie der Stein ins Rollen kam. Vom Aufbruch in die Revolte der sechziger Jahre, Frankfurt/Main (Brandes & Apsel) 1988, S. 194f.

b) Die APO-Generation baut am Denkmal ihrer großen Vergangenheit und spürt nicht, dass sie dabei anfängt zu versteinern ... Wenn man die deutsche Linke mit ihren französischen, italienischen und holländischen Gesinnungsfreunden vergleicht, fällt auf, dass ihr dreierlei fehlt: Selbstironie, Lebenskunst und Neugierde. Die deutschen Jugendlichen beginnen das zu spüren. Die APO-Generation tritt ihnen nicht mit Neugierde gegenüber, sondern mit Besserwisserei. In einer Mischung von kleinbürgerlichem Missmut und großbürgerlicher Herablassung verkündet sie, dass die heutigen Jugendlichen nichts entdeckten, was sie nicht schon lange wüsste, besser wüssten ... Die Besserwisserei ist die penetranteste Umgangsform dieses Anspruchs. Die Studentenbewegung legte sich beizeiten die Pose des deutschen Oberlehrers zu ...

Zitiert nach: Jörg Bopp: Vatis Argumente: APO-Generation und heutige Jugend. In: Kursbuch 58, hrsg. von Hans-Magnus Enzensberger, Berlin (Kursbuchverlag) 1979, S. 2ff.

1 Arbeiten Sie aus den Quellen und dem Autorentext heraus, wogegen sich der Protest der Achtundsechziger richtete.

2 Begründen Sie anhand von M2 und M3 sowie dem Autorentext, weshalb viele Bürger den Protestierenden gegenüber distanziert blieben.

3 Nach 1968 ebbten die Proteste der APO ab. Erörtern Sie mithilfe von M4a, ob sie erfolglos geblieben sind. Stellen Sie thesenartig die Kritik an der APO-Generation (M4b) gegenüber.

„Wir schaffen die alten Zöpfe ab“ – sozial-liberale Reformpolitik

M1 Titelseite des „Spiegels“ vom 6. Oktober 1969

Machtwechsel und Reformwille. Schon in der Wahlnacht gaben SPD und FDP die Bildung einer Koalitionsregierung bekannt und drängten, mit einer Mehrheit von nur 12 Mandaten, die Christdemokraten zum ersten Mal in der Geschichte der Bundesrepublik Deutschland in die Oppositionsrolle. Willy Brandt übernahm das Amt des Bundeskanzlers, Vizekanzler und Außenminister wurde der Vorsitzende der FDP, Walter Scheel. Ermöglicht wurde dieses „Stück Machtwechsel“ – so der Sozialdemokrat Gustav Heinemann, der Anfang März 1969 mit den Stimmen von SPD und FDP zum Bundespräsidenten gewählt worden war – einerseits durch den Wandel der SPD von einer Arbeiter- zu einer Volkspartei, andererseits durch eine Annäherung der Liberalen an die Ost- und Verteidigungspolitik der SPD.
Brandts Regierungserklärung vom 28. Oktober 1969 gab die Ziele der ersten sozial-liberalen Regierung vor. Betonte er für die Außenpolitik, den Weg der Entspannung fortsetzen zu wollen, so verbarg sich hinter der Formel „Wir wollen mehr Demokratie wagen“ ein innenpolitischer Erneuerungskurs, der durch einen wirtschaftlichen Aufschwung finanziert werden sollte.

Mehr Mitbestimmung. Studentenbewegung und APO hatten die Notwendigkeit aufgezeigt, den einzelnen Bürger mehr als bisher an wichtigen politischen wie wirtschaftlichen Entscheidungsprozessen zu beteiligen. Um vor allem die junge Generation stärker einzubinden, wurde 1970 das Wahlalter, 1975 das Volljährigkeitsalter gesenkt. In der Wirtschaft verknüpfte man Modernisierungen wie den Ausbau des Fernstraßennetzes, die verstärkte Forschungsförderung des Bundes oder die Durchführung von Verwaltungs- und Gebietsreformen mit einer stärkeren Einbindung der Gewerkschaften und Arbeitnehmer. Das 1972 erlassene Betriebsverfassungsgesetz sah u. a. die Gründung von Betriebsräten ab fünf ständig wahlberechtigten Arbeitnehmern vor.

Soziale Gerechtigkeit. Ein besonderes Ziel der Regierungskoalition war zum einen der Ausbau des sozialen Netzes: Die Lohnfortzahlung im Krankheitsfall wurde gesetzlich garantiert, das Wohngeld angehoben, ein Schwerbehindertengesetz erlassen. Zudem erhielten Rentner höhere monatliche Leistungen. Zum anderen wurde der Forderung nach mehr Chancengleichheit im Bildungswesen Rechnung getragen. Ein 1970 eingesetzter Bildungsrat hatte die Aufgabe, eine Reform von Schulen und Universitäten vorzubereiten, um den Zugang zur Bildung unabhängig von der Herkunft zu ermöglichen. Gerade auch die Mädchen sollten verstärkt zu höheren Schulen und Abschlüssen geführt werden. Auf diese Weise hoffte man, den gravierenden Mangel an akademischem Nachwuchs rasch beheben zu können.

Wandel im Straf- und Familienrecht. Gesellschaftliche Veränderungen brachten schließlich auch Neuerungen im Straf-, aber auch im Familienrecht mit sich. Nach den Studentendemonstrationen schränkte die Koalition die Strafverfolgung auf gewalttätige Formen des Protests ein. Generell trat die Resozialisierung an die Stelle von „Schuld und Sühne“. Veränderungen von Moral- und Wertvorstellungen fanden ihren Ausdruck in der Abschaffung von Straftatbeständen wie Ehebruch oder Homosexualität. Frauen erhielten das volle Recht auf Berufstätigkeit. Heftig diskutiert wurde der § 218, der die juristischen Folgen des Schwangerschaftsabbruchs regelte.

M2 Wahlkampfplakate 1969

M3 Aus der Regierungserklärung von Bundeskanzler Brandt vom 28. Oktober 1969

Unser Volk braucht wie jedes andere seine innere Ordnung. (Wir werden) aber in diesem Land nur so viel Ordnung haben, wie wir an Mitverantwortung ermutigen. Solche demokratische Ordnung braucht außerordentliche Anstrengung, sich gegenseitig zu verstehen.

Wir wollen mehr Demokratie wagen. Wir werden unsere Arbeitsweise öffnen und dem kritischen Bedürfnis nach Information Genüge tun. Wir werden darauf hinwirken, dass ... durch ständige Fühlungnahme mit den repräsentativen Gruppen unseres Volkes und durch eine umfassende Unterrichtung über die Regierungspolitik jeder Bürger die Möglichkeit erhält, an der Reform von Staat und Gesellschaft mitzuwirken.

Wir wenden uns an die im Frieden nachgewachsenen Generationen, die nicht mit den Hypotheken der Älteren belastet sind und belastet werden dürfen; jene jungen Menschen, die uns beim Wort nehmen wollen – und sollen. Diese jungen Menschen müssen aber verstehen, dass auch sie gegenüber Staat und Gesellschaft Verpflichtungen haben.

Wir werden dem Hohen Hause ein Gesetz unterbreiten, wodurch das aktive Wahlalter von 21 auf 18 Jahre, das passive von 25 auf 21 Jahre herabgesetzt wird. Wir werden auch die Volljährigkeitsgrenze überprüfen.

Mitbestimmung, Mitverantwortung in den verschiedenen Bereichen unserer Gesellschaft wird eine bewegende Kraft der kommenden Jahre sein. Wir können nicht die perfekte Demokratie schaffen. Wir wollen eine Gesellschaft, die mehr Freiheit bietet und mehr Mitverantwortung fordert. Diese Regierung sucht das Gespräch, sie sucht kritische Partnerschaft mit allen, die Verantwortung tragen ...

Dies gilt nicht zuletzt für die Gewerkschaften, um deren vertrauensvolle Zusammenarbeit wir uns bemühen. Wir brauchen ihnen ihre überragende Bedeutung für diesen Staat, für seinen weiteren Ausbau zum sozialen Rechtsstaat nicht zu bescheinigen ...

Zitiert nach: http://www.dhm.de/lemo/html/dokumente/KontinuitaetUndWandel_erklaerungBrandtRegierungserklaerung1969/index.html.

M4 Schülerinnen und ihr Anteil in den verschiedenen Schulformen in der Bundesrepublik

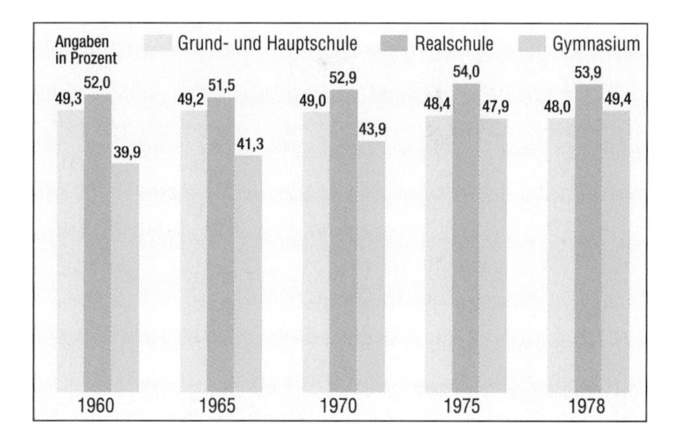

1 Vergleichen Sie die Plakate und ihre Aussagen zu den Wahlkampfthemen (M2). Wie stellen sich die Spitzenkandidaten dar (M1)?

2 Fassen Sie die Kernpunkte der Regierungserklärung von Bundeskanzler Willy Brandt zusammen. Diskutieren Sie diese im Klassenverband (M3).

3 Beschreiben Sie die Entwicklung der Zahlen von Schülerinnen in Bezug auf die Schulform und vergleichen Sie mit den bildungspolitischen Ansprüchen der sozial-liberalen Koalition (M4 und Autorentext).

„Wandel durch Annäherung" – Öffnung nach Osten

Eine neue Ostpolitik. Nach Errichtung der Mauer wurde die Trennung zwischen den beiden deutschen Staaten noch deutlicher zementiert. In der Ära Adenauer stand die Außenpolitik der Bundesrepublik unter dem Leitbild der „Hallstein-Doktrin", benannt nach dem Staatssekretär im Auswärtigen Amt 1951 bis 1958, Walter Hallstein: Die Bundesrepublik sollte mit keinem Staat Kontakte knüpfen, der seinerseits mit der DDR Beziehungen unterhalte. So hoffte man, den Alleinvertretungsanspruch der Bundesrepublik durchzusetzen.
Die DDR wurde aber international zunehmend als zweiter deutscher Staat anerkannt. Daher begann man, die Deutschlandpolitik neu zu überdenken. In Zusammenarbeit mit den westlichen Verbündeten gelang Willy Brandt erstmalig ein Durchbruch in der Ostpolitik. Mit der Formel „Wandel durch Annäherung" sollte mithilfe von Verhandlungen und Verträgen zum einen politische Wege zur Zusammenarbeit gefunden und ein Klima des gegenseitigen Vertrauens geschaffen werden. Zum anderen wollte man Verbesserungen des Alltagslebens der Menschen erreichen, z. B. hinsichtlich der Möglichkeit gegenseitiger Verwandtenbesuche. In dieser Absicht schloss die Bundesregierung mehrere Verträge mit den Ostblockstaaten:

- Zunächst 1970 den Moskauer Vertrag mit der UdSSR; darin verzichteten die beiden Staaten auf die Anwendung von Gewalt bei der Verfolgung ihrer politischen Ziele und erkannten die bestehenden Grenzen in Europa an.
- Im Warschauer Vertrag mit Polen, ebenfalls 1970, wurden die durch das Potsdamer Abkommen nach dem Zweiten Weltkrieg geschaffenen Grenzen erneut bestätigt.
- Im Grundlagenvertrag 1972 erkannte die Bundesrepublik die DDR faktisch als gleichberechtigten Partner an.

Die Sowjetunion verzichtete im Gegenzug auf fast alle ihre Rechte als Siegermacht in der Bundesrepublik, die ihr als Resultat des Zweiten Weltkriegs noch zustanden. Westberlin wurde zwar nicht als Teil der Bundesrepublik offiziell anerkannt, aber die Zufahrtswege durch die DDR garantiert. Abkommen über Reisen ihrer Bürger zwischen Ost und West und Familienzusammenführungen sollten den Zusammenhalt zwischen den Menschen der beiden deutschen Staaten festigen.

Aussöhnung oder Ausverkauf? Nicht alle Deutschen waren mit Brandts Politik einverstanden. Viele konservative Politiker oder Vertreter deutscher Heimatvertriebener brandmarkten sie als Ausverkauf deutscher Interessen und Verrat an den Prinzipien Adenauers. Dennoch stellten sich bald Erfolge des Dialogs sowie der Ostverträge und des Grundlagenvertrags ein: 1973 wurden beide deutsche Staaten in die Vereinten Nationen (UNO) aufgenommen. 1975 unterzeichneten Staaten diesseits und jenseits des Eisernen Vorhangs die KSZE-Akte zur Sicherheit und Zusammenarbeit in Europa (s. S. 22). Eine besondere persönliche Würdigung erhielt Willy Brandt 1971, als er für seine Bemühungen um Aussöhnung mit dem Friedensnobelpreis ausgezeichnet wurde.

M1 „Kraft seiner starken Wurzeln wird er alle Mauern sprengen!"
(Karikatur von Wolfgang Hicks, 1972)
Neben Willy Brandt steht Egon Bahr, Bundesminister für besondere Aufgaben und Unterhändler bei den deutsch-deutschen Vertragsverhandlungen, mit einer Gießkanne.

M2 Willy Brandt kniet vor dem Mahnmal für die ermordeten Juden des Warschauer Gettos nieder.

Diese Geste – anlässlich eines Staatsbesuchs in Polen im Dezember 1970 – wurde von vielen Bundesbürgern und von ausländischen Beobachtern sehr begrüßt. Gerade in konservativen Kreisen regte sich aber dagegen auch breiter Widerstand.

1989 erinnerte sich Brandt:

... Ich fand, ich konnte dann letztlich nichts anderes tun als ein Zeichen zu setzen: Ich bitte als einer, der nicht zu den wildesten Anhängern Hitlers gehört hat, um es einmal so zu sagen, ich bitte für mein Volk um Verzeihung, ich bete auch darum, dass man uns verzeihen möge.

Walter Scheel, Außenminister unter Willy Brandt, fügte hinzu:

Als er nach vorne gegangen ist, hat er das noch nicht gewusst. Und dieses hat jeder gefühlt, der das gesehen hat.

Interview zitiert nach: DVD „100 Jahre". Die großen Bilder des 20. Jahrhunderts, produziert von ZDF und ZOLCER TV, 2002 (Guido Knopp).

M3 Aus den „Erinnerungen" von Willy Brandt über einen Staatsbesuch in Washington bei Präsident Nixon

In unserem Gespräch am 10. April 1970 erklärte Richard Nixon ohne alle Umschweife: Er habe Vertrauen in unsere Politik und wisse, dass wir nicht daran dächten, bewährte Freundschaften aufs Spiel zu setzen. Allerdings müssten wir damit rechnen, dass es in Frankreich und England – und hier und da auch in den USA – einige Unsicherheit geben könne. Er würde – sollte es eine Aufforderung sein – volles Verständnis haben, wenn wir die Oder-Neiße-Linie anerkennen wollten; sie sei nun einmal zu einem Faktum geworden. Wesentlich sei unser Einverständnis, in engem Kontakt zu bleiben ... Nach meiner Wahl zum Bundeskanzler hatte ich allen, die es hören wollten, gesagt: Das deutsche Volk brauche den Frieden im vollen Sinne des Wortes auch mit den Völkern der Sowjetunion und allen Völkern des europäischen Ostens. Zu einem ehrlichen Versuch seien wir bereit, damit die Folgen des Unheils überwunden werden könnten, die eine verbrecherische Clique über Europa gebracht habe. Dabei, so fuhr ich fort, gäben wir uns keinen trügerischen Hoffnungen hin: Interessen, Machtverhältnisse und gesellschaftliche Unterschiede seien weder ... aufzulösen noch dürften sie vernebelt werden ... Nur eine gesamteuropäische Wiederannäherung werde zur Folge haben, dass sich die Teile Deutschlands aufeinander zubewegen könnten.

Zitiert nach: Willy Brandt: Erinnerungen, Berlin (Ullstein-Verlag), 1989, S. 190ff. © Propyläen Verlag, Frankfurt a. M. 1989

1 Erläutern Sie anhand des Autorentextes und der Quellen, wodurch sich Willy Brandt als Bundeskanzler von seinen Vorgängern abgrenzte.

2 Erklären Sie, wie der Karikaturist die neue Außenpolitik vermitteln möchte (M1).

3 Begründen Sie, warum Brandts „Kniefall von Warschau" (M2) tiefe Bewunderer und erbitterte Gegner fand.

4 Führen Sie mithilfe von M3 eine Debatte über die Brandt'sche Außenpolitik und deren Folgen.

Die Bundesrepublik in den 1970er Jahren: Terrorgefahr und Wirtschaftstief

Innere Sicherheit in Gefahr. Neben dem vorwiegend friedlichen Protest von Schülern und Studenten (s. S. 26f.) kam es ab 1968 auch zu gewalttätigen Ausschreitungen kleinerer Gruppierungen. So versuchte insbesondere die Rote-Armee-Fraktion (RAF) mit Terroranschlägen, das Wirtschaftssystem und die demokratische Ordnung der Bundesrepublik zu untergraben. Die führenden Mitglieder der Organisation, Andreas Baader und Ulrike Meinhof, planten Angriffe auf staatliche Einrichtungen und herausragende Persönlichkeiten. Durch Banküberfälle sicherten sich die Terroristen die finanziellen Mittel. Sie fälschten Pässe, richteten Waffenlager und geheime Unterkünfte ein. 1972 gelang es der Polizei, alle wichtigen RAF-Mitglieder zu verhaften. Vom Gefängnis aus riefen diese zur Fortsetzung der terroristischen Aktionen auf. Es kam zu weiteren Morden.

M1 Fotografiert von den Entführern: Arbeitgeberpräsident Hanns-Martin Schleyer
Schleyer war 43 Tage lang – bis zu seiner Ermordung im Oktober 1977 – in der Gewalt der RAF. Die Terroristen forderten für seine Freilassung die Begnadigung von 11 inhaftierten RAF-Mitgliedern.

Gegenmaßnahmen. Aber die Bundesregierung ließ sich von der RAF nicht erpressen. Als die inhaftierten Terroristen dies erkannten, begingen sie Selbstmord. Damit hatten die Gewalttaten ihren Höhepunkt überschritten. Um die Gesellschaft zukünftig wirksamer vor radikalen Terroranschlägen zu schützen, wurden neue elektronische Fahndungs- und Verfolgungsmethoden eingesetzt und die Behörden mit größeren Freiheiten bei der Beobachtung und Verfolgung von Verdächtigen ausgestattet. Aus Angst, die studentischen Mitglieder der 68er-Bewegung könnten ihre sozialistische, antidemokratische Gesinnung später in ihre Berufe hineintragen, wurde 1972 der sogenannte Radikalenerlass verabschiedet. Demnach war eine Einstellung im öffentlichen Dienst nur möglich, wenn der Bewerber jederzeit für die freiheitlich-demokratische Grundordnung eintrat und keiner extremistischen Organisation angehörte.

Helmut Schmidt
(geb. 1918/SPD)

Wirtschaftliche Probleme und steigende Arbeitslosigkeit. Helmut Schmidts Amtszeit als Bundeskanzler (1974–1982) fiel in eine Zeit, in der auch die Wirtschaft mit enormen Problemen zu kämpfen hatte. Ölpreiserhöhungen durch die arabischen Staaten wirkten sich in Deutschland ebenso negativ aus wie die Krise der US-Wirtschaft. Hinzu kamen noch „hausgemachte" Probleme für die deutsche Wirtschaft, die vor allem durch Lohnerhöhungen ohne gleichzeitige Produktionssteigerung entstanden waren. Die Folge waren Arbeitslosigkeit und eine wachsende Staatsverschuldung. Als Reaktion auf die Ölkrise wurden in Deutschland Sonntagsfahrverbote und Geschwindigkeitsbeschränkungen erlassen. Darüber hinaus löste die Erdölverteuerung aber auch eine weltweite grundsätzliche Diskussion über den Umgang mit Rohstoffreserven sowie über die Schaffung und Nutzung alternativer Energiequellen aus.
Welchen Einfluss die wirtschaftliche Lage eines Landes auf seine Politik hat, zeigt der Blick in die 1980er Jahre: Da die Wirtschaftskrise nicht überwunden werden konnte, kam es zu Beginn der 1980er Jahre zum Bruch der sozial-liberalen Koalition. Die Bündnispartner hatten sich nicht auf gemeinsame Maßnahmen zur Bekämpfung der Krise einigen können. Die Regierung Schmidt wurde durch ein Misstrauensvotum zum Rücktritt gezwungen und Helmut Kohl (CDU) im Oktober 1982 zum neuen Bundeskanzler gewählt.

M2 Aufwendungen für die innere Sicherheit

Jahr	Bundeskriminalamt Stellen	Bundeskriminalamt Geldmittel in Mio.	Verfassungsschutz Stellen	Verfassungsschutz Geldmittel in Mio.
1965	818	13,3	822	18,4
1967	843	16,6	949	22,7
1969	933	22,4	1 016	29,9
1971	1 529	54,7	1 186	37,3
1973	2 062	122,0	1 459	62,1
1975	2 237	130,9	1 585	70,9

M3 Helmut Schmidt in seiner Regierungserklärung vom 20. April 1977 über den Terrorismus

... Es entspringt dieser Bereitschaft, dass wir in der gegenwärtigen Lage nicht nur die wegen terroristischer Gewalttaten rechtskräftig Verurteilten, sondern auch die solcher Aktivitäten dringend Verdächtigen ... während dieser Tage auch von dem Verkehr mit ihren Verteidigern abgeschnitten haben ... Wir alle werden ... den Staat nicht auf den Weg zu jenem Ende drängen lassen, welches die Terroristen unserer freiheitlich-demokratischen Grundordnung zugedacht haben. Der Staat, den sie für ohnmächtig halten, den sie zu unterminieren trachten, dieser Staat ist keineswegs ohnmächtig. Er wird am Ende den Terrorismus besiegen, weil die breitesten Massen unseres Volkes den Terrorismus verabscheuen.

Zitiert nach: Irmgard Wilharm (Hrsg.): Deutsche Geschichte 1962–1983. Dokumente in 2 Bänden, Bd. 2, Frankfurt a. M. (= Fischer-TB) 1990, S. 150.

M4 Auswirkungen der Ölkrise – autofreier Sonntag *(1973)*

M5 Gesamtwirtschaftliche Entwicklung 1969–1981

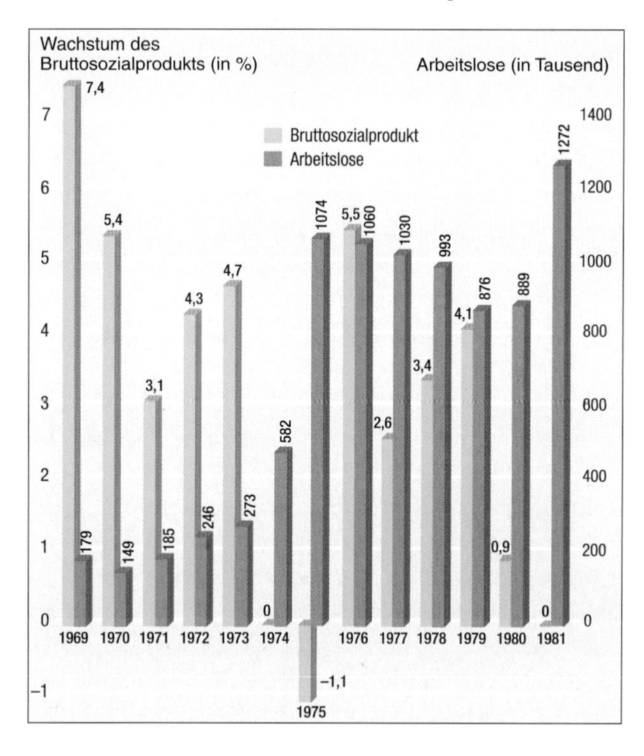

1 Setzen Sie die Informationen aus M2 in ein Säulendiagramm um und erklären Sie die Veränderungen mithilfe des Autorentextes.

2 Legen Sie gemeinsam in der Klasse eine Mindmap (Plakat) an, in der Sie alle Informationen zum Thema Terrorismus in den 1970er Jahren mithilfe von M1–M3 und dem Autorentext zusammentragen. Weitere Informationsquellen sind Bibliotheken, Zeitungsarchive oder das Internet. Auch Zeitzeugenbefragungen können in die Auswertung einfließen.

3 Schreiben Sie, ausgehend von M4, weitere Möglichkeiten auf, Energie zu sparen.

4 Informieren Sie sich über eines der Ereignisse, das sich hinter den folgenden Daten und Namen verbirgt. Tragen Sie Ihre Ergebnisse in einem Kurzreferat vor.

November 1974	Günter von Drenkmann
Februar 1975	Peter Lorenz
April 1977	Siegfried Buback
Juli 1977	Jürgen Ponto
September 1977	Hanns-Martin Schleyer
Oktober 1977	Mogadischu in Somalia

5 Analysieren Sie die Zahlenangaben in M5. Beziehen Sie die Informationen im Autorentext mit ein.

Gesellschaftlicher Wandel: Emanzipation und Bürgerbewegungen

Auf dem Marsch durch die Institutionen. Die Mehrheit der politisch aktiven jungen Erwachsenen wandte sich nach der Auflösung des „Sozialistischen Deutschen Studentenbundes“ den bestehenden Parteien zu, vor allem der SPD. Eine revolutionäre Veränderung gesellschaftlicher und politischer Verhältnisse wurde nicht länger angestrebt. Vielmehr hatten sich viele junge Bürger auf den „langen Marsch durch die Institutionen“ begeben und damit das demokratische System mit seinen Spielregeln akzeptiert, ohne jedoch auf Kritik daran zu verzichten.

Frauen fordern Rechte. Auch nach den Protesten der 68er und trotz der Versprechen der SPD/FDP waren die meisten Frauen immer noch auf die traditionelle Rolle der Ehefrau und Mutter festgelegt. Viele Frauen empfanden dies als Zwang, dem sie sich nicht unterwerfen wollten. Es gab aber auch viele Frauen, die arbeiten gehen mussten, weil das Einkommen des Mannes nicht ausreichte, um die Familie angemessen zu versorgen. Sie erhielten jedoch häufig bei gleicher Ausbildung und Leistung weniger Gehalt als die Männer. Um den Interessen der Frauen und politischen Forderungen mehr Gewicht zu geben, schlossen sich politisch aktive Bürgerinnen im Januar 1968 zum „Aktionsrat zur Befreiung der Frauen“ zusammen. Ab jetzt wollten sie ihre Belange selber vertreten und sich nachdrücklich für ihre Gleichberechtigung im beruflichen und gesellschaftlichen Leben einsetzen. Während die Frage des Schwangerschaftsabbruchs rechtlich nicht eindeutig geklärt wurde, verbesserte sich in den 1970er Jahren die Stellung der Frau in vielen Bereichen, besonders im Ehe- und Familienrecht sowie beim Arbeitsrecht.

Vom Protest zur politischen Reform. Ausgehend von der Frauenbewegung bildeten sich weitere alternative Gruppierungen, die sich politisch engagierten. So entstanden beispielsweise auf lokaler Ebene Bürgerinitiativen. Das Waldsterben, die zunehmende Luft- und Wasserverschmutzung, die hohe Lärmbelästigungen durch den enorm anwachsenden Verkehr wie auch der „Ölschock“ (s. S. 32f.) führten zu einem Umdenken der Bevölkerung in Umweltfragen. So wehrte man sich u. a. aus Angst vor einer nuklearen Verseuchung gegen den Bau von Atomkraftwerken oder protestierte gegen den Flughafenausbau in Frankfurt. Im Fall der Umweltschutzbewegung mündeten sie in eine Parteigründung: Anfang 1980 wurden „Die Grünen“ auf Bundesebene durch den Zusammenschluss vieler kleiner Aktionsbündnisse gegründet. Ihr politisches Konzept forderte ökologisches Handeln, demokratische Entscheidungsprozesse von „unten“ her sowie Gewaltfreiheit, was zu einer engen Zusammenarbeit mit der Friedensbewegung führte. Diese politische Massenbewegung entstand Anfang der 1980er Jahre angesichts der weltweiten nuklearen Aufrüstung. Sie forderte einen sofortigen Rüstungsstopp und die Kontrolle der Waffenarsenale. In der Friedensbewegung waren von kirchlichen über gewerkschaftliche Gruppen bis hin zu Teilen der großen Parteien unterschiedliche Initiativen aktiv. Die rege Beteiligung an Demonstrationen zeigt den großen Rückhalt der Friedensbewegung in der Bevölkerung. Auch in der DDR bildete sich ansatzweise eine unabhängige Friedensbewegung heraus, die sich für die Abrüstung in West und Ost einsetzte und die innerhalb der kommunistischen Länder eine Sonderrolle einnahm.

M1 Demonstration der Friedensbewegung im Oktober 1981 in Bonn

Über 250 000 Menschen nahmen an der bis dahin größten Protestkundgebung teil *(s. S. 22).*

M2 Titelseite *(Juni 1971)*
Ein besonderer Streitpunkt bei der Frauenbewegung war die Frage des Schwangerschaftsabbruchs, der in der Bundesrepublik bis 1974 mit Gefängnis bestraft wurde.

M4 Plakat der Partei „Die Grünen“ *(1988)*

M3 Ehe- und Familienrecht

a) vor 1976:

Rechtsstellung der Frau (§ 1354 BGB)

Dem Manne steht die Entscheidung in allen das gemeinschaftliche eheliche Leben betreffenden Angelegenheiten zu. Er bestimmt insbesondere Wohnort und Wohnung. Die Frau ist nicht verpflichtet, der Entscheidung des Mannes Folge zu leisten, wenn sich die Entscheidung als Missbrauch seines Rechtes darstellt.

Haushaltsführung (§ 1356 BGB – *Stellung der Frau: Mitarbeitspflicht des Ehegatten)*

(1) Die Frau führt den Haushalt in eigener Verantwortung. Sie ist berechtigt, erwerbstätig zu sein, soweit dies mit ihren Pflichten in Ehe und Familie vereinbar ist.

(2) Jeder Ehegatte ist verpflichtet, im Beruf oder Geschäft des anderen Ehegatten mitzuarbeiten, soweit dies nach den Verhältnissen, in denen die Ehegatten leben, üblich ist.

b) nach 1976:

Rechtsstellung der Frau: (§ 1354 BGB entfällt)

Haushaltsführung und Erwerbstätigkeit (§ 1356 BGB)

(1) Die Ehegatten regeln die Haushaltsführung im gegenseitigen Einvernehmen. Ist die Haushaltsführung einem der Ehegatten überlassen, so leitet dieser den Haushalt in eigener Verantwortung.

(2) Beide Ehegatten sind berechtigt, erwerbstätig zu sein. Bei der Wahl und Ausübung der Erwerbstätigkeit haben sie auf die Belange des anderen Ehegatten und der Familie die gebotene Rücksicht zu nehmen.

1 Nennen Sie einige heutige Protestbewegungen und ihre Ziele (M1).

2 Erkundigen Sie sich über die Entwicklung der sogenannten Ökologiebewegung, die in die Partei „Die Grünen“ mündete (M4 und Autorentext).

3 Erklären Sie, warum die Titelseite mit den Fotos prominenter Künstlerinnen und Schauspielerinnen so schockierend für die Öffentlichkeit war (M2). Was wollten die Abgebildeten erreichen?

4 Stellen Sie die Unterschiede fest, die durch das neue Ehe- und Familienrecht 1976 gesetzlich verankert wurden (M3).

5 Als Folge der Gleichberechtigung führte man in Parteien und im öffentlichen Dienst die sogenannte „Quotenregelung“ ein. Erkundigen Sie sich, was man darunter versteht und diskutieren Sie Für und Wider.

Vom Machtwechsel zur Wende

Die Ära Brandt von 1969 bis 1974 war eine wichtige Umbruchphase in der Geschichte der Bundesrepublik Deutschland. Es lohnt, sich mit dieser Thematik intensiver zu beschäftigen.

M1 „Oh, wie attraptiv!"

Karikatur von Hanns Erich Köhler (1974)

M2 Willy Brandt und der Friedensnobelpreis

Karikatur von Horst Haitzinger (1971)
Die Verleihung des Friedennobelpreises an Willy Brandt – eine unangenehme Überraschung für die Gegner seiner Politik. Ganz rechts: Oppositionsführer Rainer Barzel (CDU), links neben ihm Franz Josef Strauß (CSU).

Methode: Analyse fachwissenschaftlicher Texte

Die darstellenden Texte in Schulbüchern sind in der Regel für den Gebrauch im Unterricht geschrieben. Wer mehr wissen oder wer prüfen möchte, ob die Darstellungen im Schulbuch dem Stand der Geschichtswissenschaft entsprechen, kann zur Fachliteratur greifen, die für das Studium und für das interessierte Fachpublikum geschrieben wurde. Es ist nicht immer leicht, einen fachwissenschaftlichen Text zu verstehen. Folgende methodische Schritte sind hilfreich:

1. Schritt: Inhalte und Begriffe klären
Stellen Sie zunächst allgemein fest, zu welcher Thematik der Text verfasst wurde. Klären Sie dann die Bedeutung aller Ihnen unbekannten Wörter und Begriffe im Text. (Manche werden im Text selbst erläutert, einige müssen Sie evtl. nachschlagen.)

2. Schritt: Thesen herausarbeiten
Notieren Sie die drei bis vier zentralen Behauptungen des Autors, seine Thesen, möglichst mit eigenen Worten.

3. Schritt: Thesen verstehen und begründen
Erarbeiten Sie am Text, welche Erläuterungen der Autor zu seinen Thesen gibt und womit er sie begründet.

4. Schritt: Aussagen kritisch prüfen
Wenden Sie Ihre Kenntnisse auf den Text an: Was können Sie aus eigenem Wissen bestätigen oder ergänzen? Wozu können Sie gegenteilige Fakten und Argumente vorbringen?

5. Schritt: Wertungen im Text erkennen
Prüfen Sie, welche Beurteilungen bzw. Bewertungen der Autor vornimmt: Was sieht er positiv bzw. negativ? Gibt es eine Tendenz in seinem Text?

6. Schritt: Ergebnis der Analyse festhalten
Fassen Sie Ihren Erkenntnisgewinn aus der Arbeit an diesem Text in wenigen Sätzen zusammen.

7. Schritt: Weitere Fragen stellen
Notieren Sie Fragen, die nach Ihrer Analyse aufgetreten sind. Hier kann die Untersuchung weitergehen.

M3 Die Ära Brandt

Zwanzig Jahre nach ihrer Gründung erlebte die Bundesrepublik Deutschland einen Regierungswechsel, der von allen Beteiligten und Beobachtern als ein tiefer Einschnitt in der deutschen Nachkriegsgeschichte empfunden wurde. Zum ersten Mal seit 1949 hatte die zweite deutsche Republik damit die wichtigste Bewährungsprobe einer parlamentarischen Demokratie zu bestehen: den friedlichen Übergang der Macht zwischen Regierung und Opposition ...
Als für viele unerwartet im Herbst 1969 die Kanzlerschaft der CDU zu Ende ging, wurde dies weithin als mehr denn ein üblicher Regierungswechsel empfunden. Es fiel das umstrittene Wort vom „Machtwechsel". Vorweggenommen schon von dem neuen Bundespräsidenten Heinemann, der in seiner knappen Wahl am 5. März 1969 bereits „ein Stück Machtwechsel" erblickte, machte das Wort Karriere in der politischen Literatur ...
Das Schlagwort vom „Machtwechsel" signalisierte nicht nur den Wechsel der Koalitionsverhältnisse, sondern einen „Wandel der Republik". Es hob den besonderen politischen und zugleich ideellen Anspruch hervor, den auch die Regierungserklärung des neuen Bundeskanzlers Willy Brandt verkündete. Ihr Pathos deutete auf große Veränderungen, ließ geradezu den Anbruch eines neuen Zeitalters erwarten ...
Nach dem Wechsel von 1969 hatte die „Republik im Wandel" eine Reihe von Vorhaben zu meistern und Bewährungsproben zu bestehen, wie sie bislang noch nicht gefordert waren: außenpolitische Vorstöße, innenpolitische Reformen, wirtschaftlicher und sozialer Expansionsdruck, aber auch geistige und ideologische, psychologische Umbrüche, die teilweise einer Erschütterung und Revolutionierung der bisherigen Ordnungsstrukturen nahe kamen. Zu den neuen Faktoren gehört eine verstärkte Tendenz zur Entspannung in der internationalen Politik, auf die nicht zuletzt die USA hinwirkten. Davon musste die Bundesrepublik, an der Nahtstelle der Ost-West-Politik gelegen, in ganz besonderem Maß betroffen sein. Aber weit über diese internationale Anpassung hinaus gingen nun die unter den Schlüsselbegriffen der „Reform" und der „Veränderung" stehenden Störungen und Bestrebungen, die auf einen Umbau des Sozialstaates und einen Abbau traditioneller Ordnungsstrukturen abzielten. Nachdem solche Tendenzen am Ende der 1960er Jahre, auch im Zusammenhang mit der (gleichfalls internationalen) Studentenprotest-Bewegung, einen beträchtlichen außerparlamentarischen Einfluss erlangt hatten, drängten sie nun in die Politik selbst. Während die SPD und FDP versuchten, wesentliche Teile der „Außenparlamentarischen Opposition" zu integrieren, bot sich diesen nun auch der erstrebte „Marsch durch die Institutionen", wenn sie nicht gar zur Gewalt griffen, wie im weiteren Verlauf die Anhänger vor allem der terroristischen Organisation RAF (Rote-Armee-Fraktion).
... In der bundesrepublikanischen Protestbewegung, mehr noch als in der anderer Demokratien, ertönten auf allen Gebieten von Staat und Gesellschaft die Kritik- und Kampfworte vom grundlegenden Wandel, den es in einem „postfaschistischen" Land ganz besonders durchzusetzen gelte: nicht nur in den Institutionen und Formen der Gesellschaft, sondern auch im Verständnis der Normen und Werte, nach denen die zweite deutsche Demokratie tief greifend umzugestalten sei.
Als ... die materiellen Bedingungen für die Realisierung der so umfassenden Reformziele nicht mehr gesichert waren und man der Öl- und Energiekrise sowie der Umweltproblematik (mit den düsteren Prognosen von den „Grenzen des Wachstums" 1972) gewahr wurde, konnte die übersteigerte Fortschrittserwartung zumal bei den engagierten Vorreitern der Veränderung in eine dämonisierte Fortschrittskrise umschlagen. Aus der Euphorie von 1969 führten Spuren und Wege in die terroristischen Revolten von 1972 bis 1977 wie dann auch seitdem in die Ängste und Anti-„Bewegungen" der Alternativen und Grünen ...

Zitiert nach: Karl-Dietrich Bracher/Wolfgang Jäger/Werner Link (Hrsg.): Die Ära Brandt 1969-1974 (= Geschichte der Bundesrepublik Deutschland, Bd. 5/1), Stuttgart (Deutsche Verlags-Anstalt) 1986, S. 7f.

1 Bearbeiten Sie M3 nach den vorgegebenen Methodenschritten.
2 Versuchen Sie, z. B. über das Internet, Literatur zu diesem Thema zu finden. So bietet das Deutsche Historische Museum und die Bundeskanzler-Willy-Brandt-Stiftung interessante Informationen: (http://www.dhm.de/lemo/html/DasGeteilteDeutschland/KontinuitaetUndWandel/index.html; http://www.bwbs.de/Brandt/index.html)
3 Vergleichen Sie den Textauszug mit den Darstellungen im Geschichtsbuch (s. S. 28ff.).
4 Beziehen Sie auch die Karikaturen M1 und M2 in Ihre Analyse mit ein. Wie sehen die Karikaturisten die Politik von Brandt?

Die SED-Diktatur

Die DDR nach 1961. Nach dem Mauerbau und dem Abebben des Flüchtlingsstroms begann sich die DDR-Wirtschaft zu stabilisieren. Zugleich wurden im Laufe der Jahre ein alle Lebensbereiche überwachendes Spitzelsystem und die Grenzkontrollanlagen immer weiter ausgebaut. In der Verfassung von 1968 ersetzte man den Passus, der „ein" Deutschland erwähnte, durch Formulierungen zur „Zwei-Staaten-Theorie". Die Verfassung von 1974 enthielt keine Aussage mehr über den Wunsch nach einer Wiedervereinigung.

Kultur und Sport. Die Abgrenzungspolitik zur Bundesrepublik sollte nicht nur in der Politik und in der Wirtschaft, sondern auch in vielen Bereichen des Alltagslebens deutlich werden. Die DDR sah sich als Land mit einer traditionsreichen Theater- und Musikkultur. Deshalb setzte der Staat umfangreiche Mittel für den Wiederaufbau, die Restaurierung und den Neubau von Theatern, Museen sowie die Einrichtung öffentlicher Bibliotheken ein. Die Spielpläne der Bühnen wurden stets vonseiten des Staates beeinflusst, das musikalische Programm pflegte vor allem die klassische Tradition. Weniger angesehen war die westlich geprägte Rock- und Popmusik, an der sich die Jugend besonders orientierte. In der DDR entwickelte sich eine DDR-Rockmusikszene; Gruppen wie die „Puhdys", „Silly" oder „Karat" waren über die Grenzen der DDR hinaus bekannt. Um der westlichen Musik gegenzusteuern, gründete die SED Tausende von „Singeklubs", die in erster Linie auf Folkmusik spezialisiert waren. Doch diese Bewegung konnte sich nicht durchsetzen, zu groß war die Begeisterung der Jugendlichen für westliche Popmusik.

In Bezug auf die Fernseh- und Filmproduktion erließ die SED-Zensurstelle viele Veröffentlichungsverbote. Dies galt auch für den Bereich Literatur. Anfangs waren die Medien inhaltlich vorrangig auf politische Themen ausgerichtet. Erst in den 1970er Jahren erweiterte sich das Spektrum, die Zuschauerwünsche wurden stärker berücksichtigt.

In den Bildenden Künsten sollten sozialistische Ideale „ins Bild" gesetzt werden. Vielen Künstlern gelang es dennoch, in ihren Kunstwerken Kritik an der politischen Ordnung zu üben.

M 1 Olympische Spiele in Tokio: Die beiden deutschen Mannschaften mit einer Flagge *(1964)*

Erfolge im Sport sollten der DDR Anerkennung vonseiten des Auslandes garantieren und im Innern die Identifikation mit dem Staat erleichtern. Schon früh begann man, Kinder auf ihre sportliche Befähigung zu prüfen und diese dann zu fördern, um Spitzenleistungen zu erzielen. Die Sportler erhielten bei Bestleistungen viele Vergünstigungen. Aber diese Erfolge waren nicht selten teuer erkauft: Zum einen durch hartes Training bis zum militärischen Drill, zum andern auch durch Doping.

Die Rolle der Frau. Die Verfassung der DDR enthielt den Grundsatz der Gleichberechtigung der Frau. Dies schlug sich besonders auch in der Arbeitswelt nieder. 1972 waren über 80 % der Frauen berufstätig (in der Bundesrepublik ca. 50 %) oder in der Ausbildung. So sollte auch dem beständigen Arbeitskräftemangel in der DDR entgegengewirkt werden. In leitenden Positionen waren Frauen sowohl in der Politik als auch in der Wirtschaft seltener als Männer zu finden. Obwohl 1972 der § 218 durch eine Fristenlösung aufgehoben wurde, sank die Geburtenrate in der DDR nicht wesentlich. Während der Arbeitszeit der Mütter konnten Kinder bis zu 3 Jahren in sogenannten Kinderkrippen, von 3 bis 6 Jahren in Kindergärten betreut werden. Von etwa 80 % aller Eltern wurden diese Einrichtungen Ende der 1980er Jahre in Anspruch genommen. Schüler bis zur 5. Klasse konnten nach dem Unterricht Horte besuchen. Durch diese Aufsicht sollten die Kinder stärker im Sinne der SED erzogen werden.

M2 Olympische Spiele in München 1972 *(links)* **und Lake Placid/ USA 1980**

M3 Von DDR-Sportlern bei Olympischen Sommerspielen errungene Medaillen der DDR

Jahr	*Stadt*	*Gold*	*Silber*	*Bronze*
1956	Melbourne	1	4	2
1960	Rom	3	9	7
1964	Tokio	3	11	5
1968	Mexiko-Stadt	9	9	7
1972	München	20	23	23
1976	Montreal	40	25	25
1980	Moskau*	47	37	42
1988	Seoul	37	35	30

** Die Olympischen Spiele wurden vom Westen boykottiert.*

M5 Eine Journalistin über die Gleichberechtigung der Frauen in der DDR

Nichts interessiert Frauen in der DDR so wenig wie Erörterungen über ihre Gleichberechtigung. Die Gründe dafür unterscheiden sich nach Altersgruppen und sozialem Stand, sie beruhen auf genauen Erfahrungen. 35 Jahre ist ihre Gleichheit gesetzlich gesichert, staatlich verordnet, betrieblich gefördert, politisch und wirtschaftlich unterstützt, planmäßig entwickelt. Die Frauen und Mädchen in der DDR wissen sehr gut, worüber sie nicht gerne sprechen.

Zitiert nach: Irene Böhme: Die da drüben. Sieben Kapitel der DDR, Berlin (Rotbuch) 1986, S. 82.

M4 „Klatscher“ *(Gemälde von Hans Ticha, 1980)*

1 „Die DDR etabliert sich.“ Erläutern Sie diesen Satz mithilfe der Quellen (M1–M3) und des Autorentextes.
2 Sport und Politik: Legen Sie Zusammenhänge dar (M1–M3).
3 DDR-Künstler mussten sich an bestimmte Vorgaben halten. Dennoch gelang es ihnen, in ihren Bildern Kritik zu üben. Worauf nimmt der Künstler in M4 Bezug?
4 Stellen Sie die Situation der Frauen in der DDR und in der Bundesrepublik einander vergleichend gegenüber (M5 und Autorentext). Siehe auch Seite 34f.

Alltag im Osten: Mangelwirtschaft und Spitzelsystem

M1 Schlange stehen gehörte für viele DDR-Bürger zum Alltag. *Man kaufte für den eigenen Bedarf oder auf Vorrat für Tauschgeschäfte.*

Vergebliches Warten auf Wohlstand. Als 1971 Walter Ulbricht von Erich Honecker als Erster Sekretär der SED abgelöst wurde, hoffte man auf mehr Freiheiten. Wirtschaftsreformen bewirkten zunächst Verbesserungen bei der Versorgung mit den Gütern des täglichen Bedarfs. Ab Mitte der 1970er Jahre verschlechterte sich die wirtschaftliche Lage der DDR wieder zusehends. Es wurden nur einzelne hochtechnisierte Spezialbereiche der Wirtschaft gefördert, alle anderen Industriezweige erhielten wenig oder nur geringe Mittel für Investitionen. Dies machte sich durch eine Verschlechterung der allgemeinen Versorgungslage bemerkbar. Die staatlich gelenkte Planwirtschaft konnte auch nicht sofort auf die Bedürfnisse des Marktes reagieren, weil sie zu unflexibel war.

Überwachung und Rückzug ins Privatleben. So streng die Wirtschaft durchgeplant und kontrolliert wurde, so sollte auch das Leben jedes einzelnen DDR-Bürgers vom Staat organisiert und überprüfbar sein. Zu jeder Zeit musste man damit rechnen, dass Gespräche belauscht, Telefonate abgehört und persönliche Briefe zensiert wurden. Im Alltag bedeutete das für die Menschen, dass sie in ihren Äußerungen besonders vorsichtig waren. Nur wenige Bürger wagten es, politische Diskussionen zu führen, und taten dies meist nur im Kreise engster Vertrauter oder im Schutz der Kirche, die nicht unter direkter Kontrolle des SED-Staates stand. Der Staatssicherheitsdienst setzte verstärkt Informelle Mitarbeiter (IM) ein, die politisch verdächtige Bürger überwachen sollten und um jegliche Opposition im Keim zu ersticken. Die Kirche konnte aber auch weiterhin agieren und Schutz bieten. Aus Angst vor Entdeckung bzw. Bestrafung hielten sich viele DDR-Bürger aus politischen Angelegenheiten heraus und suchten das kleine Glück im Kreis von Familie und Freunden. Viele bauten sich als Oase der Erholung eine „Datsche“ (Wochenendhäuschen), in der sie Plattenbausiedlung, Mangelwirtschaft und Überwachung durch den Staatssicherheitsdienst ausblenden konnten.

Kritiker sind unerwünscht. Aus der Überzeugung, dass die DDR der bessere der beiden deutschen Staaten sei und aus Sympathie für ihre sozialistische Politik, übersiedelte der Schriftsteller und Liedermacher Wolf Biermann 1953 in die DDR. Seine Konzerte dort waren ausverkauft, er spielte vor überfüllten Sälen. In seinen Liedern hat Biermann den realen DDR-Sozialismus beschrieben und gezeigt, wie weit dieser von der Utopie des Kommunismus entfernt war. Das wurde von der SED-Führung nicht gern gehört. So wurde es Biermann schließlich verboten, in der DDR aufzutreten. Als Biermann 1976 zu einer Konzertreise in die Bundesrepublik ausreisen durfte, wurde er vom eigenen Staat ausgebürgert. Die SED verfehlte damit allerdings ihr Ziel, Ruhe und Ordnung zu schaffen, denn die Empörung vieler DDR-Bürger über den Fall Biermann mündete in öffentlichen Protesten.

M2 Protest gegen die Ausbürgerung von Wolf Biermann *Das Flugblatt wurde im November 1976 vom Ministerium für Staatssicherheit beschlagnahmt.*

M3 Daten zur wirtschaftlichen Entwicklung

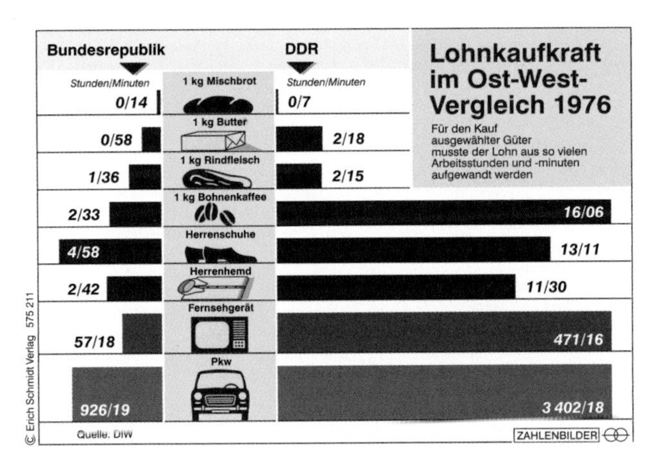

M4 Wolf Biermann: Mein Vaterland, mein Vaterland

(1988)

Mein Vaterland, mein Vaterland
Hat eine Hand aus Feuer
Hat eine Hand aus Schnee
Und wenn wir uns umarmen
5 Dann tut das Herz mir weh

Ich hab gesehn, zwei Menschen stehn
Die hielten sich umfangen
Am Brandenburger Tor
Es waren zwei Königskinder
10 - das Lied geht durch mein Ohr

© *Wolf Biermann*

M5 Friedensgebete

Der Leipziger Pfarrer Christian Führer:

Das hat schon eine ganz besondere Rolle gespielt, diese Beständigkeit. Schon 1984 war es allerdings sehr schwierig geworden. Damals fand in Ost und West die Raketenstationierung statt, und die Menschen hier haben gesehen, was die 5 im Westen alles machen konnten: ... Menschenkette, Flugblattaktionen. Die konnten einen ganzen Marktplatz mieten, alles Dinge, die hier nicht möglich waren. Und dann wurde genauso stationiert wie in der Diktatur. Das hat solche Resignation ausgelöst, dass unsere Friedensgebete montags in 10 der Teilnehmerzahl auf zehn oder fünf Leute zurückgingen. Ein Friedensgebet ist mir noch in Erinnerung geblieben. Es waren nur sechs Leute. Ich sah offenbar nicht glaubensfroh aus, sodass mich eine Frau ansprach und sagte: „Sie wollen doch nicht etwa die Friedensgebete eingehen lassen!" Sag 15 ich: „Wieso?". Sagt sie: „ Wenn wir jetzt aufhören, gibt's in der DDR keine Hoffnung mehr." Das war tatsächlich eine Art Wüstenwanderung von 1984 bis zum Januar 1988, aber wir haben die Friedensgebete weitergeführt, Montag für Montag mit diesen bescheidenen Zahlen.

Zitiert nach: Wolfgang Kenntemich (Hrsg.): Das war die DDR, Berlin (Rowohlt) 1993, S. 226.

M6 Arbeitsweise des Ministeriums für Staatssicherheit

Als Kühltransporter getarnt: der variable Beobachtungsstützpunkt „Schwalbe" mit Arbeitsplatz

1 Erklären Sie, wieso es in der DDR trotz zeitweise wirtschaftlicher Erfolge im Alltag zur Mangelwirtschaft kam (M1 und Autorentext).

2 Vergleichen Sie die Daten zur DDR mit den Angaben zur Bundesrepublik. Erklären und bewerten Sie die unterschiedliche Entwicklung (M3).

3 Sammeln Sie weitere Informationen zu Wolf Biermanns Leben (M2 und Autorentext) und interpretieren Sie das Gedicht M4. Beachten Sie dabei die Entstehungszeit.

4 Legen Sie dar, in welcher Form Opposition innerhalb der DDR möglich war (M5 und Autorentext).

5 Beschreiben Sie die Arbeitsweise des Ministeriums für Staatssicherheit und erklären Sie, welche Auswirkungen sie auf den Alltag der DDR-Bevölkerung gehabt hatte (M6).

Die „68er-Bewegung“ und die Jahre des Protests

1962	**Kubakrise**
1964–1975	**Vietnamkrieg**
1969–1982	sozial-liberale Bundesregierungen/ Bundeskanzler Willy Brandt bis 1974, Nachfolger: Helmut Schmidt
1970–1972	**Ostverträge**
1972	**Grundlagenvertrag** mit der DDR
1972/1979	SALT (Strategic Arms Limitation Talks = Abrüstungsgespräche)
1975	KSZE (Konferenz für Sicherheit und Zusammenarbeit in Europa)
1979	NATO-Doppelbeschluss
Oktober 1982	Ende der Regierung Schmidt durch ein Misstrauensvotum/ Helmut Kohl (CDU) wird Bundeskanzler

M2 Demonstration gegen den Vietnamkrieg *(1967)*

M1 Generalbundesanwalt Siegfried Buback wird in Karlsruhe von Mitgliedern der RAF erschossen *(1977). Bei dem Attentat sterben auch der Fahrer und ein Justizbeamter.*

M3 Nach dem Attentat auf Rudi Dutschke kommt es zu Auseinandersetzungen mit der Polizei *(Berlin, 1968).*

Sicherung der Grundbegriffe

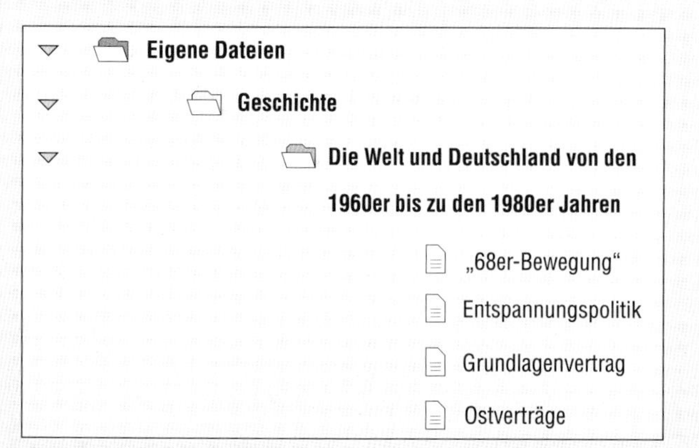

M4 Sit-ins – Protest gegen die Notstandsgesetze *(Nürnberg, 1968)*

Protestsongs. Die späten 1960er und 1970er Jahre brachten auch in Deutschland eine Vielzahl von Protestsongs hervor. Dabei orientierten sich die Gruppen und Interpreten zunächst besonders an ihren amerikanischen Vorbildern wie Bob Dylan, Joan Baez oder Joni Mitchell, aber auch an französischen Chansonsängern wie Juliette Greco oder Georges Brassens. Vorbilder in Deutschland fand man in der Tradition der Arbeiterbewegung oder der Kommunistischen Partei, z. B. bei Texten von Bert Brecht, Ernst Toller und Kurt Weill.

M5 Lieder der Gruppe „Ton-Steine-Scherben"

„Ton-Steine-Scherben" war eine der ersten und einflussreichsten deutschen Musikgruppen der 1970er, die vor allem durch ihre sozialkritischen deutschsprachigen Texte in der Rockmusik bekannt wurden:

a) Keine Macht für Niemand! (1972)

Ich bin nicht frei und kann nur wählen,
welche Diebe mich bestehlen, welche Mörder mir befehlen.
Ich bin tausendmal verblutet und sie ham mich vergessen.
Ich bin tausendmal verhungert und sie war'n vollgefressen.

5 Im Süden, im Osten, im Westen, im Norden,
es sind überall dieselben, die uns ermorden.
In jeder Stadt und in jedem Land,
schreibt die Parole an jede Wand.
Schreibt die Parole an jede Wand.
10 Keine Macht für Niemand!
Keine Macht für Niemand!

Reißen wir die Mauern ein, die uns trennen.
Kommt zusammen, Leute, lernt euch kennen.
Du bist nicht besser als der neben dir.
15 Keiner hat das Recht, Menschen zu regier'n.

Im Süden, im Osten, im Norden, im Westen,
es sind überall dieselben, die uns erpressen.
In jeder Stadt und in jedem Land
heißt die Parole von unserem Kampf,
20 heißt die Parole von unserem Kampf.
Keine Macht für Niemand!
Keine Macht für Niemand!

Komm rüber Bruder, reih dich ein,
komm rüber Schwester, du bist nicht allein.
25 Komm rüber Mutter, wir sind auf deiner Seite,
komm rüber Alter, wir woll'n das Gleiche.

In Augsburg, in München, Frankfurt, Saarbrücken,
es sind überall dieselben, die uns unterdrücken.
In jeder Stadt und in jedem Land,
30 mach ne Faust in deiner Hand.
Mach ne Faust in deiner Hand.
Keine Macht für Niemand!
Keine Macht für Niemand!

b) *Macht kaputt, was euch kaputt macht! (um 1969)*

Radios laufen, Platten laufen,
Filme laufen, TV's laufen,
Reisen kaufen, Autos kaufen,
Häuser kaufen, Möbel kaufen.
5 Wofür?

Refrain:
Macht kaputt, was euch kaputt macht!
Macht kaputt, was euch kaputt macht!

...
Bomber fliegen, Panzer rollen,
Polizisten schlagen, Soldaten fallen,
10 Die Chefs schützen, Die Aktien schützen,
Das Recht schützen, Den Staat schützen.
Vor uns!

Refrain: ...

Texte von Norbert Krause, Musik von Rio Reiser.

1 Beschreiben Sie anhand der Bilder (M2 bis M4) die Formen des Protests in den 1960er und frühen 1970er Jahren. Beziehen Sie die Ihnen bekannten Ereignisse ein, gegen die sich die Proteste richteten.
2 Diskutieren Sie, ausgehend von den Liedtexten (M5), das Lebensgefühl der Jugendlichen. Setzen Sie sich kritisch mit den Texten auseinander. Sind die Songs auch heute noch aktuell?
3 Klären Sie, wie die Regierung in Bonn ab Ende der 1960er Jahre auf die Proteste der Jugendlichen und Studenten reagierte. Welche staatlichen Reaktionen erfolgten auf den Terror der RAF (M1)?
4 Wie wurde in einer Diktatur, zum Beispiel in der DDR, Protest ausgedrückt (s. Seite 40f.)?

ACHTUNG!
JETZT

Die Auflösung des Ostblocks und die deutsche Einheit

Rüstungswettlauf

„America is back!“ Während der Amtszeit des amerikanischen Präsidenten Jimmy Carter (1976 – 1980) schien sich die Position der UdSSR weltweit zu festigen. Die USA hingegen mussten nach dem Vietnamdebakel (s. S. 16f.) auch im Iran, wo ein streng antiamerikanischer Gottesstaat gegründet wurde, einen weiteren schweren Schlag hinnehmen. In diese Zeit fällt auch die Geiselnahme der amerikanischen Botschaftsangestellten in Teheran, die erst nach einem Jahr beendet wurde. 1979 besetzte die Sowjetarmee Afghanistan.
Mit US-Präsident Ronald Reagan (1980–1988) änderte sich die Außenpolitik der USA grundlegend. Er verkündete, erst ein starkes Amerika werde wieder mit der UdSSR verhandeln, die er als „Reich des Bösen“ brandmarkte. Konsequent wurden die Militärausgaben erhöht und die antikommunistischen Kräfte weltweit unterstützt.

„Krieg der Sterne“ gegen das „Reich des Bösen“. In Europa sahen die Amerikaner Handlungsbedarf. Dort hatte die UdSSR seit 1977 neue Mittelstreckenraketen (SS-20) stationiert. Die NATO drohte Moskau daraufhin im Dezember 1979 mit der Aufstellung vergleichbarer Waffen, forderte gleichzeitig aber zu Verhandlungen auf (NATO-Doppelbeschluss). Als die Sowjets Verhandlungen ablehnten, rüstete der Westen 1983 nach. In ganz Europa, besonders auch in der Bundesrepublik, formierte sich eine nie da gewesene Friedensbewegung (s. S. 22f. und S. 34). Gleichzeitig verkündete Reagan 1983, dass die USA in die Entwicklung eines im Weltraum stationierten Raketen-Abwehrsystems (SDI) einsteigen würden. Dieser „Krieg der Sterne“ eröffnete eine neue Dimension des Wettrüstens. Sie zwang die Sowjetunion zu einem finanziell immer belastenderen Wettlauf zu Lasten ihrer Bevölkerung.

Präsidentendiplomatie. Mit dem Amtsantritt von Michail Gorbatschow 1985 veränderte sich die UdSSR in kürzester Zeit grundlegend.

M2 Die Präsidenten Gorbatschow und Reagan gehen aufeinander zu *(Gipfeltreffen 1985 in Genf).*

Schon im gleichen Jahr kam es überraschend – nach einem Vorstoß Moskaus – zu einem ersten Treffen des amerikanischen Präsidenten mit dem neuen Staatschef der UdSSR. Weitere Gipfeltreffen folgten.

M1 Verteidigungsausgaben der Supermächte

USA
1965 135 Mrd. $
Beginn der US-Intervention in Vietnam
183 Mrd. $ 1969
Beginn der Salt-Gespräche
Abzug der USA aus Vietnam
145 Mrd. $ 1973
Amtsantritt Carters
137 Mrd. $ 1977
Amtsantritt Reagans
137 Mrd. $ 1981
205 Mrd. $ 1985

UdSSR
1965 81 Mrd. $
1969 112 Mrd. $
1979 129 Mrd. $
Einmarsch in Afghanistan
Amtsantritt Gorbatschows
1985 146 Mrd. $

US-Dollar, in Preisen von 1980

Im Dezember 1987 wurde mit dem Abkommen zur Zerstörung aller Mittelstreckenwaffen erstmals eine echte Verminderung beider Waffenarsenale erreicht. Als weiteres sichtbares Zeichen für den Willen zur Entspannung befahl Gorbatschow 1989 den militärischen Rückzug der Sowjettruppen aus Afghanistan. Die deutsche Wiedervereinigung wäre ohne diesen grundlegenden Wandel im Verhältnis beider Supermächte zueinander nicht möglich gewesen. Einen Monat nach der Öffnung der Mauer, die Reagan bei seinem Deutschlandbesuch 1987 vor dem Brandenburger Tor gefordert hatte (s. S. 44), verkündeten am 2./3. Dezember 1989 der neue amerikanische Präsident Bush senior (1989–1993) und Präsident Gorbatschow den Kalten Krieg für beendet.

M3 Gorbatschow und Bush senior *(1990)*
Bei einem Treffen zwischen den Vertretern der Supermächte schenkte Michail Gorbatschow dem amerikanischen Präsidenten Bush dieses Bild, das die beiden Staatsmänner als siegreiche Boxer gegen den Kalten Krieg zeigt.

Wovon handelt dieses Kapitel? Auch wenn die Beschlüsse der KSZE von 1975 zunächst nur Absichtserklärungen blieben, hatten sie doch großen Einfluss auf das Denken der Menschen im Ostblock. Gerade die Frage der Menschenrechte blieb ein zentraler Diskussionspunkt. Es kam zudem immer wieder zu Protesten, weil die Versorgung mit einfachsten Gütern nicht klappte. Außerdem schürten Korruption und Vetternwirtschaft das Misstrauen in die politische Führung. Erst die Reformen Gorbatschows ließen eine Änderung größeren Stils zu. Am Beispiel des damaligen östlichen Nachbarn Tschechoslowakei wird der Weg eines Ostblocklandes in die Demokratie westlicher Prägung aufgezeigt. Gleichzeitig war es aber auch die Zeit der deutschen Wiedervereinigung: Nach längerem Zögern der Regierung in Ostberlin und zunächst mit dem Versuch, den ständig anschwellenden Strom von Ausreisewilligen zu stoppen und erneut mit aller Härte gegen die Oppositionellen im eigenen Land vorzugehen, öffnete die DDR in der Nacht vom 9. auf den 10. November 1989 völlig überraschend ihre Grenzen. Ab jetzt waren die Rufe nach tief greifenden Reformen bis hin zur Wiedervereinigung nicht mehr zu stoppen. Der Regierung in Bonn unter Kanzler Kohl schlug zunächst die Ablehnung der meisten NATO-Partner und europäischen Nachbarn entgegen, doch nach langwierigen Verhandlungen, vor allem mit den europäischen Verbündeten und mit Gorbatschow, war der Weg zur Einheit Deutschlands und einer endgültigen Beendigung der Nachkriegszeit frei. Deutschland erhielt 55 Jahre nach Ende des Zweiten Weltkriegs seine volle Souveränität zurück. Gleichzeitig zerfiel innerhalb weniger Jahre der Ostblock; die UdSSR löste sich auf.

M4 Die atomare Bedrohung

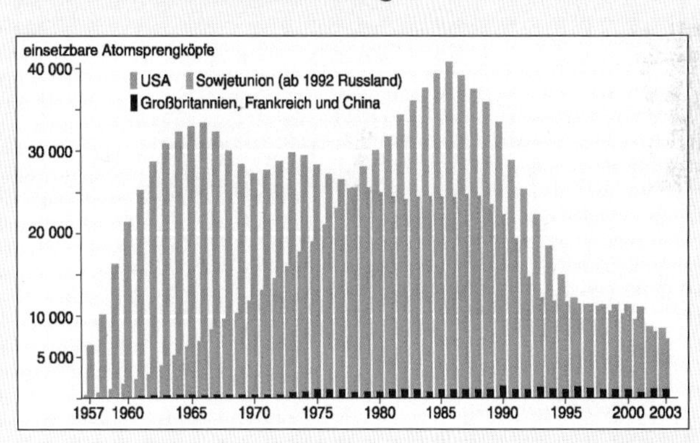

1 Beschreiben Sie die Entwicklung der Rüstungsausgaben von 1965 bis 1985 und setzen Sie diese in Verbindung zu den politischen Ereignissen (M1 und Autorentext). Beziehen Sie auch den besonderen Aspekt des atomaren Wettrüstens in Ihre Überlegungen (M4) mit ein.

2 Suchen Sie nach Gründen, warum der neue Präsident der UdSSR, Michail Gorbatschow, den Dialog mit den USA suchte (Autorentext).

3 Die Bilder der Presse begleiteten den Annäherungsprozess zwischen den USA und der UdSSR. Nehmen Sie Stellung zu den hier gezeigten Bildern (M2–M3) und beziehen Sie auch die Seiten 44–45 mit ein.

Oppositionsbewegungen im Ostblock

M1 Aufständische in Bukarest *(1989)*

Aus den Fahnen wurden die kommunistischen Abzeichen herausgeschnitten.

Umbruch in Osteuropa. Seit dem Ende des Zweiten Weltkriegs hatte die UdSSR Osteuropa beherrscht und ihm sein kommunistisches System aufgezwungen. Gorbatschow verzichtete im Zuge seiner Reformpolitik in der UdSSR auf den Führungsanspruch der KPdSU und gestattete den früheren Satellitenstaaten, über ihre politische und wirtschaftliche Entwicklung selbst zu entscheiden (s. S. 54f.). Die kommunistisch geführten Regierungen konnten sich ohne Rückhalt aus Moskau nicht mehr halten. In den meisten Ostblockstaaten kam es zwischen 1989 und 1990 zur Bildung von Mehrparteiensystemen und zur Durchführung von freien Wahlen. Mit Zustimmung der Sowjetunion wurde der Eiserne Vorhang geöffnet und die sowjetischen Truppen zogen ab.

Polen und die „Solidarność". Auch in Polen hatte man die Vereinbarungen von Helsinki aufmerksam verfolgt. Ende der 1970er Jahre kam es angesichts von Korruption, fehlender Konsumgüter bei erhöhten Preisen und Arbeitsnormen zu Konflikten zwischen den Arbeitern und der Kommunistischen Partei Polens. Ein von den Danziger Werftarbeitern im Januar 1980 ausgelöster Streik weitete sich sehr rasch aus. In der Folge wurde die unabhängige Gewerkschaft „Solidarność" (= Solidarität) gegründet. Unter ihrem Führer Lech Wałesa erfuhr sie gewaltigen Zulauf und hatte bald mehr als 9 Millionen Mitglieder. Die Arbeiterbewegung forderte u. a. freie Wahlen, Reformen und das Ende der kommunistischen Alleinherrschaft. Eine solche Organisation, von der katholischen Kirche unterstützt, war für die kommunistische Regierung, die sich als Vertreter der Arbeiter sah, eine Bedrohung. Als Spekulationen über ein Eingreifen sowjetischer Truppen aufkamen, verhängte die Regierung im Dezember 1981 das Kriegsrecht. „Solidarność" wurde verboten, zahlreiche Mitglieder verhaftet und der Ausnahmezustand erklärt. Aber Polen kam nicht zur Ruhe. Angesichts der wachsenden Opposition in Bevölkerung und Kirche, die insbesondere durch die Wahl des Polen Karol Wojtyla zum Papst gestärkt wurde, musste sich die Regierung 1989 zu weitreichenden Zugeständnissen bereit erklären. In den ersten freien Wahlen zum polnischen Parlament 1989 erzielte die „Solidarność" einen hohen Wahlsieg; die Kommunistische Partei Polens löste sich wenig später auf.

Ungarn öffnet die Grenze. In Ungarn hatte der Staat während der 1970er und 1980er Jahre mehr wirtschaftliche Freiräume gewährt, außerdem durften seine Bürger ins „kapitalistische Ausland" reisen. In der zweiten Hälfte der 1980er Jahre regte sich allerdings auch hier zunehmend Protest gegen die kommunistische Herrschaftsform. Als 1988 Reformkommunisten an die Regierung gelangten, wurde das zuvor von Gorbatschow verkündete Selbstbestimmungsrecht der Ostblockstaaten umgesetzt; so ließ man u. a. unabhängige politische Parteien zu. Im Mai 1989 begann Ungarn mit dem Abbau der Grenzbefestigungen zu Österreich. Vor allem für DDR-Bürger wurde dadurch der Weg in den Westen frei (s. S. 58f.).

M2 Symbolische Öffnung der österreichisch-ungarischen Grenze Ende Juni 1989
(links: der österreichischen Außenminister Alois Mock, rechts: der ungarische Außenminister Gyula Horn)

M3

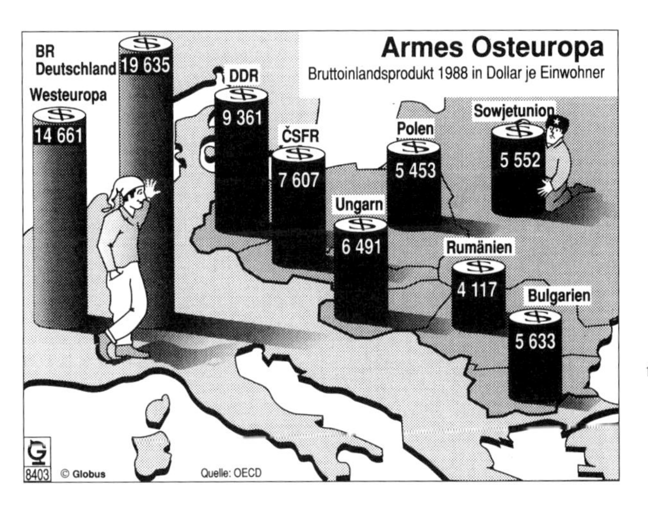

M4 Streikende Werftarbeiter der Leninwerft in Danzig

Die Streikbewegung wurde schon früh von der einflussreichen katholischen Kirche, auch mit Geldmitteln aus dem Vatikan, unterstützt. Der aus Polen stammende Papst Johannes Paul II. kritisierte unmissverständlich die Politik der Kommunistischen Partei.

M5 Aus den 21 Forderungen des Danziger Streikkomitees vom August 1980

1. Zulassung von freien und unabhängigen Berufsverbänden, die nicht von der Partei abhängig sind ...
2. Garantie des Streikrechts und die Gewähr der Sicherheit für die Streikenden und die sie unterstützenden Personen.
3. Beachtung der Freiheit des Wortes, des Drucks und der Veröffentlichung. Keine Verfolgung unabhängiger Druckereien und Zugang zu den Medien für Vertreter aller politischen Richtungen (gemeint waren vor allem Radio- und Fernsehzeiten für die katholische Kirche).
4. Rückforderung ursprünglicher Rechte
a) Wiedereinstellung aller während der Streiks 1970 und 1976 entlassenen Arbeiter. Wiederaufnahme aller Studenten in die Universitäten, die wegen ihrer Überzeugungen von den Universitäten verwiesen wurden.
b) Freilassung aller politischen Gefangenen ...
c) Aufhebung aller politischen Benachteiligungen und Gewährung der Religionsfreiheit ...
8. Erhöhung des Grundlohns von jedem Arbeiter um 2 000 Zloty monatlich als Ausgleich für die Preissteigerungen.
12. Einführung der Wahl aller Leitungskader in den Betrieben nach dem Kriterium der Qualifikation und nicht nach Parteizugehörigkeit. Aufhebung der Privilegien von Miliz, Staatssicherheit und Parteiapparat. Gleichstellung der Familienzuwendungen ...
16. Verbesserung der Gesundheitsfürsorge in den Betrieben, um die volle medizinische Versorgung der arbeitenden Bevölkerung sicherzustellen.
17. Bereitstellung einer genügend großen Anzahl Plätzen von Kinderkrippen und Kindergärten für die Kinder der arbeitenden Frauen ...

Übers. von Bettina Boewig.

1 Stellen Sie Forderungen der Menschen im Ostblock zusammen, beziehen Sie dazu M1 sowie M3–M5 mit ein. Erarbeiten Sie die Missstände, die sich aus den Forderungen ableiten lassen.
2 Erklären Sie das Besondere an der polnischen Streikbewegung (M4 und Autorentext). Stellen Sie die Ereignisse in Ungarn gegenüber (M2 und Autorentext).
3 „Umbruch in Osteuropa“: Geben Sie stichpunktartig einige Änderungen wieder.
4 Informieren Sie sich über die Biografie von Lech Wałesa. Welche Rolle spielte dieser Politiker in der postkommunistischen Ära seines Landes?

Der Zusammenbruch des Kommunismus in der Tschechoslowakei

„Prager Frühling“ (1968). In der Tschechoslowakei hatte sich unter dem Vorsitzenden der Kommunistischen Partei Polens, Alexander Dubček, eine Bewegung gebildet, die den Kommunismus in einen „Sozialismus mit menschlichem Antlitz“ umwandeln wollte. Gleichzeitig kritisierten prominente Wissenschaftler, Künstler und Schriftsteller die kommunistische Unterdrückungspolitik und forderten umfassende Reformen in Staat, Gesellschaft und Wirtschaft. Der sowjetische Parteichef Leonid Breschnew und die Parteiführer in den sowjetischen Satellitenstaaten befürchteten, dass dieses „Prager Modell“ nachgeahmt und zur Auflösung des Ostblocks führen würde. Deshalb ließen sie die tschechische Reformbewegung im August 1968 durch Truppen des Warschauer Pakts blutig niederschlagen und stationierten Sowjetsoldaten im Land, um jegliche Opposition im Keim zu ersticken. Die Niederwerfung des Aufstandes lähmte die Oppositionsbewegung über Jahre hinaus. Breschnew rechtfertigte nachträglich den Militäreinsatz in der Tschechoslowakei mit der begrenzten Souveränität sozialistischer Länder. Die ▸ Breschnew-Doktrin beinhaltete das Recht der Sowjetunion, bei Bedrohung der kommunistischen Ordnung im Ostblock notfalls auch militärisch einzugreifen.

M1 Tschechoslowakischer Bürger während des Protests *(Bratislava, 1968)*

Die „Charta 77“. 1977 entstand in der Tschechoslowakei erneut eine Bürgerrechtsbewegung, die sogenannte Charta 77, die auf den Widerspruch zwischen der KSZE-Schlussakte (s. S. 22f.) und Menschenrechtsverletzungen aufmerksam machte. 275 prominente Bürger unterstützten den Aufruf tschechischer Intellektueller zur Einhaltung der Menschenrechte. Staatschef Gustav Husák ging hart gegen die Dissidenten (= Andersdenkende), wie den Schriftsteller Václav Havel, vor. Führende Mitglieder wurden zu langjährigen Haftstrafen verurteilt und ihre Veröffentlichungen verboten.

M2 Alexander Dubček *(links)* **mit Václav Havel**
Im Theater erfuhren sie, dass die Führung der Kommunistischen Partei zurückgetreten war.

„Samtene Revolution“ (1989). Im Herbst 1989 gingen in Prag Hunderttausende von Bürgern auf die Straße, um Reformen und die Ablösung der Kommunistischen Partei einzufordern. Anführer des Bürgerprotests wurden Alexander Dubček, der Repräsentant des gescheiterten „Prager Frühlings“ von 1968, und Václav Havel, der kurz zuvor aus dem Gefängnis entlassen worden war. Die Reformer setzten sich bereits nach zehn Tagen mit friedlichen Demonstrationen und einem Generalstreik durch. In der neuen Regierung besaßen die Kommunisten, erstmals seit 1948, keine Mehrheit. Alexander Dubček wurde zum Parlamentspräsidenten gewählt und Václav Havel zum Staatsoberhaupt. 1993 löste sich die Tschechoslowakei in die unabhängigen Staaten Tschechische Republik und Slowakische Republik auf.

M3 „Manifest der 2000 Worte“

Am 27. Juni 1968 veröffentlichten mehrere Zeitschriften den nachfolgenden Artikel des Schriftstellers Ludvík Vaculík unter dem Titel: „2000 Worte, gewidmet den Arbeitern, Bauern, Angestellten, Wissenschaftlern, Künstlern und allen“. Unterzeichnet wurde er von über Zehntausenden von tschechoslowakischen Bürgern:

Die Tätigkeit des Staates und der Wirtschaftsorganisationen unterlagen keiner Kritik. Das Parlament verlernte zu beraten, die Regierung zu regieren und die Direktoren zu leiten. Die Wahlen hatten keine Bedeutung, die Gesetze verloren ihr Gewicht ... Für den heutigen Zustand sind wir alle verantwortlich, mehr jedoch die Kommunisten unter uns; die Hauptverantwortung aber tragen jene, die Bestandteil der unkontrollierten Macht waren. Es war die Macht einer eigensinnigen Gruppe, die sich mithilfe des Parteiapparates von Prag aus bis in jeden Bezirk und in jede Gemeinde erstreckte. Dieser Apparat entschied, wer was tun und nicht tun durfte, er leitete für die Genossenschaftler die Genossenschaften, für die Arbeiter die Betriebe, für die Bürger die Nationalausschüsse. Keine Organisation, nicht einmal eine kommunistische, gehörte in Wirklichkeit ihren Mitgliedern. Die Hauptschuld und der allergrößte Betrug dieser Herrscher ist, dass sie ihre Willkür für den Willen der Arbeiterschaft ausgaben ...

Zitiert nach: Hanswilhelm Haefs: Die Ereignisse in der Tschechoslowakei vom 27. Juni 1967–18. Oktober 1968, Bonn (Siegler Verlag) 1969, S. 90ff.

M4 Die Breschnew-Doktrin vom 12. November 1968

Aus der Rede Leonid Breschnews auf dem V. Parteitag der Polnischen Vereinigten Arbeiterpartei:

... Wenn innere und äußere dem Sozialismus feindliche Kräfte die Entwicklung eines Landes zu wenden und auf eine Wiederherstellung der kapitalistischen Zustände zu drängen versuchen, wenn also eine ernste Gefahr für die Sache des Sozialismus in diesem Lande, eine Gefahr für die Sicherheit der ganzen sozialistischen Gemeinde entsteht – dann wird dies nicht nur zu einem Problem für das Volk dieses Landes, sondern auch zu einem gemeinsamen Problem, zu einem Gegenstand der Sorge aller sozialistischer Länder. Begreiflicherweise stellt militärische Hilfe für ein Bruderland zur Unterbindung einer für die sozialistische Ordnung entstandenen Gefahr eine erzwungene, außerordentliche Maßnahme dar ...

Zitiert nach: Europa-Archiv, XXIV. Jg. (1969), Folge 11, 10. Juni 1969, S. D 257ff.

M5 Auszug aus der „Charta 77“

Zehntausenden von Bürgern wird es nur deshalb unmöglich gemacht in ihrem Fach zu arbeiten, weil sie Ansichten vertreten, die sich von den offiziellen Ansichten unterscheiden. Zudem werden sie häufig Objekt vielfältigster Diskriminierung und Schikane seitens der Behörden ... Hunderttausenden von Bürgern wird die „Freiheit von Furcht“ verweigert, weil sie gezwungen sind, in der beständigen Gefahr zu leben, Arbeits- und andere Möglichkeiten zu verlieren, weil sie ihre Meinung äußern.

Zitiert nach: Jirí Pelikán/Manfred Wilke: Menschenrechte. Ein Jahrbuch zu Osteuropa (= Rowohlt TB, Nr. 4192), Reinbek bei Hamburg 1977, S. 221ff.

M6 „The End“ *(Karikatur von Fritz Behrendt, 1990)*

1 Immer wieder kam es in der Tschechoslowakei zu Protesten und Rufen nach Reformen. Nennen Sie bekannte Oppositionelle und die damit verbundenen Aktionen (M2, M3, M5 und Autorentext).

2 Warum waren die Reformen keine „innere Angelegenheit“ der Tschechoslowakei und welche Maßnahmen hielt der sowjetische Parteichef Breschnew (M1 und M4) für gerechtfertigt?

3 Erklären Sie, was man unter der Formulierung „Freiheit von Furcht“ in M5 versteht.

4 Beschreiben Sie die Aussage der niederländischen Karikatur „The End“ (M6).

Fotos – Schein oder Wirklichkeit?

Konservierte Wirklichkeit? Fotografien können im privaten wie im öffentlichen Bereich die Vergangenheit als Erinnerung festhalten. Keine andere historische Quelle ist der Wirklichkeit näher, denn das Dargestellte selbst hinterlässt Spuren nach einem scheinbar unbeeinflussten Abbildungsvorgang mit Kamera und Objektiv. Zugleich sind Fotos aber Ausschnitt der Wirklichkeit und meist Ergebnis subjektiver Entscheidungen. So wird immer nur ein winziger vergangener Moment in räumlich enger Begrenzung zweidimensional wiedergegeben; jede Bewegung wird gleichsam eingefroren. Den Blickwinkel und die Technik (Blende, Belichtungszeit, Format, usw.) bestimmt der Fotograf, der das Bild auch formal (z. B. Anordnung der Bildelemente) gestalten kann.

Wenn Bilder lügen. Fotos werden auch bewusst inszeniert oder nachgestellt. Eine ganze Reihe von Kriegs- bzw. Siegesfotos sind so entstanden (z. B. „Elbe-Day“ = Handschlag von Torgau 1945). Um Bilder attraktiver oder wirkungsvoller zu machen, werden Szenen durch Retusche oder Montage umgestaltet. Da wurde eine unpassend aussehende Zigarette aus Stalins Hand entfernt, Maos Kragen geglättet, Breschnews Spuren von Alter und Krankheit überdeckt. Von diesen eher kleinen Akten der Manipulation ist es nicht mehr weit zur Geschichtsfälschung, bei der z. B. der missliebig gewordene Politiker Dubček aus der Geschichte „ausradiert“ wurde, indem man ihn auf öffentlich verbreiteten Fotos wegretuschierte. Peinlich, dass man dabei eine Schuhspitze übersah.

Vom Bild im Kopf zum Geschichtsbild. Wissenschaftliche Untersuchungen beweisen: Die unbebilderte Vergangenheit wird weniger wahrgenommen als die bebilderte. Aus Mangel an Bildzeugnissen kommt der sowjetische Gulag kaum im visuellen Gedächtnis der Menschen vor – ganz anders das nationalsozialistische Konzentrationslager. Wohl fast jeder kennt schreckliche KZ-Bilder. Ohne diese Fotos zu sehen, hat man sie vor dem inneren Auge und trägt sie im Kopf. Andere bekannte Fotos zeigen den Atompilz über Hiroshima (1945), die erste Landung von Menschen auf dem Mond (1969) oder den Einschlag eines Flugzeugs ins WTC in New York (2001). Solche Schlüsselbilder prägen die historische Vorstellung und die Interpretation der Vergangenheit.

Ikonen der modernen Medienwelt. Was aber macht bestimmte Fotografien zu Jahrhundertbildern? In der heutigen Informationsgesellschaft spielt dabei neben Inhalt und Art des Fotos die außerordentliche massenmediale Verbreitung eine Rolle, die den Bekanntheitsgrad erhöht. Erst eine des Öfteren wiederholte Verbreitung führt dazu, dass eine Fotografie Kultstatus bekommt und so zur Ikone wird, so z. B. das Bild von dem Physiker Albert Einstein, der die Zunge herausstreckt.

M1 Berlin am 17. Juni 1953 *(Fotograf: Wolfgang Albrecht)*

Methode: Fotos historisch auswerten

1. Schritt: Bildbetrachtung/erster Eindruck

Sehen Sie das Foto sehr genau an und formulieren Sie Ihren ersten Eindruck (Assoziation, Gefühl). Verzichten Sie dabei, die Bildlegende zu lesen.

2. Schritt: Bildbeschreibung

Beschreiben Sie das Foto systematisch. Notieren Sie dazu eine eigene Bildlegende. Welche Einzelheiten werden besonders herausgestellt, was wird nur am Rande gezeigt? Warum hat der Fotograf dieses Motiv gewählt? Welchen Ausschnitt und welchen Blickwinkel hat er bestimmt? Beachten Sie Bildaufbau und Farben.

3. Schritt: Quellenkritische Einordnung

Wann ist das Bild entstanden? Wer hat in wessen Auftrag fotografiert? Handelt es sich um eine professionelle Fotografie (z. B. Presse, Mode, Kunst) oder um ein Amateurfoto (z. B. ein Familienbild)? Für welche(n) Adressaten ist das Foto gemacht worden? Oft können diese Fragen nicht alle eindeutig geklärt werden. Je weniger Fragen sich beantworten lassen, desto vorsichtiger muss man bei der Interpretation sein.

4. Schritt: Überprüfung der Glaubwürdigkeit

Welche Details im Bild stimmen nicht oder passen nicht zueinander? Halten Sie offensichtliche Fehler oder Widersprüche fest. Lässt sich eventuell eine Retuschierung/Bildmanipulation erkennen? Wie wirkt(e) das Foto auf den Betrachter? Inwieweit werden dabei Gefühle angesprochen? Gibt es Hinweise darauf, dass die Situation inszeniert ist? Passt die Bildunterschrift zur Fotografie?

5. Schritt: Den Zusammenhang herstellen und eine Gesamtbewertung durchführen

Werten Sie Notizen aus und formulieren Sie ein Gesamtergebnis. Beziehen Sie nun die Bildlegende sowie Ihre Geschichtskenntnisse – vielleicht auch andere Fotos oder Texte – mit ein.

1 Analysieren und interpretieren Sie M2 in der Abfolge der fünf methodischen Schritte.
2 Vergleichen Sie die drei Abbildungen von M1 im Hinblick auf den gewählten Ausschnitt, die Perspektive, den Bildinhalt und die dadurch erzielte Wirkung.
3 Suchen Sie in diesem Buch eine Abbildung heraus, die Sie für ein Jahrhundertfoto halten und begründen Sie Ihre Wahl.

M2 Offizielle Feierstunde am 30. März 1968 vor dem Veitsdom auf dem Hradschin in Prag

Nebeneinander stehen von links nach rechts: Josef Smrkovsky (späterer Vorsitzender der Nationalversammlung), Alexander Dubček (Generalsekretär der Kommunistischen Partei) und Ludvik Svoboda (Präsident der Republik). Dubček war Symbolfigur für den „Prager Frühling 1968“ und musste, als der Reformkurs niedergeschlagen wurde aus dem öffentlichen Bewusstsein verschwinden.

Gorbatschow und das Ende der Sowjetunion

Michail Gorbatschows „neues Denken". Als der 54-jährige Michail S. Gorbatschow am 11. März 1985 zum Generalsekretär der Kommunistischen Partei der Sowjetunion (KPdSU) und damit zum mächtigsten Mann des Landes gewählt wurde, ahnte niemand, dass nur sechs Jahre später die Sowjetunion aufhören würde zu existieren. Gorbatschow ging mit Eifer daran, die jahrzehntelange wirtschaftliche Misswirtschaft sowie Fehlplanungen und Korruption zu überwinden. Er betrieb vor allem die Umgestaltung der Parteistruktur (russisch: Perestroika = grundlegender Umbau von Staat und Gesellschaft). Innerhalb weniger Jahre hatte er die Hälfte des überalterten Politbüros ausgewechselt. Er setzte sich für Offenheit und Diskussion über Probleme und Missstände (russisch: Glasnost) ein. Statt Einschüchterung und Unterordnung sollten in der sowjetischen Gesellschaft Meinungsfreiheit und Transparenz herrschen. 1988 führte man marktwirtschaftliche Elemente ein. Die beiden Schlagworte „Perestroika" und „Glasnost" wurden bald auch für die anderen Staaten des Ostblocks zu Schlüsselbegriffen eines „neuen Denkens" (s. S. 48ff.).

Michail Gorbatschow
(geb. 1931)

Tschernobyl – Anfang vom Ende. Zur Nagelprobe seines Reformansatzes sollte eine der größten Umweltkatastrophen des 20. Jh. werden – die Explosion im Atomreaktor Tschernobyl (Ukraine). Am 26. April 1986 traten dort nach einem schweren Reaktorunfall große Mengen Radioaktivität aus und richteten verheerende Umweltschäden an, nicht nur in der Sowjetunion, sondern aufgrund der Windverhältnisse auch in weiten Teilen Nord- und Westeuropas. Die Regierung versuchte zunächst, die Katastrophe zu verharmlosen, aber die neue Offenheit in der Sowjetunion ermöglichte es der Bevölkerung, über westliche Medien das wahre Ausmaß der Katastrophe zu erfahren. Dies führte im ganzen Land zu Misstrauen gegenüber Gorbatschows Reformansätzen.

Abrüstungsverträge. Ein weiteres Problem stellten die immens hohen Kosten für das permanente Wettrüsten mit den USA dar, die für die Sowjetunion untragbar wurden. In der Außenpolitik warb Gorbatschow deshalb, zusammen mit seinem Außenminister Eduard Schewardnadse, für eine Neuordnung der internationalen Beziehungen. Bei einem Gipfeltreffen mit dem amerikanischen Präsidenten Ronald Reagan im Dezember 1987 vereinbarten die beiden Staaten die Vernichtung aller Mittelstreckenraketen in Europa und sprachen sich für ein Verbot dieser Waffen aus. Weitere Gespräche zu Rüstungsbegrenzungen, vor allem im atomaren Bereich, folgten. Für seine Verdienste um den umfassenden Rüstungsabbau wurde Gorbatschow im Jahre 1990 der Friedensnobelpreis verliehen.

Die baltischen Republiken erklären ihre Unabhängigkeit. Gorbatschow hob 1988 die Breschnew-Doktrin (s. S. 50) auf und verkündete, dass er allen Völkern die Wahl ihres Gesellschaftssystems selbst überlassen werde. Zögerlich versuchten daraufhin die „sozialistischen Bruderstaaten" erste eigenständige Reformversuche. Doch als die baltischen Republiken Estland, Lettland und Litauen die durch den Hitler-Stalin-Pakt 1939 verloren gegangene nationale Unabhängigkeit einforderten, wies die Regierung in Moskau diese Bestrebungen scharf zurück. Trotz des Einsatzes von Militär gelang es der sowjetischen Regierung jedoch nicht, die Ablösung zu verhindern. Im März 1990 erklärte sich Litauen, im Mai Estland und Lettland für unabhängig.

Das Sowjetimperium zerfällt. Der Erfolg der baltischen Staaten bestärkte andere Teilrepubliken wie die Ukraine und Georgien, ihre Unabhängigkeit zu erklären. Der Wegfall der Führungsmacht ließ aber auch gewalttätige Konflikte zwischen verschiedenen Volksgruppen und Nationalitäten ausbrechen. Mehrheitlich islamisch geprägte Sowjetrepubliken, wie Tschetschenien, forderten ebenfalls ihre Unabhängigkeit – bis heute dauern die Kämpfe noch an. Die Sowjetunion selbst wurde zum Ende des Jahres 1991 aufgelöst. Gorbatschow trat als Staatspräsident zurück. Damit endete nach fast 70 Jahren die Geschichte der Sowjetunion (s. S. 84f.).

M1 Michail Gorbatschow über die notwendigen Veränderungen in der UdSSR *(1987)*

Genossen! Eine feste Basis für den beschleunigten Vormarsch in allen Richtungen kann nur durch grundlegende Veränderungen in der Wirtschaft geschaffen werden ...
Wir sind auch für eine mannigfaltige öffentliche Meinung, für
5 ein reiches geistiges Leben. Wir brauchen keine Angst davor zu haben, schwierige Probleme der gesellschaftlichen Entwicklung offen aufzuwerfen und zu lösen, Kritik zu üben und zu diskutieren. Gerade unter solchen Bedingungen setzt sich die Wahrheit durch, formen sich richtige Entscheidungen ...
10 Zwei Schlüsselprobleme der gesellschaftlichen Entwicklung bestimmen das Schicksal der Umgestaltung: Das sind die Demokratisierung des gesamten gesellschaftlichen Lebens und eine radikale Wirtschaftsreform.

Zitiert nach: Abschied vom Sozialismus. Sowjetunion heute. Sonderausgabe im November 1987, hrsg. von der Presseabteilung der Botschaft der UdSSR.

M2 Ausbreitung der radioaktiven Wolke in Europa *(1986)*

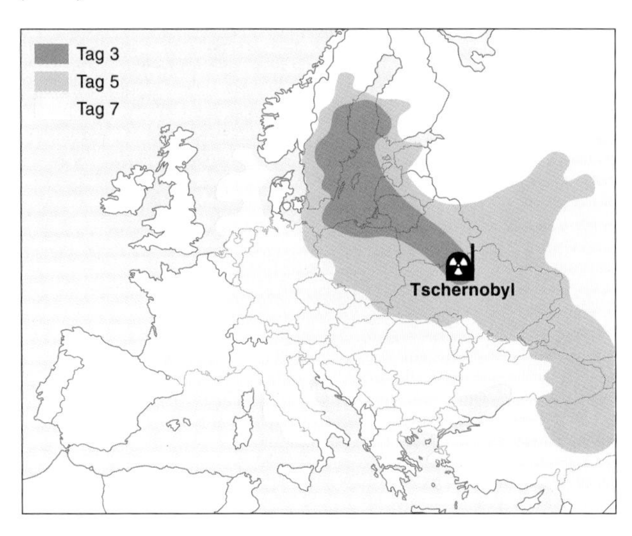

M3 „Gorbatschow als Klavierspieler“
(Karikatur von Peter Leger, 1987)

M4 Wirtschaftliche Probleme

Der Übergang zur Marktwirtschaft brachte u. a. auch eine Geldentwertung und hohe Arbeitslosigkeit mit sich. Eine schlechte Ernte im Herbst 1990 führte zu einer wirtschaftlichen Notlage, die nur durch Hilfe aus dem Ausland gelindert werden konnte.

1 Zeigen Sie auf, wie Gorbatschow die „Perestroika“ begründete (M1). Überlegen Sie, welche seiner Forderungen für sowjetische Ohren besonders revolutionär geklungen haben dürften.
2 Legen Sie dar, welche Auswirkungen „Perestroika“ und „Glasnost“ für die Sowjetunion hatten (M1–M4 und Autorentext).
3 Informieren Sie sich über das Reaktorunglück von Tschernobyl (M2) und seine Folgen bis heute.
4 Beschreiben und erläutern Sie die Karikatur M3.
5 Erklären Sie mithilfe des Autorentextes sowie M3 und M4, warum Gorbatschow im Ausland gefeiert, im eigenen Land aber verachtet wurde.
6 Stellen Sie mithilfe des Autorentextes und der Quellen Ursachen für das Ende der Sowjetunion zusammen.

„... keine Angst mehr" – der Widerstand in der DDR wächst

Bürgerrechtsgruppen entstehen. Die durch die KSZE-Schlussakte ausgelösten Ansätze zur Opposition gegen die kommunistischen Regierungen (s. S. 48ff.) ergriffen auch die DDR. In den 1980er Jahren entstanden – meist unter dem Dach der Kirche – Umwelt- und Bürgerrechtsbewegungen, die u. a. das Ziel hatten, die DDR-Bevölkerung über Missstände zu informieren und dadurch der Verschleierungstaktik der Presse entgegenzusteuern. Sie organisierten Protestaktionen und gaben alternative Zeitschriften, wie die „Umweltblätter", heraus. Versuche der Stasi, durch Verhaftung von Mitarbeitern die Oppositionsgruppen zu unterdrücken, scheiterten daran, dass sie immer mehr Zulauf erhielten. Viele DDR-Bürger waren verbittert und hatten keine Angst mehr vor drohender Bestrafung. Andere versuchten, eine Ausreisebewilligung zu erhalten, um das Land so schnell wie möglich verlassen zu können.

Der „große Bruder" Sowjetunion. Früher galt für die DDR-Führung uneingeschränkt die Formel „Von der Sowjetunion lernen, heißt siegen lernen!" Nach dem Amtsantritt Michail Gorbatschows und den von ihm eingeleiteten Reformen (s. S. 54f.) wollte die DDR-Führung von ähnlichen Forderungen nichts wissen. Im November 1988 wurde sogar die sowjetische Zeitschrift in deutscher Sprache, „Sputnik", die seit 1967 Beiträge zur „Festigung der deutsch-sowjetischen Freundschaft" lieferte, wegen systemkritischer Aufsätze nicht mehr ausgeliefert. Damit trat deutlich die Unfähigkeit und fehlende Bereitschaft der DDR-Führung zutage, sich mit Reformansätzen, wie sie in der Sowjetunion offen diskutiert wurden, auseinanderzusetzen.

Wahlbetrug. Bei den Kommunalwahlen im Mai 1989 wurden, wie seit langem vermutet, die Wahlergebnisse zugunsten der SED gefälscht. Doch diesmal protestierten Bürgerrechtler, welche die Auszählung überwacht hatten, öffentlich dagegen und legten wegen Wahlbetrugs Beschwerde ein. Auch die Berichterstattung der westlichen Medien trug mit dazu bei, diesen Missbrauch noch offenkundiger werden zu lassen. Die Behörden reagierten mit scharfen Verwarnungen und Verhaftungen. Daraufhin kam es zu weiteren Protestaktionen. Seit 1982 hatten sich in Leipzig jeden Montag nach einer Andacht in der Nicolaikirche Oppositionelle und Ausreisewillige getroffen. Zunächst waren es nur Einzelne, aber seit Mai 1989 nahm die Zahl der Demonstranten ständig zu. Die „Montagsdemonstrationen" wurden zu einem festen Protestritual. Ähnlich den Protesten in den Ostblockstaaten forderten die Bürgerrechtsbewegungen vom Staat demokratische Reformen und Reisefreiheit.

M1 Demonstranten mit Gorbatschow-Plakat am 1. Mai 1989 in Ostberlin

Applaus in Ostberlin für China. Ein Schock für die DDR-Oppositionellen stellte die Unterdrückung der Oppositionsbewegung in China Anfang Juni dar. Auf dem „Platz des Himmlischen Friedens" in Peking richtete die chinesische Regierung ein Massaker an, bei dem Tausende von Menschen, die gegen das dortige kommunistische Regime demonstriert hatten, getötet wurden. Die DDR-Regierung applaudierte China zu dieser „notwendigen Lösung". Der Schock war so groß, dass jetzt Bürger, die noch gehofft hatten, die DDR könnte auch Reformen einleiten, enttäuscht versuchten, um jeden Preis – per Ausreiseantrag oder Fluchtversuch – so schnell wie möglich das Land zu verlassen.

M2 „Ich bleibe bei meinem Muster – es ist geschlossener!" *(Karikatur von Klaus Böhle, 1987)*

M3 Protestdemonstration während eines Gottesdienstes in der Dresdner Kreuzkirche *(1988)*

Seit Ende der 1970er Jahre boten viele evangelische Geistliche oppositionellen Gruppierungen Schutz, so u. a. in der Nicolaikirche in Leipzig und in der Kreuzkirche in Dresden (s. auch Seite 40f.).

M4 Kommunalwahlen 1989

Einspruch Berliner Bürgerrechtler vom 12. Mai 1989:

Wir wollen unsere Gesellschaft konstruktiv gestalten. Darum nahmen wir in Wahrnehmung unserer staatsbürgerlichen Rechte und Pflichten an der öffentlichen Auszählung der Kommunalwahlen teil. Die in 80 von 88 Wahllokalen im 5 Stadtbezirk Friedrichshain verkündeten Resultate lauten:

	Abgegebene Stimmen	Ungültige Stimmen	Stimmen für den Wahlvorschlag	Stimmen gegen den Wahlvorschlag
Laut Bekanntgabe der Wahlvorstände	71704	133	66712	4771
Laut Veröffentlichung in der Presse	85377	113	83653	1611

Es ergeben sich folgende schwerwiegende Differenzen:
1. Zwischen den Angaben der gültigen Stimmen gegen den Wahlvorschlag besteht ein Unterschied von 3110 Stimmen.
2. Zwischen den Angaben der ungültigen Stimmen besteht 10 ein Unterschied von 20 Stimmen.
Hinzu kommen folgende Verstöße gegen das Wahlgesetz:
§ 30/Abs. 1: Die Wahllokale wurden insgesamt nicht öffentlich bekannt gegeben.
§ 37/Abs. 1: Die Öffentlichkeit wurde in mehreren Fällen 15 von der Auszählung ausgeschlossen.
§ 38/Abs. 2: Es erfolgte teilweise keine korrekte Auszählung und Differenzierung der abgegebenen Stimmen.
Darum fordern wir Sie auf, gemäß Wahlgesetz § 43/Abs. 1, gegen die Gültigkeit der Wahl vom 7. Mai 1989 in Berlin bei 20 der zuständigen Volksvertretung Einspruch zu erheben.
Zitiert nach: Bernd Lindner: Die demokratische Revolution in der DDR 1989/1990, Bonn (Bundeszentrale für politische Bildung) 1998, S. 29.

1 Stellen Sie mithilfe von M1–M4 und dem Autorentext Argumente zusammen, warum der Protest in der DDR immer größer wurde.
2 Erklären Sie die Karikatur M2 und fassen Sie zusammen, welche Rolle Gorbatschow für die DDR-Oppositionellen spielte (M1 und S. 54f.).
3 Zeigen Sie anhand von M4 auf, inwieweit gerade der Nachweis des Wahlbetrugs als ein entscheidender Schritt für das Ende der SED und damit der DDR gelten kann.
4 Bleiben oder gehen? Legen Sie dar, was Sie als Bürger der DDR 1989 getan hätten.

Die „friedliche Revolution" – der Herbst 1989

Die DDR blutet aus. Zahlreiche DDR-Bürger nutzten die Sommerferien 1989, um nach Prag, Warschau oder Budapest zu fahren und dort in den westdeutschen Botschaften Zuflucht zu suchen. Sie sahen darin oft die einzige Möglichkeit, ihre Ausreise zu erzwingen. Als die Zustände wegen der großen Zahl der Flüchtlinge auf engem Raum immer schwieriger wurden, gelang dem damaligen bundesdeutschen Außenminister Hans-Dietrich Genscher ein wesentlicher Erfolg: Er erreichte durch Verhandlungen, dass 6 000 Flüchtlinge aus der Prager Botschaft in einem Sonderzug durch die DDR in die Bundesrepublik ausreisen durften. Weitere zehntausende DDR-Bürger nutzten die Öffnung der Grenze zwischen Ungarn und Österreich zur Ausreise (s. S. 48).

M1 Sonderzug aus Prag mit DDR-Bürgern
(4. Oktober 1989)

Auf den Bahnhöfen in der Bundesrepublik wurden die DDR-Bürger mit Jubel empfangen.

Die Leipziger Montagsdemonstrationen. Seit den Wahlfälschungen vom Mai 1989 (siehe S. 56f.) gab es überall in der DDR offenen Protest. Vor allem in Leipzig versammelten sich jeden Montag viele Tausende von Menschen, um im Schutz der Kirchenmauern für Versammlungs- und Reisefreiheit zu demonstrieren. Als am 7. Oktober 1989 die DDR in Berlin den 40. Jahrestag ihrer Gründung feierte, kam es neben den von der Regierung verordneten Jubeldemonstrationen zu Protestmärschen, die gewaltsam durch die Staatssicherheit und die Polizei aufgelöst wurden. Der als Ehrengast anwesende sowjetische Staats- und Parteichef Michail Gorbatschow warnte die DDR-Führung, mit der berühmt gewordenen Formel „Wer zu spät kommt, den bestraft das Leben" die Proteste zu ignorieren. Unmittelbar nach den Feierlichkeiten fand in Leipzig am Montag, dem 9. Oktober 1989, die größte Demonstration seit dem 17. Juni 1953 statt. Schon Tage vorher hatte die Staatsmacht gewarnt, an dieser Protestkundgebung teilzunehmen. Panzer und Bereitschaftspolizei wurden um Leipzig aufgestellt. Die Lage war äußerst angespannt. Es kursierten Gerüchte um einen „Schießbefehl" für die Eingreiftruppen. Dass es nicht zu einem Blutvergießen kam, war der Uneinigkeit in der DDR-Führung sowie dem friedlichen Verhalten der ca. 70 000 Demonstranten zu verdanken.

M2 Montagsdemonstration in Leipzig *(9. Oktober 1989)*

Am folgenden Montag marschierten über 100 000 Menschen unter dem Ruf „Keine Gewalt!" durch die Leipziger Innenstadt. Erich Honecker musste am 18. Oktober zurücktreten, sein Nachfolger wurde Egon Krenz. Doch auch der neuen SED-Führung traute man nicht und der Ruf nach Veränderungen wurde immer lauter. Unter dem Motto „Wir sind das Volk!" versammelten sich am 4. November in Ostberlin bereits mehr als eine halbe Million Menschen, um für Versammlungs-, Reise- und Meinungsfreiheit zu demonstrieren. Am 7. November 1989 trat die gesamte Partei- und Staatsführung der SED zurück.

M3 Entscheidende Stunden am Rande des Bürgerkriegs – der 9. Oktober 1989 in Leipzig

Ein Augenzeuge erinnert sich:

... Es galt uneingeschränkt der vom Vorsitzenden des Nationalen Verteidigungsrates, Erich Honecker, am 26. September erlassene Geheimbefehl Nr. 8/89, der im Hinblick auf zu erwartende „Krawalle“ eindeutig formulierte: „Sie sind von vorneherein zu unterbinden“ ... In Betrieben wurde davor gewarnt, nach 16 Uhr die Innenstadt zu betreten; Mütter sollten ihre Kinder bis 15 Uhr aus den Krippen und Kindergärten des Zentrums abholen ... In Krankenhäusern wurden Notbetten aufgestellt und vor allem die Chirurgischen und Intensivstationen verstärkt besetzt. Tausende von zusätzlichen Blutkonserven standen bereit ... Leipzig glich an diesem Tag einem Heerlager. Nach späteren Aussagen von Bereitschaftspolizisten war ihnen vormittags mitgeteilt worden, dass ein friedlicher Ausgang der Demonstration wenig wahrscheinlich sei und sie vorbereitet sein müssten, möglichen Gewalttätigkeiten zu begegnen. Dementsprechend trugen sie Kampfausrüstung ... Einzig die geballte Kraft der siebzigtausend angsterfüllten und dennoch nicht weichenden Menschen in der Innenstadt und auf dem Ring erzwang um 18.25 Uhr den endgültigen Rückzug der bewaffneten Einheiten.

Zitiert nach Wolfgang Schneider: Leipziger Demontagebuch, Leipzig/Weimar (Kiepenheuer) 1990, S. 7.

M4 Forderungen der Demonstranten

M5 Der Schriftsteller Stefan Heym *(1913–2001)* **auf der Berliner Protestdemonstration am 4. November 1989**

Es ist, als habe einer die Fenster aufgestoßen, nach den Jahren der Stagnation, der geistigen, wirtschaftlichen, politischen, den Jahren von Dumpfheit und Mief, von Phrasengewäsch und bürokratischer Willkür, von amtlicher Blindheit und Taubheit – welche Wandlung. Vor noch nicht vier Wochen die schön gezimmerte Tribüne hier um die Ecke (40-Jahrfeier der DDR), mit dem Vorbeimarsch, dem bestellten. Vor den Erhabenen. Und heute ihr, die ihr euch aus eigenem freien Willen versammelt habt für Freiheit und Demokratie und für einen Sozialismus, der des Namens wert ist ... Wir haben in diesen letzten Wochen unsere Sprachlosigkeit überwunden und sind jetzt dabei, den aufrechten Gang zu erlernen. Und das, Freunde, in Deutschland, wo bisher sämtliche Revolutionen danebengegangen sind.

Stefan Heym: Einmischung. Gespräche, Reden, Essays. Ausgew. u. hrsg. von Inge Heym und Heinfried Henninger, München (Bertelsmann) 1990.

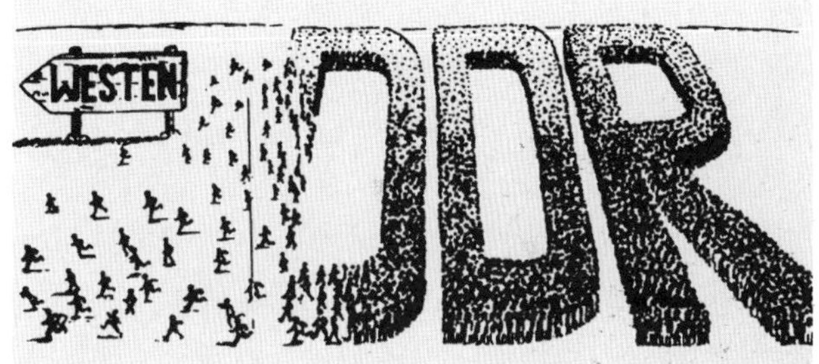

M6 Abwanderung *(Karikatur von Joachim Kohlbrenner, 11. August 1989)*

1 Stellen Sie mithilfe der Transparente (M4) zusammen, welche politischen Forderungen die Demonstranten erhoben und mit welchen Mitteln sie diese durchsetzen wollten. Beziehen Sie M5 mit ein.

2 Zeigen Sie anhand von M5 auf, was der DDR-Regierung zum Vorwurf gemacht wurde. Überlegen Sie, was Heym mit dem Bild vom „aufrechten Gang“ ausdrücken wollte. Wie sieht Heym die Zukunft der DDR?

3 Zeigen Sie die Gefahrenmomente im Verlauf des 9. Oktobers 1989 in Leipzig auf (M2–M3 und Autorentext). Überlegen Sie, was passieren hätte können.

4 Beschreiben Sie M6. Machen Sie Vorschläge, wie die Fluchtbewegung hätte gestoppt werden können. Welche Probleme brachte die Abwanderung für die Bundesrepublik? Beziehen Sie M1 mit ein.

Der 9. November 1989 – der Fall der Mauer

„Mr. Gorbachev, tear down this wall!" Die Mauer in Berlin und die Grenzschutzanlagen in der DDR waren das Symbol der Teilung Deutschlands. Schon 1987 hatte US-Präsident Ronald Reagan anlässlich der 750-Jahrfeier von Berlin am Brandenburger Tor den sowjetischen Regierungschef Gorbatschow aufgefordert: „Wenn Sie nach Frieden streben, wenn Sie Wohlstand für die Sowjetunion und für Osteuropa wünschen, wenn Sie die Liberalisierung wollen, dann kommen Sie hierher zu diesem Tor, Herr Gorbatschow, öffnen Sie dieses Tor, Herr Gorbatschow, reißen Sie diese Mauer nieder!" (s. S. 44). Dieser Forderung hatte wiederum der SED-Generalsekretär Erich Honecker Ende Januar 1989 entgegengehalten: „Die Mauer ... wird in fünfzig und auch in 100 Jahren noch bestehen bleiben" und fügte hinzu, „wenn die Voraussetzungen noch gegeben sind". Aufgrund der dramatischen Entwicklung der Ereignisse im weiteren Verlauf des Jahres 1989 bestanden diese Voraussetzungen nicht mehr.

Öffnung der innerdeutschen Grenze. Am Abend des 9. November 1989 gab Günter Schabowski, Politbüromitglied und zuständig für Informationen, auf einer internationalen, vom Fernsehen übertragenen Pressekonferenz, bekannt, dass die Grenzstellen in den Westen ab sofort geöffnet sei. Daraufhin zogen spontan einige tausende Ostberliner in Richtung Westberlin und forderten den Übergang. Den uninformierten DDR-Grenzern blieb angesichts des Massenandrangs nichts anderes übrig, als den Durchgang zu erlauben. Unbeschreibliche Freudenszenen spielten sich an allen Grenzübergängen ab. Nach über 28 Jahren war die innerdeutsche Grenze wieder für alle offen. Tagelang nutzten Hunderttausende von DDR-Bürgern die neue Reisefreiheit zu einem Besuch im Westen. Die friedliche Revolution in der DDR hatte endgültig gesiegt.

M1 Vor dem Brandenburger Tor *(10. November 1989)*

M2 Wird eine Ausreise möglich?

Aus der Pressekonferenz am 9. November 1989, 18.53 Uhr, zur Frage der Ausreisemöglichkeiten aus der DDR:

Schabowski: Allerdings ist heute, soviel ich weiß, eine Entscheidung getroffen worden. Es ist eine Empfehlung des Politbüros aufgegriffen worden, dass man aus dem Entwurf des Reisegesetzes den Passus herausnimmt und in Kraft tre-
5 ten lässt, die stän... – wie man so schön sagt oder so unschön sagt – die ständige Ausreise regelt, also das Verlassen der Republik. Weil wir es (äh) für einen unmöglichen Zustand halten, dass sich diese Bewegung vollzieht (äh) über einen befreundeten Staat (äh), was ja auch für die-
10 sen Staat nicht ganz einfach ist. Und deshalb (äh) haben wir uns dazu entschlossen, heute (äh) eine Regelung zu treffen, die es jedem Bürger der DDR möglich macht (äh), über Grenzübergangspunkte der DDR (äh) auszureisen ... Also: (Der Entwurf des Reisegesetzes sieht vor:) „Privatreisen
15 nach dem Ausland können ohne Vorliegen von Voraussetzungen – Reiseanlässe und Verwandtschaftsverhältnisse – beantragt werden. Die Genehmigungen werden kurzfristig erteilt. Die zuständigen Abteilungen Pass- und Meldewesen der VPKÄ – der Volkspolizeikreisämter – in der
20 DDR sind angewiesen, Visa zur ständigen Ausreise unverzüglich zu erteilen, ohne dass dafür noch geltende Voraussetzungen für eine ständige Ausreise vorliegen müssen."

Frage: „Ab wann tritt das in Kraft?"

Schabowski (blättert in seinem Papierstapel): „Das tritt nach
25 meiner Kenntnis, (äh) ist das sofort, unverzüglich." *(blättert weiter)*

Zitiert nach: http://www.ddr-wissen.de/wiki/ddr.pl?Mauerfall

M3 Deutsch-deutsche Begegnungen an der Grenze am 9. November 1989

M4 Grenzübergang an der Bornholmer Straße

Kurz vor Mitternacht hatte der dort zuständige Grenzoffizier entschieden, „die Leute rauszulassen".

1 Erklären Sie, weshalb das DDR-Politbüro überhaupt eine Regelung der Privatreisen anstrebte.

2 Verdeutlichen Sie mithilfe von M2 und M3 die Situation, in der die DDR-Führung sich Anfang November 1989 befand.

3 Überlegen Sie, wieso die Pressekonferenz von Schabowski widersprüchlich verstanden werden konnte (M2). Wo lagen Gefahrenmomente an diesem Abend? Beziehen Sie auch M3 mit ein.

4 Erkundigen Sie sich bei Personen (Schule, Verwandte, Nachbarn), die die Öffnung der Grenzen am 9. November 1989 erlebt haben. Interviewen Sie sie zu diesem Ereignis.

5 Befragen Sie West- und Ostdeutsche zur Grenzöffnung und vergleichen Sie, wie sie die Öffnung der Grenze erlebt haben und welche Emotionen damals herrschten (M1 und M4).

Die deutsche Einheit

„Wir sind ein Volk!“ Hatte die Parole der Demonstranten im September und Oktober 1989 noch „Wir sind das Volk!“ gelautet, kamen ab November immer mehr Rufe nach der Einheit auf. Nicht mehr der Reform der DDR, wie sie von den SED-Politikern, aber auch manchen Bürgerrechtsgruppen gemeinsam geplant wurde, sondern dem Zusammenschluss von West und Ost galt das Hauptinteresse der meisten DDR-Bürger. Mitverantwortlich dafür war vor allem die Tatsache, dass nach dem Wegfall der Pressezensur und der Öffnung der Grenze das wahre Ausmaß des wirtschaftlichen und ökologischen Verfalls in der DDR bewusst wurde. Die anhaltend hohen Übersiedlerzahlen zwangen auch die Regierung der Bundesrepublik zum Handeln. Am 28. November 1989 erstellte der damalige Bundeskanzler Helmut Kohl, ohne Rücksprache mit den westlichen Verbündeten, ein Zehn-Punkte-Programm, in dem er umfassende Hilfe für die DDR mit politischen Forderungen zu unumkehrbaren Reformen in der DDR verband. Wie eine Wiedervereinigung aussehen könnte, stand noch nicht fest. Ziel war, eine föderative Ordnung für ganz Deutschland zu schaffen.

Die ersten freien Wahlen. Innerhalb der DDR wurden freie Wahlen für die Volkskammer angesetzt. Neben der SED, die sich im Dezember 1989 in PDS (Partei des Demokratischen Sozialismus) umbenannt hatte, bewarben sich zahlreiche andere Parteien und Gruppierungen, viele aus der Bürgerbewegung hervorgegangen bzw. Schwesterparteien der bundesdeutschen Parteien. Den Wahlsieg erlangte am 18. März 1990 die „Allianz für Deutschland“ unterstützt von der CDU-West. Ministerpräsident wurde Lothar de Maizière (Ost-CDU). In seiner Regierungserklärung sprach er sich klar für die Einheit aus.

M 1 Wahlkampfveranstaltung der CDU mit Helmut Kohl in Erfurt *(20. Februar 1990)*

Der Weg zum Beitritt. Am 18. Mai 1990 wurde der Vertrag über die Schaffung einer Wirtschafts-, Währungs- und Sozialunion zwischen der Bundesrepublik und der DDR unterzeichnet. Die DDR übernahm ab dem 1. Juli 1990 große Teile der Wirtschafts- und Rechtsordnung der Bundesrepublik, die D-Mark wurde einziges Zahlungsmittel. Schulden wurden halbiert, Löhne, Renten und Mieten zum Kurs von 1:1 umgestellt.
Im Einigungsvertrag vom 31. August 1990 vereinbarte man, dass die DDR der Bundesrepublik gemäß Art. 23 GG beitrete und keine neue gemeinsame Verfassung erarbeitet werde. Dazu wurden die 1952 von der SED aufgelösten Länder wieder gegründet.

2+4 = 1. Allerdings bedurfte der Einigungsvertrag außenpolitischer Zustimmung. Immer noch fehlte ein Friedensvertrag nach dem Zweiten Weltkrieg und es galten alliierte Vorbehaltsrechte. Während die USA die deutsche Einheit von Anfang an unterstützten, gaben Frankreich und Großbritannien erst nach langen Verhandlungen ihre Bedenken gegen ein wiedererstarktes Deutschland auf. Die sowjetische Führung musste davon überzeugt werden, dass ein vereintes Deutschland nicht neutral, sondern Mitglied der NATO sein wird. Schließlich konnte am 12. September 1990 in Moskau der „Vertrag über die abschließenden Regelungen in Bezug auf Deutschland“ unter der Formel 2 (= die beiden deutschen Staaten) + 4 (= vier Siegermächte) zur deutschen Einheit (= 1) von den beiden deutschen Regierungen und den vier Siegermächten unterzeichnet werden. Damit wurde die Bundesrepublik uneingeschränkt souverän. Am 3. Oktober 1990 traten die Länder der DDR der Bundesrepublik bei. Dieser Tag wurde als „Tag der Deutschen Einheit“ gesetzlicher Feiertag.

M2 Helmut Kohls Vorschlag: Das Zehn-Punkte-Programm
(28. November 1989)

M4 Der 2+4-Vertrag *(12. September 1990)*

M3 Aus der Regierungserklärung von Lothar de Maizière *(19. April 1990)*

Wir werden gefragt: Haben wir gar nichts einzubringen in die deutsche Einheit? Und wir antworten: Doch, wir haben!

Wir bringen ein unser Land und unsere Menschen, wir bringen geschaffene Werte und unseren Fleiß ein, unsere Ausbildung und unsere Improvisationsgabe. Not macht erfinderisch.

Wir bringen die Erfahrung der letzten Jahrzehnte ein, die wir mit den Ländern Osteuropas gemeinsam haben.

Wir bringen ein unsere Sensibilität für soziale Gerechtigkeit, für Solidarität und Toleranz ...

Wir bringen unsere bitteren und stolzen Erfahrungen an der Schwelle zwischen Anpassung und Widerstand ein. Wir bringen unsere Identität ein und unsere Würde. Unsere Identität, das ist unsere Geschichte und Kultur, unser Versagen und unsere Leistung, unsere Ideale und unsere Leiden. Unsere Würde, das ist unsere Freiheit und unser Menschenrecht auf Selbstbestimmung.

Zitiert nach: Alexander von Plato: Die Vereinigung Deutschlands – ein weltpolitisches Machtspiel, Bonn (links) 2003, S. 312.

1 Nennen Sie Gründe, warum die Mehrheit der DDR-Bürger keine Reform der DDR, sondern den Beitritt zur Bundesrepublik wollte (M1 und Autorentext).

2 Diskutieren Sie sowohl das Vorgehen des Kanzlers in Bezug auf das Zehn-Punkte-Programm als auch dessen Inhalte.

3 Zeigen Sie anhand von M3 auf, was die DDR in den Vereinigungsprozess einzubringen hatte. Überzeugen die Argumente?

4 Formulieren Sie mit eigenen Worten die Inhalte des 2+4-Vertrags (M4).

5 Diskutieren Sie, ob der 9. November passender wäre als deutscher Nationalfeiertag als der 3. Oktober.

Die Wiedervereinigung aus der Sicht des Auslands

M1 Deutschland-Flagge

Karikatur von Antonio Maia (Portugal, 1990)

M2 Israel

a) „Maariv", die israelische Tageszeitung mit der zweithöchsten Auflage, schrieb:

Die Vereinigung Deutschlands kann nicht verhindert werden, aber alle, denen ihr Leben lieb ist, sollten nicht nur besorgt, sondern auch auf der Hut sein. Mit der Vereinigung Deutschlands entsteht im Herzen Europas das Vierte Reich.

Zitiert nach: www.segne-israel.de/artikel/deutschland.htm

b) „Es ist das Kind, das mir Sorgen macht!"

Karikatur von Meir Ronnen (Jerusalem Post, Allgemeine Jüdische Wochenzeitung, 31. Mai 1990)

M3 Frankreich

a) „Le Figaro", 1. Oktober 1990 (Franz-Olivier Giesbert):

Müssen wir Angst vor Deutschland haben? Nachdem Frankreich zu seiner Wiedervereinigung applaudiert hat, betrachtet es Deutschland mit anderen Augen ... es ist an Deutschland in Zukunft zu beweisen, dass es trotz seiner wiedergewonnenen Souveränität immer noch europäisch gesinnt ist. Es ist an Frankreich gleichzeitig zu zeigen, dass es fähig ist, die deutsche Herausforderung anzunehmen, indem es seine Energien mobilisiert ... Alle Experten kündigen an, dass die Wiedervereinigung in Kürze ein neues deutsches Wirtschaftswunder bewirkt. Aber warum nicht auch ein französisches Wirtschaftswunder? Es hängt nur von uns ab. Die Prahlerei der Deutschfeindlichen wird uns wie immer nirgendwo hinführen. Angesichts dieses Deutschlands im Werden, das wieder lernen wird mit Inflation und Arbeitslosigkeit zu leben, gibt es nur einen Weg für Frankreich, die anderen „abzuhängen": seinerseits ein für alle Mal Klassenbester zu werden.

Zitiert nach: Andrea Scheurlen: Die französische Sicht: „Rettungsanker Europa". In: Das vereinigte Deutschland in Europa, hrsg. von der Landeszentrale Baden-Württemberg, Heft 40, Stuttgart 2000, S. 6.

b) 3. Oktober 1990:

Karikatur von Jacques Bellenger (Paris, November 1990)

M4 Großbritannien

a) „Sunday Times", 12. November 1989:

Die neunziger Jahre dieses Jahrhunderts werden durch zwei Ereignisse geprägt werden, die so weitreichend sind, dass sie die Gestalt der Politik, wie wir sie seit vierzig Jahren kannten, total verändern werden: Die Auflösung des sowjetischen Imperiums und die Wiedervereinigung Deutschlands werden Folgen haben, die die meisten Politiker noch nicht begriffen haben, nämlich das Ende der amerikanischen Präsenz auf dem europäischen Festland, das Ende der Sowjetunion als Supermacht und das Aufkommen eines Vierten Deutschen Reichs als Europas wirtschaftliche Supermacht. Da ist nur noch eine Frage offen, die bis jetzt niemand hier zu stellen gewagt hat: Wo bleibt dann Großbritannien?

Zitiert nach: Gerhart Maier: Die Wende in der DDR (= kontrovers), hrsg. von der Bundeszentrale für politische Bildung, Bonn 1990, S. 102.

b) „Spectator", 24. Februar 1990:

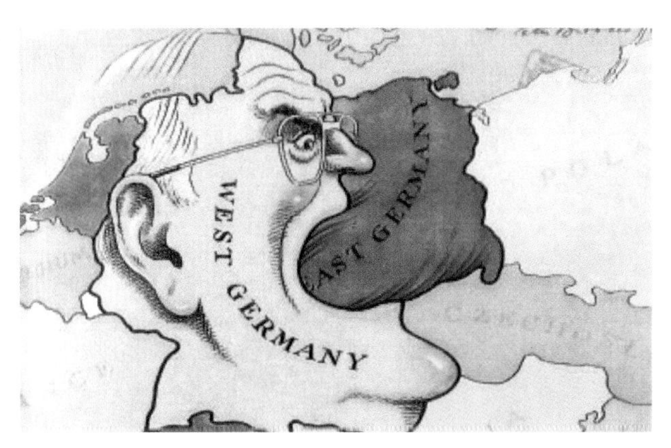

Karikatur von Peter Brookes

M5 Zitate zur Wende in Deutschland

Ich habe keine Angst vor der deutschen Wiedervereinigung.
(Francois Mitterand, französischer Staatspräsident am 3. November 1989)

Ich versuche nicht, diesen Prozess zu beschleunigen ... Ich denke, dass es besser ist, den Dingen ihren eigenen Lauf zu lassen, ohne dass dabei gerade die Vereinigten Staaten eine Art Frist setzen.
(Georg Bush, US-Präsident, am 12. November 1989)

Wenn es um Deutschland geht, dann hat das jüdische Volk mitzureden; es bestehen bestimmte Gefühle, und für uns stellt dies ein schweres Problem dar."
(Yitzak Schamir, israelischer Ministerpräsident, am 12. November 1989)

Es muss von den nach dem Krieg entstandenen Realitäten ausgegangen werden, zu denen die Existenz zweier deutscher Staaten zählt.
(Michail Gorbatschow, Staatschef der UdSSR, am 9. Dezember 1989)

Wir brauchen uns vor der Vereinigung nicht zu fürchten, wenn Deutschland sich seinen Verpflichtungen den Juden gegenüber voll bewusst ist.
(Moshe Arens, israelischer Außenminister, am 13. Februar 1990)

Die Vereinigung Deutschland ist unvermeidlich geworden.
(Margaret Thatcher, britische Premierministerin, am 20. Februar 1990)

An den Deutschen liegt es, ob ihre Vereinigung zu einem willkommenen Motor der Einigung ganz Europas wird oder im Gegenteil zu deren Bremse.
(Václac Havel, tschechoslowakischer Staatspräsident, am 15. März 1990)
Zitiert nach: Maier: a. a. O., S. 101.

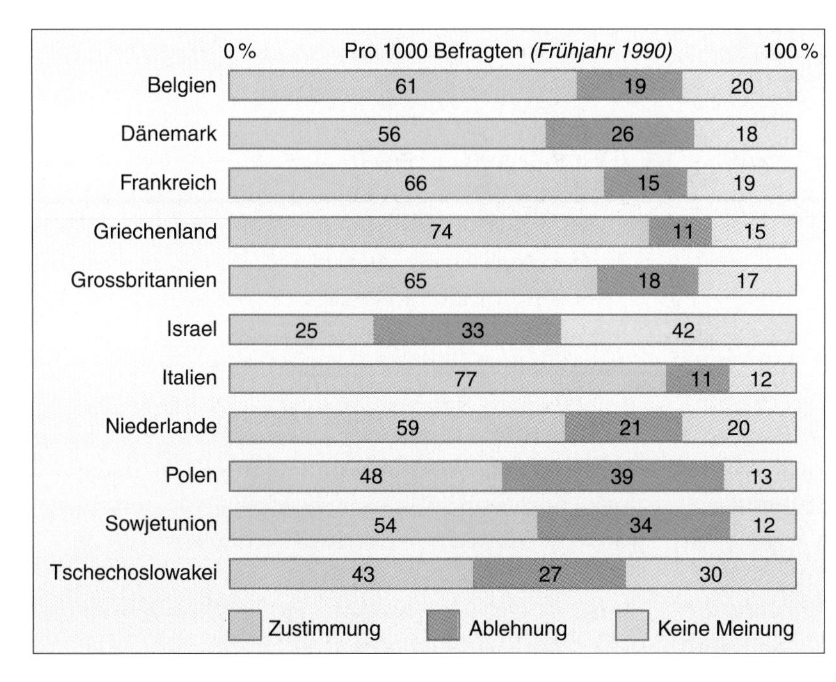

M6 „Sind Sie persönlich für oder gegen die deutsche Einheit?"
(Ergebnisse einer Befragung im Frühjahr 1990)

1 Stellen Sie die unterschiedlichen Sichtweisen zur Wiedervereinigung fest. Beziehen Sie dabei auch die Karikaturen und das Umfrageergebnis (M6) mit ein.
2 Nennen Sie Länder, die sich besonders kritisch zur Wiedervereinigung äußerten und versuchen Sie, historische Hintergründe für ihre Haltungen zu geben.

„Wir sind ein Volk!“ – Sind wir ein Volk?

Überzogene Erwartungen? Wurde der Einheitsvertrag am 3. Oktober 1990 noch mit großer Freude in West und Ost gefeiert, so traten bei der Verwirklichung in den Folgejahren große Probleme zutage. Die DDR-Wirtschaft war maroder und die Umweltzerstörung fortgeschrittener als zunächst vermutet. Zudem setzten die Bürger der neuen Länder große Erwartungen an die Wiedervereinigung. Eine baldige Angleichung an den Lebensstandard im Westen hatte Bundeskanzler Helmut Kohl versprochen, als er in naher Zukunft „blühende Landschaften“ im Osten prophezeite. Die Einführung der D-Mark und die mit Westprodukten übervollen Läden im Osten steigerten diese Hoffnungen.

M1 Spiegeltitel von 1995

„Rückgabe statt Entschädigung“. Doch bald änderte sich dies. Unmut kam auf, als im Streit um Immobilien die Bundesregierung den Grundsatz „Rückgabe statt Entschädigung“ beschloss. Das bedeutete, dass viele Wohnungen wieder in den Besitz von Westdeutschen gelangten, die vor Jahrzehnten aus der DDR geflohen waren, und die jetzt hohe Mieten von den DDR-Bürgern verlangten. Viele dieser neuen Wohnungseigentümer spekulierten zudem mit ihrem erstatteten Besitz. Nach Renovierungen kam es zu drastischen Mieterhöhungen. Der Grundsatz „Rückgabe vor Entschädigung“ bezog sich aber auch auf Grundstücke, Betriebe und Betriebsbeteiligungen. Dies führte dazu, dass die Besitzverhältnisse lange umstritten waren und Investitionen deshalb verhindert wurden.

Abrechnung mit der Stasi. Auch die Aufdeckung und Bestrafung des vom SED-Regime verübten Unrechts, insbesondere die Bespitzelung, Verfolgung und Verhaftung durch die Stasi beschäftigte die Deutschen. Erst nach der Wiedervereinigung wurde deutlich, wie dicht das Netz der Beobachtung durch die Stasi war. Nachbarn, Verwandte, ja sogar Ehepaare hatten einander als „Informelle Mitarbeiter“ („IM“) bespitzelt und verraten. Nach Enttarnung der IM waren die Wut und die Enttäuschung bei vielen Bespitzelten sehr groß. Es stellte sich die Frage, ob und wie die Stasi-Mitarbeit bestraft werden sollte. Nach DDR-Recht war vieles nicht strafbar, auch nicht das Verhalten der Grenzsoldaten, wenn sie auf Flüchtlinge geschossen hatten.

Wirtschafliche Probleme. Vor allem die rasch anwachsende Arbeitslosigkeit war für ehemalige DDR-Bürger ein völlig neues Phänomen. Dem internationalen Wettbewerb waren die Industrie und der Handel in den neuen Bundesländern zumeist nicht gewachsen. Zudem fielen durch den Zusammenbruch des Ostblocks (s. S. 48ff.) die bisherigen Absatzmärkte in Osteuropa fast vollständig aus. Zahlungsmittel waren jetzt Devisen, vor allem die D-Mark, die die Ostblockstaaten nicht besaßen. Die ostdeutsche Industrieproduktion schrumpfte gewaltig. Millionen von Ostdeutschen verloren ihren Arbeitsplatz, andere wanderten nach Westdeutschland ab. Dadurch wiederum verlor der Osten auf Dauer Mittel und Anreiz für Neuinvestitionen.

„Aufbau Ost“. Der „Solidaritätszuschlag“, eine Ergänzungsabgabe auf die Steuern aller Bürger, sollte den Um- und Aufbau im Osten ermöglichen und dazu beitragen, eine Angleichung an das Wirtschaftsniveau der alten Bundesländer zu schaffen. Durch diese Abgabe stand bisher jährlich eine Summe von rund zehn Milliarden Euro zur Verfügung. Die noch von der letzten DDR-Regierung eingesetzte „Treuhandanstalt“ erhielt die Aufgabe, die überlebensfähigen DDR-Betriebe an Privatunternehmen zu verkaufen und die bankrotten aufzulösen.
Trotz zahlreicher nach wie vor bestehender Probleme gelang es, den Lebensstandard der Bürger in den östlichen Bundesländern zu erhöhen und auch die schlimmsten Umweltzerstörungen zu beseitigen. Es wird noch seine Zeit brauchen, bis die Unterschiede zwischen Ost und West ausgeglichen sind.

M2 „Metamorphose des aufrechten Gangs“
(Karikatur von Peter Dittrich, 1990)

M3 Fünfzehn Jahre deutsche Einheit
Der evangelische Pfarrer und Bürgerrechtler Rainer Eppelmann, der als Regimegegner in der DDR jahrelang verfolgt wurde und 1989/1990 bei der Gestaltung der Einheit maßgeblich mitwirkte, erinnert sich am 3. Oktober 2005, in einem ZDF-Interview:

Eppelmann: Fünfzehn Jahre deutsche Einheit sind fünfzehn gute Jahre für Deutschland und haben zu erheblichen Veränderungen im Leben der allermeisten Deutschen geführt.
ZDF: Wer hat denn Ihrer Meinung nach von der deutschen
5 Einheit am meisten profitiert?
Eppelmann: Alle, weil ein Ganzes sehr viel mehr ist als zwei Hälften. Wenn sich die Deutschen in ihrem Land mittlerweile unkontrolliert bewegen können; wenn für die Heidelberger die Wartburg genauso zugänglich ist, wie für uns ehemalige
10 DDR-Bürger; wenn wir die Loreley begaffen oder am Bodensee stehen können, ohne, dass wir uns irgendwo eine Erlaubnis holen müssen oder einen dienstlichen Stempel brauchen – dann ist das meiner Meinung nach ein ungeheurer Fortschritt, von dem alle etwas haben.
15 *ZDF:* Sehen Sie noch weitere Entwicklungen?
Eppelmann: Wenn sich die Ostdeutschen noch daran erinnern können, wie sie bis 1989 gelebt haben, wie sie sich geärgert haben, was ihnen gefehlt hat, wonach sie sich gesehnt haben; wenn sie daran denken, dass vier Millionen DDR-
20 Bürger dieses Land verlassen haben – die größte Fluchtbewegung in Europa nach dem Zweiten Weltkrieg; und wenn sie dann ihr Leben heute sehen, werden sie feststellten, dass ein Großteil der Wünsche, die sie hatten und von denen sie mein-
25 ten, die können eigentlich nie in Erfüllung gehen, inzwischen in Erfüllung gegangen sind.
Wir haben inzwischen auch gelernt, dass es nicht bloß Schönes und Gutes gibt, sondern dass Freiheit und Einheit auch ihren Preis haben. Zu diesem Preis gehört bei dem ei-
30 nen oder anderen Arbeitslosigkeit ... Wenn Kinder nicht mehr indoktriniert werden, nicht mehr zu den Pionieren und in die FDJ geschickt werden, weil die Eltern Angst haben, dass sie sonst keine berufliche Karriere machen können – dann freue ich mich da riesig darüber. Bei allen Schwierigkeiten hat es letztendlich nur Gewinner gegeben.
Zitiert nach: http://www.zdf.de/ZDFde/inhalt/19/0,-1872,2380531_2380560_TB,00.html

■ GESCHICHTE AKTIV / KREATIV
Projektidee: „Die deutsche Einheit unter der Lupe“
Bereitet eine Podiumsdiskussion zur Frage vor, was aus der deutschen Einheit geworden ist. Überlegt zunächst, was erreicht wurde und was noch nicht, was positiv bzw. negativ war (s. auch S. 68f.). Überlegt als nächstes, welche Vertreter – aus Ost und West – aus welchen politischen und sozialen Bereichen ihr dafür einladen würdet und sammelt Argumente für die verschiedenen Vertreter. Führt dann die Diskussion mit von euch dargestellten „Experten“ aus den jeweiligen Gruppen. Achtet bei der Auswertung besonders darauf, welche Argumentationen überzeugt haben und warum.

1 Überzogene Erwartungen? Tragen Sie die im Autorentext genannten Gründe zusammen und gewichten Sie sie nach ihrer Bedeutung für die Stimmung in Deutschland nach 1990.
2 Bestimmen Sie die Perspektive der Karikatur (M2) und erörtern Sie ihre Aussage.
3 Stellen Sie die Aspekte zusammen, die Rainer Eppelmann der deutschen Einheit zuschreibt (M3) und vergleichen Sie diese mit den Ergebnissen aus M1 und M2. Überlegen Sie, welchen Argumenten Sie sich anschließen würden und begründen Sie Ihre Entscheidungen.

Das war die DDR: Blick zurück in Nostalgie?

DDR 1949–1990. Fast zwei Jahrzehnte sind seit dem Zusammenbruch der DDR und der Wiedervereinigung vergangen. Die Euphorie über die Öffnung der Grenzen und die Befreiung aus einer Diktatur weicht dem „normalen" Alltag. Manche Hoffnungen haben sich erfüllt, manche nicht.

Das Erbe der Stasi. Es war ein Vorgang von großer Bedeutung, als Ende 1989 Bürgerinnen und Bürger der DDR die Zentralen der Geheimpolizei besetzten und die Regierung zwangen, den übermächtigen Apparat ersatzlos aufzulösen. Damit die Akten des Ministeriums für Staatssicherheit nicht missbräuchlich verwendet werden konnten, wurden diese im November 1991 auf eine gesetzlich gesicherte Grundlage gestellt („Stasi-Akten-Gesetz"). Im Januar darauf öffnete die Behörde des „Bundesbeauftragten für die Unterlagen des Staatssicherheitsdienstes der ehemaligen DDR", nach ihrem ersten Leiter „Gauck-Behörde" genannt, die Archivunterlagen. Mehrere tausend Mitarbeiter halfen hier den Bürgern zu ihrem Recht, „ihre" Akte einsehen zu dürfen. Sie sollten aber auch dadurch die Möglichkeit erhalten, zu den gespeicherten Informationen Stellung nehmen zu können.

M1 Erstürmung der Stasi-Zentrale in Ostberlin *(1990)*

Bürgerkomitees verhindern die begonnene Vernichtung der Stasi-Akten-Ordner.

Was ist „Ostalgie"? Das Wortspiel „Ostalgie", zusammengefügt aus den Begriffen „Osten" und „Nostalgie", bezeichnet die Rückbesinnung auf Dinge aus dem Alltagsleben der DDR. Viele Menschen in Ostdeutschland verloren nach der Wende und aufgrund des sich rasch ausbreitenden westlichen Einflusses die Orientierung. Halt fanden sie in alten Gewohnheiten und Dingen des Alltags, die sie in Gedanken und Ereignissen wieder aufleben lassen konnten. Und für viele Westdeutsche eröffnet der Retrokult einen – wenn auch unpolitisch-unkritischen – Zugang zum anderen, fremden Teil Deutschlands. So wird unter anderem auf Ostalgie-Partys, in deren Verlauf Erich-Honecker-Doubles das „sozialistische Vaterland" verherrlichen, mit DDR-Getränken und bei DDR-Musik gefeiert. In Berlin übernachten „Ostalgiker" im „Ostel", einer Jugendherberge im Plattenbaustil.

M2 Umfrageergebnisse *(2004)*

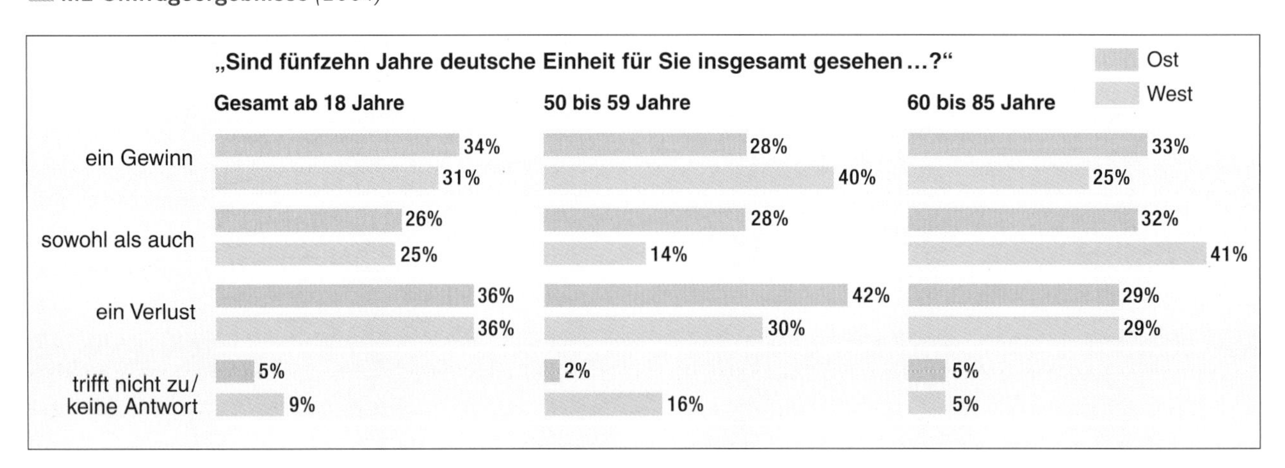

M3 Deutsch-deutsches Verhältnis
(Karikatur von H. J. Starke, 1992)

M4 Filmplakat „Good bye Lenin"

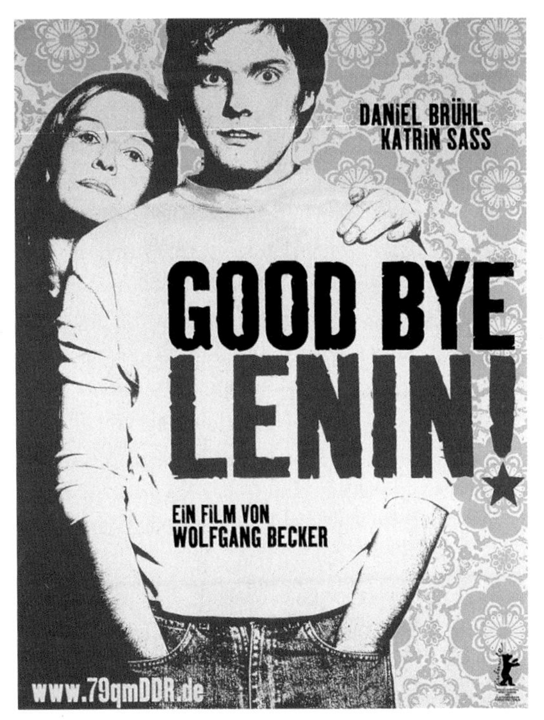

Der große Erfolg der „Ostalgie"-Welle führte auch zu zahlreichen Produktionen für Kino und Fernsehen. Zu den bekanntesten zählen die Filme „Go Trabi Go", „Sonnenallee" und „Good bye Lenin". Der „Ostalgie-Show" des öffentlich-rechtlichen Fernsehens schlossen sich Sendungen mit dem gleichen Format, aber unterschiedlichen Titeln an – so „Die DDR-Show – Von Ampelmännchen bis Zentralkomitee" oder „Ein Kessel Buntes".

M5 Reiner Kunze: Die mauer *(1990)*

Zum 3. Oktober 1990

Als wir sie schleiften, ahnten wir nicht,
wie hoch sie ist
in uns

5 Wir hatten uns gewöhnt
an ihren horizont

Und an die windstille

In ihrem Schatten warfen
alle keine Schatten

10 Nun stehen wir entblößt
jeder entschuldigung

Zitiert nach: Reiner Kunze: ein tag auf dieser erde. gedichte, Frankfurt a. M. (S. Fischer Verlag) 1998, S. 60.

1 Analysieren Sie die Auswertung der Meinungsumfrage in M2. Berücksichtigen Sie dabei auch das Alter der Befragten zum Zeitpunkt des Mauerfalls. Stellen Sie Unterschiede zwischen Ost und West fest.

2 Es gibt viele Bürger, die meinen, in den Köpfen der Menschen in Ost und West bestünde noch immer eine „Mauer". Beziehen Sie M3 und M5 mit ein. Machen Sie Vorschläge, wie man diese abbauen kann.

3 Nehmen Sie Stellung zu der Aussage, die Stasi-Akten sollten vernichtet werden, weil sie das Klima in der Gesellschaft nur vergiften würden (M1 und Autorentext).
Unter dem Link: http://www.bstu.bund.de/nn_715068/DE/Home/homepage__node.html__nnn=true erfahren Sie über die Tätigkeit der Gauck-Behörde. Sie erhalten auch vielfältige Information über die Geschichte der Stasi.

4 Sammeln Sie Bild- und Informationsmaterial zu „typischen" Ost- wie auch Westprodukten und stellen Sie diese in einer Collage oder kleinen Ausstellung gegenüber. Hilfreich kann bei der Suche auch der Film „Good bye Lenin" (M4) sein. Das Dokumentationszentrum zur Alltagskultur der DDR in Eisenhüttenstadt z. B. bietet interessante Informationen.

5 Diskutieren Sie in der Klasse die Aussage, „die Ostalgie-Welle verharmlose die menschenverachtende Realität des totalitären Systems in unzulässiger Weise" (Autorentext).

Deutschland orientiert sich neu

ab 1985	**Reformpolitik in der UdSSR**
1985–1991	Michail Gorbatschow Generalsekretär der UdSSR
April 1986	Reaktorunglück von Tschernobyl
1989/90	**Umbruch im Ostblock**
9. Nov. 1989	**Öffnung der innerdeutschen Grenze**
28. Nov. 1989	„Zehn-Punkte-Programm“ von Bundeskanzler Kohl
18. März 1990	erste freie Wahl in der DDR seit 1949
12. Sept. 1990	Abschluss der 2+4-Gespräche
3. Okt. 1990	Beitritt der fünf neuen Länder zur Bundesrepublik Deutschland **„Tag der Deutschen Einheit“**
Dez. 1991	Auflösung der UdSSR

M1 Verbindlich vorgeschriebene Tage für Flaggenhissung an Schulen

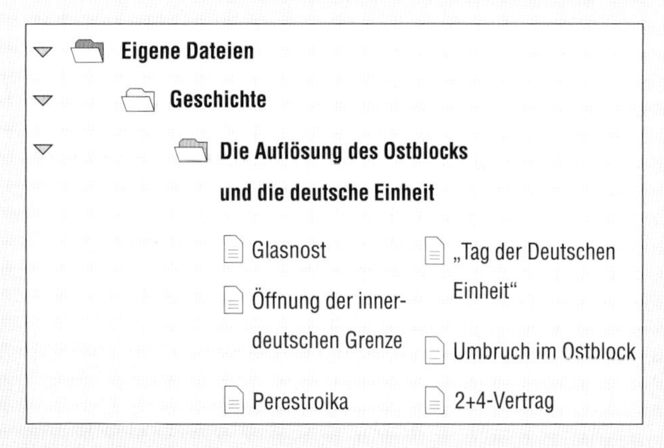

M2 Was ist des Deutschen Vaterland?

Ein Historiker (2007):

Zum ersten Mal in der Geschichte können die Deutschen beides ganz haben: Einheit und Freiheit. Seit dem Beginn der Moderne hat es so ausgesehen, als sei das nicht möglich, als könnten die Deutschen von der Freiheit und Einheit immer nur das eine ganz, das andere allenfalls verkrüppelt bekommen. Dem „Vertrag zur deutschen Einheit“ von 1990 zufolge sollte die Präambel des Grundgesetzes geändert werden. An die Stelle der Aufforderung an das deutsche Volk, die Einheit und Freiheit Deutschlands zu vollenden, trat der Satz: „Damit gilt dieses Grundgesetz für das gesamte deutsche Volk.“ Das heißt: Die alte Diskussion darüber, ob die Identität der Deutschen durch nationale Tradition oder durch Verfassungsbindung bestimmt sei, ... diese Diskussion hat sich erledigt. Künftig ist der deutsche Nationalstaat das Gehäuse für die freiheitlichen Institutionen des Grundgesetzes ...

Zum ersten Mal in ihrer Geschichte haben sich die Deutschen nicht gegen ihre Nachbarn, sondern mit deren Zustimmung zusammengeschlossen. Das vereinigte Deutschland wird nicht mehr als Störenfried Europas wahrgenommen ... Deutschland ist in mehrere wirtschaftliche, militärische und politische Vertragssysteme eingebunden, und diese Einbindung ist nicht rückgängig zu machen. Die Folge daraus liegt auf der Hand: Im Interesse Deutschlands wie Europas muss die europäische Vereinigung vorangetrieben werden, damit nie wieder eine Konstellation entsteht, in der Deutschlands Macht für die Völkergemeinschaft unberechenbar würde ...

Zum ersten Mal in seiner Geschichte ist der deutsche Nationalstaat unwiderruflich an den Westen gebunden. Gerade der Umsturz in der DDR hat aller Welt gezeigt, dass die Menschen in Ostdeutschland nicht nur die wirtschaftliche Ordnung, sondern auch der politischen Kultur des Westens angehören wollen ...

Die „deutsche Frage“, die so lange die Deutschen wie die Europäer beunruhigt hat, ist beantwortet: Wir wissen, was Deutschland ist, was es sein kann und was es sein soll.

Zitiert nach: Hagen Schulze: Kleine deutsche Geschichte, erweiterte und aktualisierte Sonderausgabe, München (Beck) 2007, S. 270ff.

◂ **Sicherung der Grundbegriffe**

M3 „Sie lebt!" *(Karikatur von Walter Hanel, 1990).*
Im Bild zu sehen sind (von links nach rechts): der französische Ministerpräsident François Mitterand, die englische Premierministerin Margret Thatcher, der amerikanische Präsident George Bush und der Staatschef der UdSSR Michail Gorbatschow.

M5 Polnische Karikatur
(Robert Wierzbicki, 1993)

M4 Deutschlands neues Verhältnis zu Osteuropa
Auszüge aus dem Artikel eines außenpolitischen Experten einer deutschen Tageszeitung, 1995:

Der Osten rückt näher: Deutschland ist mit der Vereinigung nicht an den Osten herangerückt, sondern umgekehrt. Nicht wir wollen wie zu Ordensritterzeiten nach Osten, der Osten will zu uns: in die EU, in die NATO – in die Sicherheit und den Wohlstand, den diese urwestlichen Institutionen versinnbildlichen. Logisch, dass hier die Geografie für die Deutschen doch eine Rolle spielt ... Den Deutschen muss das Wohlergehen, die erfolgreiche Demokratisierung seiner östlichen Nachbarn am Herzen liegen.

Das schafft neue Interessen, die es so während des Kalten Kriegs nicht gab. Die Bundesrepublik wird eine Vorreiterrolle bei dem Versuch spielen, die Ostmitteleuropäer in den Westen einzubringen. In dieser Hinsicht also haben sich die Gewichte deutscher Außenpolitik schon heute ostwärts verschoben.

Aber das Ziel wird nicht das machtpolitische Spiel vergangener Jahrhunderte sein: Kolonisierung, Beherrschung oder Herrschaft zusammen mit Russland. Diesmal muss das Ziel heißen: Demokratisierung, Marktwirtschaft, Stabilität. Und noch eine wohltuende Überraschung: Zum ersten Mal wären die deutschen Interessen im Osten auch die des gesamten Westens. Und wo's keinen Zielkonflikt gibt, gibt's auch keine Schaukelpolitik – den klassischen Alptraum unserer westlichen Nachbarn.

Zitiert nach: Josef Joffe. In: Europa, SZ Nr. 84/1995, S. 6f.

1 Finden Sie heraus, mit welchem Ereignis die jeweilige Flaggenhissung verbunden wird (M1). Diskutieren Sie, warum es wichtig ist, „Flagge" zu zeigen.

2 Nennen Sie weitere Formen der Erinnerung an historische Ereignisse in Deutschland.

3 Informieren Sie sich über Geschichtswettbewerbe. Welche Themen werden dort angesprochen?

4 Arbeiten Sie die wesentlichen Aussagen von Hagen Schulze (M2) heraus. Wie sieht der Historiker den Weg des neuen deutschen Staates seit 1990?

5 Formulieren Sie – ausgehend von der Karikatur M3 – die Sorgen der europäischen Mächte vor einer deutschen Wiedervereinigung. Zeigen Sie die Schritte auf, die von der bundesdeutschen Regierung unter Kanzler Kohl unternommen wurden, um diese Widerstände zu überwinden (s. S. 60ff.).

6 Nehmen Sie Stellung zu der Aussage, dass Deutschland eine besondere Rolle bei der Integration der osteuropäischen Staaten zukomme (M4).

7 Diskutieren Sie, basierend auf der Karikatur M5, das besondere Verhältnis der Bundesrepublik zu Polen. Beziehen Sie auch die aktuelle Situation mit ein.

Europa und die Welt nach dem Ende des Ost-West-Konflikts

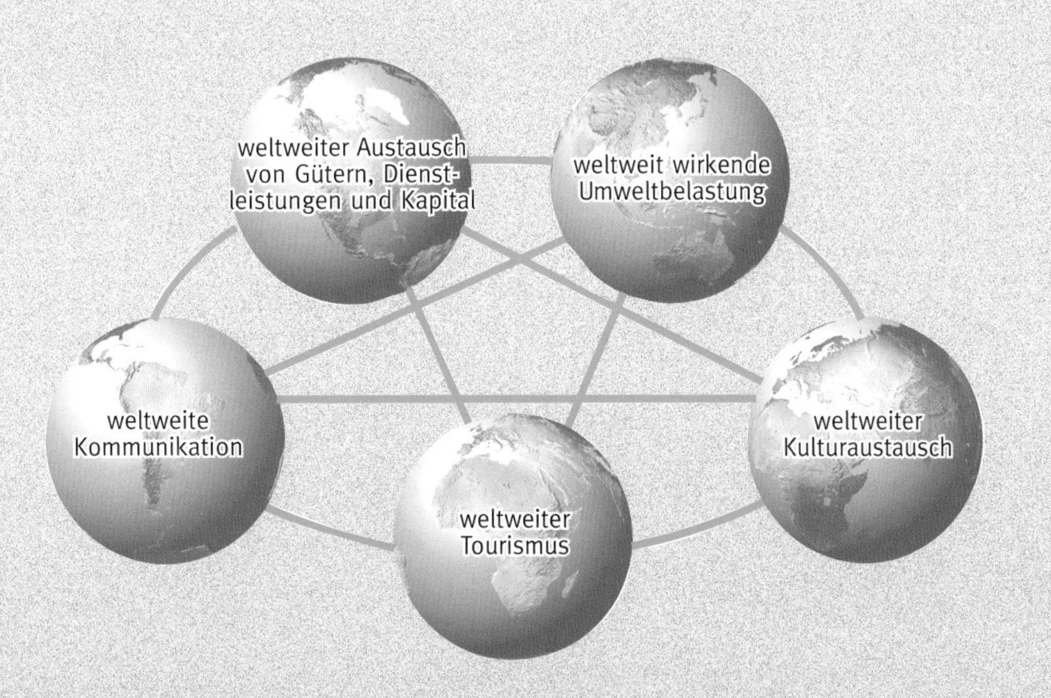

Eine neue Weltordnung?

Das Zeitalter der Globalisierung. Mit dem Begriff „Globalisierung" wird vorrangig

- auf die internationale Verflechtung im Bereich der Wirtschaft und Finanzen hingewiesen, aber auch
- auf die technischen und medialen Verbindungen zwischen Ländern und Kontinenten, für die das Internet und internationale Fernsehsender wie CNN Beispiele bilden,
- auf wissenschaftliche Verbindungen, für die nicht nur international besetzte Forschungsteams stehen, sondern z. B. auch die Zusammenarbeit an der Internationalen Raumstation (ISS, s. S. 73) sowie
- auf Tendenzen einer kulturellen Angleichung: So hat sich das Englische zu einer weltweit gesprochenen Verkehrssprache entwickelt. Auf dem Markt sind Produkte von global arbeitenden Firmen wie McDonald's und Coca-Cola; die Musik von Popstars wie Michael Jackson hören die Menschen in Peking ebenso wie in Kapstadt oder Rio.

Selbst kriminelle und terroristische Organisationen sind global aktiv; das beweisen u. a. die Anschläge auf das Welthandelszentrum und das Pentagon am 11. September 2001 (s. S. 72). Nicht zuletzt sind Luftverschmutzung und Zerstörung der Umwelt weltweit spürbar. Diese Probleme müssen daher auch gemeinsam gelöst werden (s. S. 73). Wenig ausgeprägt ist die Globalisierung auf politischem Gebiet. Hier ist es vor allem die UNO, die weltweit versucht, in Krisengebieten Frieden herzustellen und zu bewahren. Auch die Bundeswehr übernimmt zunehmend Aufgaben im Rahmen von UNO-Mandaten und NATO-Einsätzen (s. S. 72).

M1 Karikatur von Horst Haitzinger *(1997)*

„Eine Welt"? Es gibt aber auch Gebiete, die von der zunehmenden Vernetzung ausgeschlossen bleiben; u. a. der afrikanische Kontinent, der kaum Anteil an der Globalisierung hat. Dies liegt sowohl an einer oft wenig ausgebauten Infrastruktur in vielen afrikanischen Staaten als auch an ihrer unzureichenden wirtschaftlichen Entwicklung. So erweist sich die Globalisierung als ein Prozess, der vor allem die industrialisierten Teile der Welt betrifft. Hier setzt die Kritik der Globalisierungsgegner an, die besonders auch die Solidarität zwischen Arm und Reich vermissen.

Zugleich wird deutlich, dass sich „regionale Räume" in der Welt entwickeln, die bemüht sind, die Herausforderungen durch die Globalisierung gemeinsam zu bewältigen.

M2 Treffen der G8-Mitglieder bzw. deren Präsidenten/ Regierungschefs in Heiligendamm *(2007)*

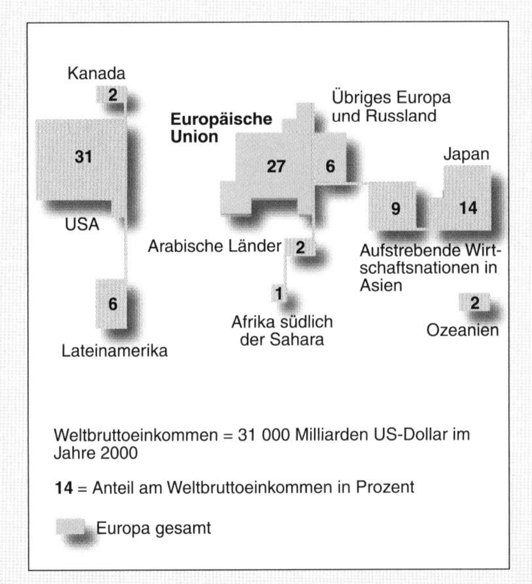

M3 Die Europäische Union auf dem Weltmarkt

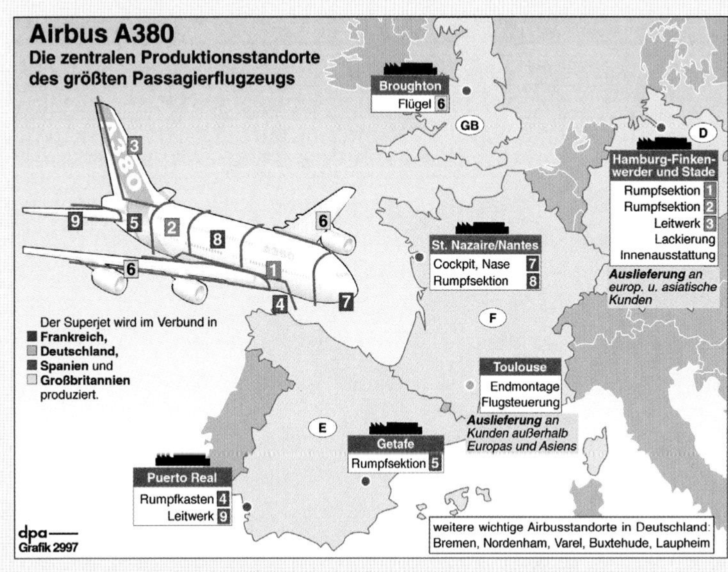

M4 Airbus – Beispiel für europäische Zusammenarbeit

So entstand in den letzten 15 Jahren eine Europäische Union, deren Zusammenschluss die zweitstärkste Wirtschaftsmacht weltweit entstehen ließ.

Wovon handelt dieses Kapitel? Mit dem Mauerfall und der Auflösung des Ostblocks 1989/90 hat sich die Welt grundlegend geändert: Der Jahrzehnte bestimmende Kalte Krieg ist einer ideologiefreien, aber keineswegs spannungsfreien Zusammenarbeit gewichen. Nach der Auflösung der UdSSR existiert mit den USA nur noch eine echte „Supermacht", doch andere Länder, wie Russland oder China, fordern ihr Mitspracherecht als neue Weltmächte. Die Europäische Union, seit 2007 das Europa der 27, ist ein Beispiel, wie ein Kontinent nicht nur wirtschaftlich – die meisten Länder sogar mit der gemeinsamen Währung des Euro –, sondern auch politisch zusammenwächst. Hingegen hat der brutale Bürgerkrieg im ehemaligen Jugoslawien gezeigt, dass selbst in Europa nationale und ethnische Kriege noch möglich sind. Auch der Nahe Osten bleibt ein Krisenherd, da hier selbst nach Jahrzehnten des Kriegs noch keine Friedenslösung in Sicht ist. Der weltweite Terrorismus stellt zudem eine ganz neue Konfliktdimension dar. Demgegenüber steht eine sich erheblich beschleunigende Globalisierung mit einem Anwachsen der Märkte, eine Entwicklung, die von nicht wenigen Menschen auch als Bedrohung empfunden wird.

1 Nennen Sie mithilfe der Abbildungen auf den Seiten 72 bis 75 Beispiele für die Herausforderungen der Zukunft.
2 Die UNO haben Sie bereits im vergangenen Schuljahr kennengelernt. Wiederholen Sie Zielsetzungen dieser Organisation. Geben Sie Beispiele für derzeitige Friedensmissionen an.
3 Politiker aus den wichtigsten Ländern der Welt treffen sich immer wieder, um gemeinsam Lösungen zu finden. Nennen Sie einen Schwerpunkt des diesjährigen „G-8-Gipfels" (M2). Stellen Sie die Teilnehmerländer des Treffens fest.
4 Die europäische Zusammenarbeit ist ein starker Wachstumsmotor. Legen Sie dies anhand der Quellen M3–M4 dar.
5 Diskutieren Sie anhand von M1 und M3 die von den Globalisierungsgegnern genannte Kritik, dass die Reichen immer reicher und die armen Länder immer ärmer werden.
6 Überlegen Sie, welche Organisationen Sie kennen, die weltweit aktiv sind. Tragen Sie ihre Namen in eine Tabelle ein und erläutern Sie knapp ihre Tätigkeitsbereiche.
7 Nennen Sie Bereiche, in denen Globalisierung Ihr Alltagsleben beeinflusst.

Europa auf dem Weg ins 21. Jahrhundert

Europa – eine Wirtschaftsgemeinschaft. 1964 stellte der französische Staatspräsident Charles de Gaulle auf einer Pressekonferenz fest: „Die westlichen Länder unseres alten Kontinents ... sind sich der gegenseitigen Bindungen bewusst geworden. Deshalb erscheint Europa fähig zu sein, eine wesentliche Gesamtheit zu bilden, reich an Werten und Mitteln." Wesentliche Etappen hatte die „Gemeinschaft der Sechs" zu diesem Zeitpunkt bereits zurückgelegt. 1968 schlossen sich die Europäische Wirtschaftsgemeinschaft (EWG), Euratom und Montanunion zur ▸ Europäischen Gemeinschaft zusammen.

Aus sechs Staaten werden zwölf. Die wirtschaftliche Vereinigung der sechs Gründungsstaaten der Gemeinschaft hatte enormen Erfolg. So stieg die Industrieproduktion zwischen 1950 und 1960 um 70 Prozent. Im Vergleich wuchs sie doppelt so schnell wie die des Nichtmitglieds Großbritannien. Der zunehmende Wohlstand blieb nicht ohne Magnetwirkung. Großbritannien, Irland und Dänemark schlossen sich 1973 der EG an, Griechenland folgte 1981. Portugal und Spanien wurden 1986 aufgenommen. Damit war die Gemeinschaft auf 12 Mitglieder angewachsen.
Die Erweiterung der EG förderte die Konkurrenzfähigkeit auf dem Weltmarkt, verschärfte in den 1970er Jahren aber zugleich die Probleme der Gemeinschaft. Die reichen Länder hatten den Eindruck, sie wären nur „Zahlmeister". Den Bauern garantierte man feste Erzeugerpreise und verhinderte die Einfuhr billiger Produkte. Das führte dazu, dass die Bauern immer mehr produzierten.

M1 „Hinter den sieben Bergen, bei den zwölf Zwergen"
(Karikatur von Rudolf Donath, um 1980)

Aber auch der hohe bürokratische Aufwand schürte bei den Bürgern Vorbehalte gegen Europa und ließ den politischen Integrationsprozess ins Stocken geraten. Neue Impulse zur politischen Einigung sollten 1979 von den ersten Direktwahlen zum ▸ Europäischen Parlament ausgehen. 1986 bekräftigten die Mitgliedsstaaten in der „Einheitlichen Europäischen Akte" dann erneut ihren Willen zu gemeinsamen politischen Strukturen. Die Rechte des Parlaments müssten gestärkt, die Außenpolitik besser abgestimmt werden. Bis 1992 sollte der einheitliche europäische Binnenmarkt vollendet sein.

Vertrag von Maastricht. Den Herausforderungen, die sich aus dem Zusammenbruch des Ostblocks ergaben, konnte die Europäische Gemeinschaft nur „geschlossen" begegnen. Der 1993 in Kraft getretene Vertrag von Maastricht legte einen konkreten Fahrplan für die Zukunft fest. Demnach ruht die seit dem 1. November 1993 bestehende ▸ „Europäische Union" (EU) auf drei Säulen: auf der Europäischen Gemeinschaft, einer gemeinsamen Außen- und Sicherheitspolitik und der Zusammenarbeit in der Rechts- und Innenpolitik. Bis 1999 sollte die Bildung einer Wirtschafts- und Währungsunion sowie einer politischen Union abgeschlossen sein. Seit Januar 2002 ist der Euro das offizielle Zahlungsmittel in 11 von bis dahin 15 Mitgliedstaaten – 1995 waren auch Finnland, Schweden und Österreich der europäischen Union beigetreten.

Eine Verfassung für Europa? 2001 beauftragten die Staats- und Regierungschefs einen Konvent mit der Ausarbeitung eines Verfassungsvertrags unter folgenden Vorgaben: mehr Bürgernähe, eine höhere demokratische Legitimation, wirksamere Entscheidungsfindung und Arbeitsweise. Nachdem die Staats- und Regierungschefs im Oktober 2004 den vorgelegten Vertrag in Rom unterzeichnet hatten, musste dieser im Anschluss auch von allen Mitgliedsländern durch Volksentscheid ratifiziert werden. Der Deutsche Bundestag stimmte im Mai 2005 zu, zwei negative Volksabstimmungen in Frankreich und den Niederlanden verhinderten aber, dass die Verfassung in Kraft trat.

M2 Die vier Freiheiten im Binnenmarkt

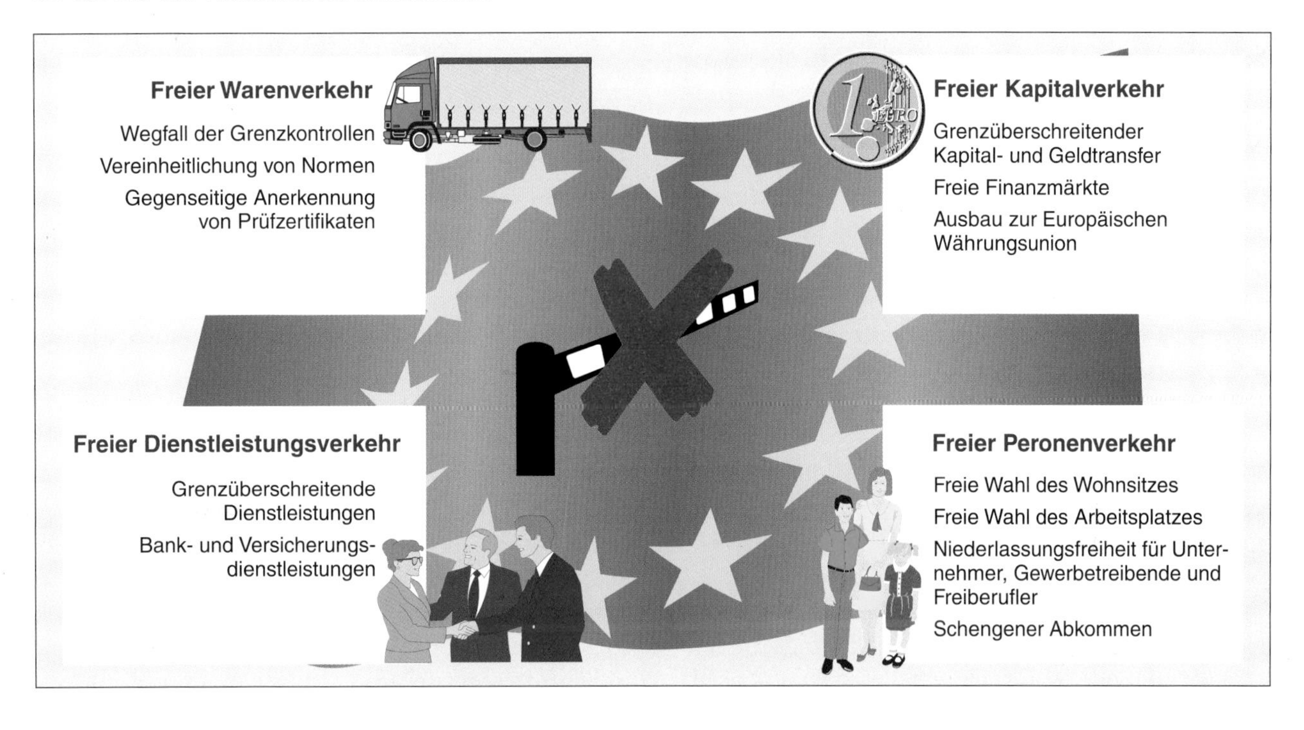

M3 Ziele und Prinzipien des Vertrags von Maastricht

Förderung eines ausgewogenen und dauerhaften Fortschritts durch Schaffung eines Wirtschaftsraumes ohne Binnengrenzen, durch Stärkung des wirtschaftlichen und sozialen Zusammenhalts und durch Errichtung einer Wirt-
5 schafts- und Währungsunion mit dem Endziel einer einheitlichen Währung.
Behauptung der europäischen Identität auf internationaler Ebene insbesondere durch eine gemeinsame Außen- und Sicherheitspolitik und auf längere Sicht auch durch eine ge-
10 meinsame Verteidigungspolitik. Stärkung der Rechte der EU-Bürger durch Einführung einer Unionsbürgerschaft.
Enge Zusammenarbeit in den Bereichen Recht und Inneres ...
Prinzip der Subsidiarität: Die Gemeinschaft regelt nur solche Bereiche, die auf der Ebene der einzelnen Mitgliedsstaaten
15 nicht oder nur unbefriedigend geregelt werden können, d. h., der EU sollen nur Aufgaben übertragen werden, die von ihr wirkungsvoller wahrgenommen werden können als von den einzelnen Mitgliedsstaaten.

Zitiert nach: Marc Fritzler und Günther Unser: Die Europäische Union, Bonn (Bundeszentrale für politische Bildung) 1998, S. 28.

1 Ordnen Sie die Karikatur (M1) in den historischen Zusammenhang ein und fassen Sie die Kernaussage in einem Satz zusammen. Welche Folgen ergaben sich für die Entwicklung der Europäischen Gemeinschaft? (Autorentext).

2 Geben Sie kurz die wichtigsten Bestimmungen des Vertrags von Maastricht wieder (M3).

3 Überlegen Sie, welche Auswirkungen die Freiheiten des Binnenmarktes, die Wirtschafts- und Währungsunion auf Ihr eigenes Leben haben (M2–M3 und Autorentext).

4 Die wesentlichen Entscheidungsträger der EU kann man im Internet unter www.europa.eu (Europaportal der EU) nachlesen. Erstellen Sie aus diesen Materialien eine Übersichtstafel.

5 Das Europasymbol zeigt zwölf Sterne. Diese Zahl steht seit der Antike für Vollkommenheit. Das Symbol findet sich u.a. auf dem EU-Pass, auf den Kfz-Kennzeichen der EU-Länder. Nennen Sie weitere Beispiele.

Die Osterweiterung – Perspektiven und Herausforderungen für Europa

Auflösung des Ostblocks. Das Ende des Ostblocks bewies nicht nur, wie es der britische Historiker Alan Bullock formulierte, dass „die Geschichte des zwanzigsten Jahrhunderts zerfließt, als sei sie ein alter Teppich, der aufgetrennt wird“. Die geänderte politische Lage eröffnete vor allem neue Perspektiven für das „gemeinsame Haus Europa“, das auch Michail Gorbatschow seit 1987 immer wieder beschworen hatte. Die ehemaligen Ostblockstaaten erhofften sich vom Beitritt zur Europäischen Union einen Ausweg aus Arbeitslosigkeit, Geldentwertung und mangelnder Wettbewerbsfähigkeit sowie Sicherheit vor einer erneuten russischen Vorherrschaft.

Hilfe auf dem Weg in die EU. Gemäß dem Vertrag von Maastricht kann jedes europäische Land einen Aufnahmeantrag stellen, sofern die folgenden Kriterien erfüllt sind:

- Verwirklichung demokratischer Grundsätze, Achtung der Menschenrechte, Schutz von Minderheiten
- funktionierende Marktwirtschaft und Wettbewerb
- Übernahme von Verpflichtungen, die aus der EU-Mitgliedschaft entstehen, z. B. Angleichung der Rechtsordnung
- Mittelfristig: Teilnahme an der Wirtschafts- und Währungsunion sowie Einführung des Euro.

Die osteuropäischen Beitrittskandidaten, die sich gerade erst von autoritären Regimen und planwirtschaftlichen Systemen gelöst hatten, wurden von der EU auf dem Weg zur demokratischen Ordnung und Marktwirtschaft unterstützt. Durch Hilfsprogramme konnten Industrie und Landwirtschaft gefördert, die Infrastruktur auf- bzw. ausgebaut werden. Mitte der 1990er Jahre traten zudem Handelsabkommen in Kraft, die Exporte zu den Märkten der EU erleichterten; es entfielen Zölle und viele Handelsbeschränkungen.

Europa der 27: Die Osterweiterung der EU. Nach jahrelangen Beitrittsverhandlungen wurden zwischen 2004 und 2007 weitere Länder aufgenommen, derzeit zählt die EU 27 Mitglieder. Europa kann nun ein Bruttoinlandsprodukt ähnlich dem der USA erwirtschaften. Darüber hinaus bilden seine Konsumenten nach China und Indien den drittgrößten Markt weltweit. Somit wächst das politische wie wirtschaftliche Gewicht der Gemeinschaft weltweit an. Dabei sollen Investitionen in die „neuen“ Mitgliedsstaaten auch das Wirtschaftswachstum der „alten“ Mitgliedsländer fördern sowie Arbeitsplätze und Wohlstand sichern. Gleichzeitig wurden auch Bedingungen von der EU aufgestellt: So sollen finanzielle Mittel die Einhaltung von europäischen Umweltstandards sichern. Des Weiteren werden die Binnengrenzen zwischen neuen und alten Mitgliedern der EU erst aufgehoben, wenn der Schutz an den Ostgrenzen – zum Beispiel vor illegaler Einwanderung – einstimmig als ausreichend befunden wird. Übergangsfristen von sieben Jahren schützen die neuen Mitgliedsstaaten vor Immobilienkäufen und der damit verbundenen Preissteigerung, die bisherigen Länder vor unkontrolliertem Zuzug von Arbeitnehmern oder Selbstständigen, die ihre Arbeitskraft bzw. Dienstleistungen kostengünstiger zur Verfügung stellen und somit einheimische Arbeitsplätze gefährden könnten.

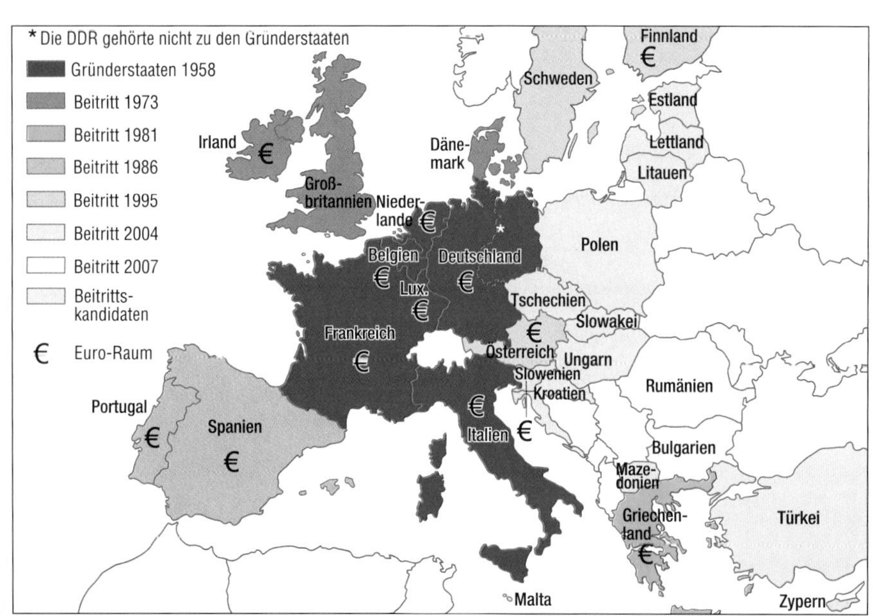

M1 Die Europäische Gemeinschaft wächst.

Methode: Umfragen durchführen und Ergebnisse auswerten

Nicht nur für die EU, auch für nationale Parteien, Politiker oder Unternehmen ist die Meinung einzelner Gruppen oder der Bevölkerung wichtig. Umfragen, durchgeführt von Meinungsforschungsinstituten, helfen ihnen, Entwicklungen oder Probleme zu erkennen und dementsprechende Entscheidungen zu treffen. Dabei werden die Befragten so ausgewählt, dass sie in ihrer Zusammensetzung die Gesamtheit möglichst spiegeln – man spricht dann von einer repräsentativen Stichprobe. Bei Straßenumfragen wird dagegen eher nach dem Zufallsprinzip ausgewählt – entsprechend gering ist dann die Aussagekraft. Massenumfragen sind für die Schule weniger geeignet. Bei Ihrer persönlichen Meinungsforschung sollten Sie sich auf eine Jahrgangsstufe oder besser noch auf eine Klasse beschränken.

1. Schritt: Vorarbeiten leisten

- Klären Sie das Thema Ihrer Umfrage genau ab und wählen Sie die passende Zielgruppe aus.
- Stellen Sie eine Anfangsvermutung auf.
- Entscheiden Sie zwischen einer mündlichen oder schriftlichen Umfrage – für die letztere müsste ein Fragebogen erstellt werden. Dieser sollte übersichtlich und nicht zu umfangreich gestaltet sein.

2. Schritt: Fragestellungen ausarbeiten

Verschiedene Frageformen sind möglich:

- Fragen nach Tatsachen (z. B. Alter, Geschlecht)
- Entscheidungs- oder Auswahlfragen (z. B. „Sind Sie mit ihrem Leben innerhalb der EU zufrieden?" „Welche Sorgen und Probleme sind für Sie besonders einschneidend?" „Wie schätzen Sie die Perspektiven des Europas der 27 ein?" „Halten Sie die Erweiterung der Europäischen Union für sinnvoll?" „Wie stehen Sie zu einem möglichen Beitritt der Türkei?")
- Offene Fragen (z. B. „In welchen Bereichen beeinflusst Europa Ihr Leben positiv?")

Vermeiden Sie Fragen, die eine Antwort nahe legen. (z. B. „Finden Sie nicht, dass einer europäischen Verfassung noch zu viele Probleme im Wege stehen?")

3. Schritt: Durchführung der Umfrage

- Informieren Sie die Befragten zunächst über das Ziel der Umfrage und weisen Sie auf die Freiwilligkeit der Teilnahme hin.
- Sichern Sie dem/der Befragten die Anonymität zu.

4. Schritt: Auswertung und Präsentation der Daten

- Nehmen Sie die Auswertung in Kleingruppen oder thematisch geordnet vor.
- Vergleichen Sie Ihre Anfangsvermutung mit dem Ergebnis der Umfrage.
- Entscheiden Sie sich für eine bildliche Darstellung, die der Betrachter rasch erfassen und verstehen kann – z. B. in Form von Grafiken, Tabellen oder Diagrammen.
- Beachten Sie rechtliche Vorgaben!

Tipps:
Hilfe bei der Erstellung, Auswertung und Präsentation von Umfragen bietet das Programm GRAFSTAT der Bundeszentrale für politische Bildung unter folgendem Link:
http://www.bpb.de/methodik/S631IH,0,0,Forschen_mit_GrafStat.html
Hinweise für Fragestellungen bietet der Internetlink „Eurobarometer". Dort werden Umfragen, die von der Europäischen Kommission in Auftrag gegeben und deren Ergebnisse analysiert wurden, veröffentlicht:
www.tns-infratest.com/03_presse/Eurobarometer.asp

1 Ordnen Sie dem Beitrittsjahr die jeweiligen Mitgliedsländer zu (M1). Erarbeiten Sie zu den neuen osteuropäischen Mitgliedern kurze Ländercharakteristiken.
2 Fassen Sie stichpunktartig die Vorteile, die sich aus der Erweiterung der EU ergeben, zusammen.
3 Benennen Sie die Probleme innerhalb der EU, die durch die immer größer werdende Zahl von Mitgliedern entstehen können (Autorentext).

Der Zerfall Jugoslawiens

Jugoslawien – der Staat der „Südslawen". Präsident Josip B. Tito regierte von 1953 bis zu seinem Tod 1980 den Vielvölkerstaat Jugoslawien als kommunistischer Diktator. Unter seiner Führung konnte sich ein unabhängiger gemäßigter Sozialismus entwickeln. Nach Titos Tod brachen lange unterdrückte nationale, religiöse und wirtschaftliche Gegensätze des Landes hervor. Die serbische und christlich-orthodoxe Mehrheit wollte ihren Führungsanspruch auf ganz Jugoslawien sichern. Mit dem Zusammenbruch des Kommunismus stiegen Inflation und Arbeitslosigkeit in Jugoslawien dramatisch an. 1989 konnte der Staatsbankrott nur durch Intervention des Weltwirtschaftsfonds abgewendet werden. Die Teilrepubliken strebten immer weiter auseinander. Während serbische Nationalisten für ein Großserbien agitierten, erklärten sich im Sommer 1991 die wirtschaftlich starken nördlichen Regionen des alten Jugoslawiens, Slowenien und Kroatien, für unabhängig und verabschiedeten neue Verfassungen. Der serbische Präsident der Zentralregierung, Slobodan Milosěvić, weigerte sich, diese Loslösung zu akzeptieren und schickte die Jugoslawische Volksarmee (JVA) nach Norden. Nach kurzen und heftigen Kämpfen musste die Zentralregierung in Belgrad unter Vermittlung von EU und KSZE die Unabhängigkeit Sloweniens und Kroatiens anerkennen.

Krieg in Bosnien-Herzegowina. Danach verlagerte sich der Kriegsschauplatz nach Bosnien-Herzegowina, wo bosnische Muslime, katholische Kroaten und christlich-orthodoxe Serben lange Zeit friedlich nebeneinander lebten. Als Bosnien-Herzegowina 1992 international als Staat anerkannt wurde, begann ein Nationalitätenkrieg, der drei Jahre tobte. Angriffe von Heckenschützen und Granatenbeschuss auf Marktplätze waren grausame Höhepunkte eines Krieges, der unter den Augen der Weltöffentlichkeit 250 000 Menschenleben, vor allem unter der Zivilbevölkerung, kostete. Die EU und die UNO griffen nicht direkt ein, sondern beschränkten sich auf Sanktionen, entsandten Blauhelmsoldaten und errichteten Schutzzonen für die Bevölkerung. Doch damit war die Eskalation der Gewalt und des Terrors nicht zu bremsen: Vertreibungen im großen Stil mit dem Ziel der „ethnischen Säuberung", Massenvergewaltigungen und Massaker unfassbaren Ausmaßes auf allen Seiten führten zum Eingreifen der internationalen Gemeinschaft. Im Friedensabkommen von Dayton 1995 wurde die Teilung Bosnien-Herzegowinas beschlossen. Eine internationale Friedenstruppe, die SFOR (d. h. Stabilization Force), an der auch deutsche Bundeswehrsoldaten beteiligt sind, sichert seitdem den Frieden und die Rückkehr der Vertriebenen und Flüchtlinge.

M1 Leiden der Zivilbevölkerung

Der blutige Konflikt im Kosovo. Die Bevölkerung der Provinz Kosovo besteht zu 90 % aus albanischstämmigen Muslimen. Schon 1992 hatten sie sich als „Republik Kosova" für unabhängig erklärt. Die Regierung in Belgrad erkannte diesen Staat aber nicht an. Die Befreiungsarmee UÇK kämpfte seit 1996 in einem permanenten Kleinkrieg gegen die jugoslawische Armee und Polizei. Im März 1998 eröffnete die jugoslawische Armee eine Offensive gegen die UÇK. Sie rückte systematisch in albanisch bevölkerte Dörfer und Städte ein und vertrieb die Bevölkerung. Brutalitäten häuften sich auf beiden Seiten. Im Juli 1998 waren bereits 200 000 Menschen, im Mai 1999 fast eine Million auf der Flucht und viele Tausende ermordet. Um den Krieg zu beenden, führte die NATO von April bis Juni 1999 einen Luftkrieg gegen das Militär und die Regierung Jugoslawiens. Präsident Slobodan Milosěvić musste nachgeben und die Armee aus dem Kosovo zurückziehen. UN-Friedenstruppen besetzten den Kosovo, die UÇK wurde entwaffnet und die Flüchtlinge konnten zurückkehren. Der UN-Friedensplan sah die Unabhängigkeit des Kosovo vor, gegen die sich Russland als traditionelle Schutzmacht Serbiens sträubt. Am 17. Februar 2008 erklärte sich das Kosovo für unabhängig. Damit sind die Probleme noch lange nicht ausgeräumt.

M2 Länder auf dem Gebiet des ehemaligen Jugoslawiens und Bevölkerungsgruppen

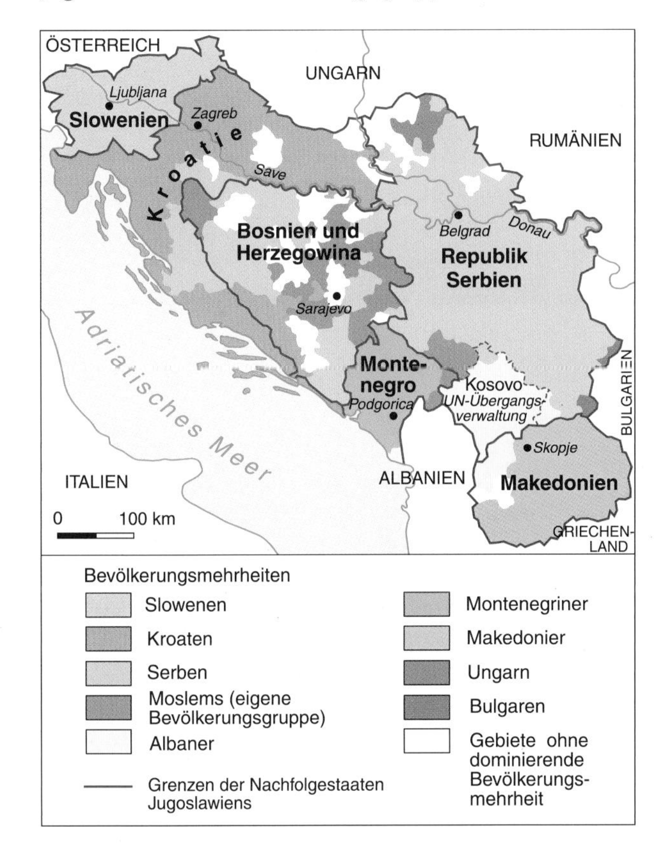

M3 Flüchtlingsgruppen aus Bosnien-Herzegowina
UN-Truppen sehen hilflos zu. 1995 waren 4,5 Millionen Kroaten, Bosnier und Serben auf der Flucht.

1 Beschreiben Sie anhand der Karte M2 die Verteilung der Bevölkerungsgruppen. In welchen Regionen entstanden die meisten Konflikte?

M4 „Was kreuzen wir denn heute an?"
(Karikatur von Horst Haitzinger, 1994)

M5 Großserbische Machtansprüche
(Karikatur von Fritz Behrendt, 1993)

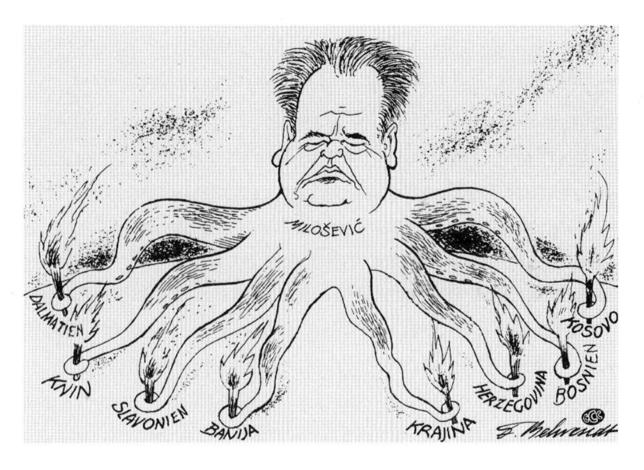

2 Welche souveränen Staaten entstanden aus dem ehemaligen Jugoslawien (M2)?
3 Suchen Sie im Internet unter „Internationaler Strafgerichtshof für das ehemalige Jugoslawien" und berichten Sie über die Aufgaben dieses Tribunals. Welche Position vertrat Slobodan Milosěvić in Den Haag?
4 Diskutieren Sie darüber, inwieweit es gerechtfertigt erschien, dass die EU und die NATO anfangs nicht in die Kämpfe eingriffen. Was spricht dafür – was dagegen? Beziehen Sie M1, M3 und M4 mit ein.
5 Der Kosovo gilt als Geburtsland der serbischen Nation und ist daher aus serbischer Sicht nicht verhandelbar. Schlagen Sie nach unter „Amselfeld" (Kosovo Polje) und erklären Sie den nationalen Mythos der Serben.

Die USA – Supermacht oder Koloss auf tönernen Füßen?

M1 „Ground Zero" *(in der Militärsprache die Stelle, an der eine Bombe einschlägt und den höchsten Schaden anrichtet); seit dem 11. September 2001 auch Bezeichnung für das Gelände des zerstörten World Trade Center in New York.*

M2 Amerikanischer Flugzeugträger
Nur die USA verfügen über Flottenverbände mit insgesamt 15 Flugzeugträgern, von denen jeder bis zu 90 Flugzeugen Platz bietet.

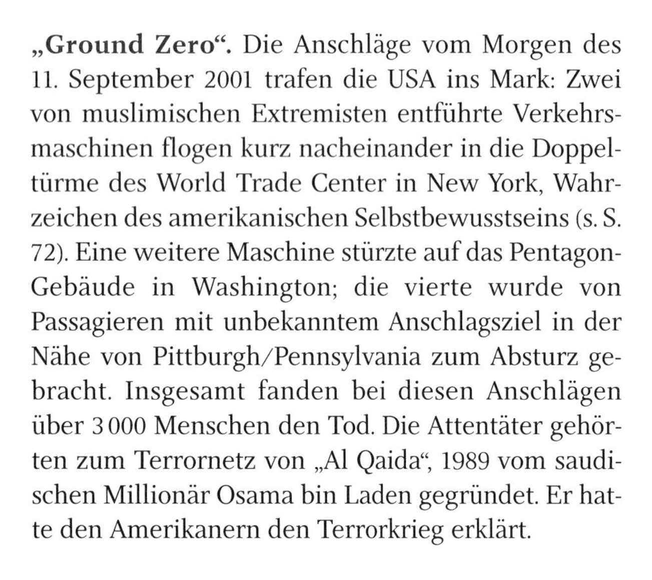

„Ground Zero". Die Anschläge vom Morgen des 11. September 2001 trafen die USA ins Mark: Zwei von muslimischen Extremisten entführte Verkehrsmaschinen flogen kurz nacheinander in die Doppeltürme des World Trade Center in New York, Wahrzeichen des amerikanischen Selbstbewusstseins (s. S. 72). Eine weitere Maschine stürzte auf das Pentagon-Gebäude in Washington; die vierte wurde von Passagieren mit unbekanntem Anschlagsziel in der Nähe von Pittburgh/Pennsylvania zum Absturz gebracht. Insgesamt fanden bei diesen Anschlägen über 3 000 Menschen den Tod. Die Attentäter gehörten zum Terrornetz von „Al Qaida", 1989 vom saudischen Millionär Osama bin Laden gegründet. Er hatte den Amerikanern den Terrorkrieg erklärt.

Land der Superlative und Gegensätze. Seit dem Ende des Kalten Kriegs sind die USA die einzige Supermacht weltweit. Auf allen Weltmeeren kreuzen ihre Flotten, auf allen Kontinenten sind sie mit Stützpunkten präsent. Doch auch als Wirtschaftsmacht gehören sie zur Weltspitze: 5 % der Weltbevölkerung leben in den Staaten, die jedoch ein Viertel der gesamten Waren und Dienstleistungen der Welt erzeugen. Die USA bilden den größten Binnenmarkt und führen den Welthandel an. Der amerikanische Aktienindex „Dow Jones" gibt auf den Finanzmärkten weltweit den Ton an. Auf fast allen wissenschaftlichen Gebieten sind US-Wissenschaftler Weltspitze. Die USA gelten aber auch als das Land der Gegensätze. Menschen aus allen Kontinenten leben in diesem Schmelztiegel. Doch ein Sozialsystem wie in der Bundesrepublik gibt es nicht. 15 % der US-Amerikaner gelten als arm. Davon wiederum zählen 10 % zu den Weißen, 24 % zu den Schwarzafrikanern und 32 % zu den Indianern, die an der Armutsgrenze leben.

Eine unipolare Welt? 1990 kündigte der damalige amerikanische Präsident Bush senior eine „neue Weltordnung" an, die an die Stelle der bisherigen bipolaren Welt treten sollte. Er wünschte sich eine „historische Phase der Zusammenarbeit zwischen den Völkern, in der die Herrschaft des Rechts das Gesetz des Dschungels verdrängen" werde. Hintergrund war die 1990 von den Amerikanern zusammen mit einer Vielzahl von Verbündeten durchgeführte und von der UNO abgesegnete Intervention im Irak, der überraschend Kuwait besetzt hatte.
Doch dieser Konsens währte nur kurz, vielen Beobachtern erscheinen die USA als Hypermacht, die in der Welt konkurrenzlos auftreten kann. Als Beispiel hierfür wird das weitere Vorgehen 2003 gegen den Irak gewertet, der ohne die Zustimmung der UNO angegriffen und besetzt wurde. Die USA lehnen das weltweit anerkannte Kyoto-Protokoll zu einer gemeinsamen Umweltpolitik ab. Ebenso verweigern sie die Mitwirkung am Internationalen Strafgerichtshof, denn dazu müssten sie auch den militärischen Bereich einem neuen internationalen Strafrecht unterwerfen.

M3 Die weltweiten Verflechtungen der USA – bündnis- und militärpolitisch *(2006)*

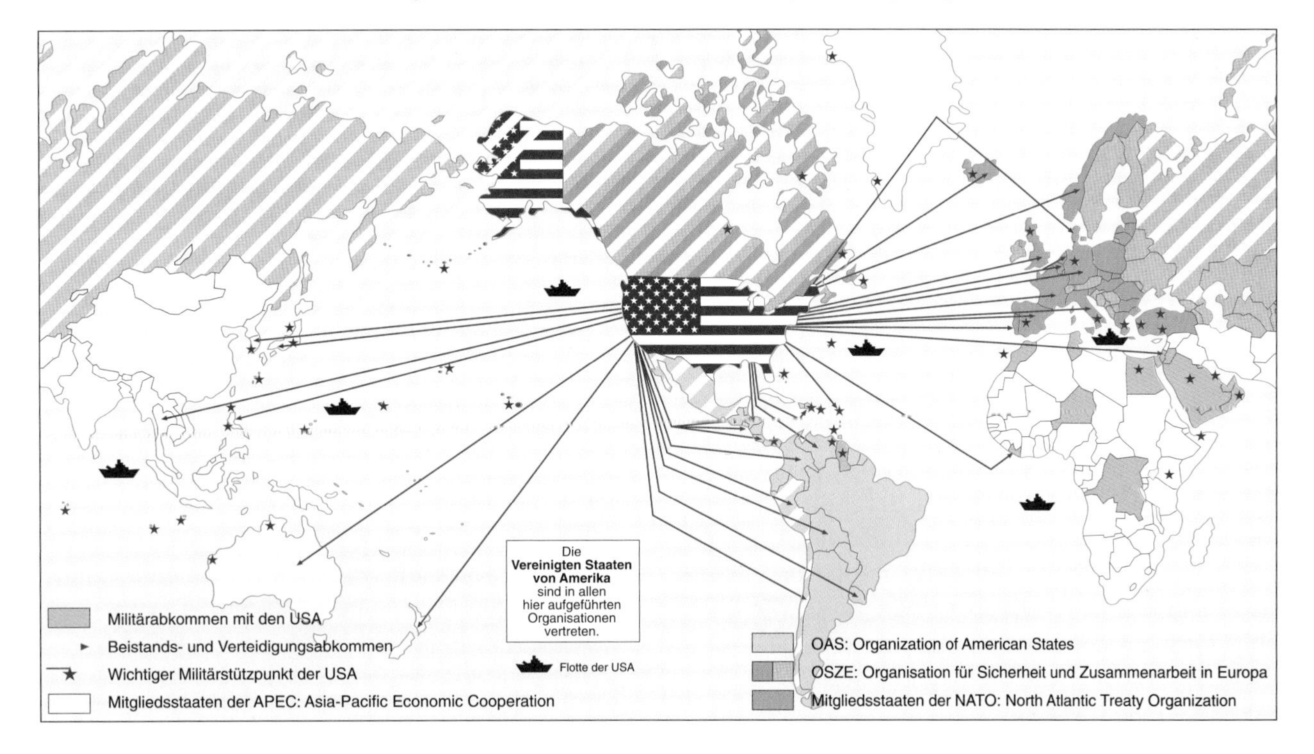

M4 Supermacht Amerika?

Der deutsche Journalist Peter Scholl-Latour schreibt zu den USA in seinem Buch:

Mit der Erwähnung des „Kolosses auf tönernen Füßen" maße ich mir nicht an, den baldigen Zusammenbruch der amerikanischen Weltherrschaft anzukündigen. Ich will nur darauf verweisen, wie prekär (= schwierig) der Anspruch auf globale Hegemonie wird, wenn ein überwiegend merkantil ausgerichtetes Staatswesen in den Zwang strategischer Allgegenwart und einer territorialen Überbeanspruchung gerät, die man heute als „overstretch" bezeichnet ...

Das zwanzigste Jahrhundert war eindeutig das Jahrhundert Amerikas ... Die Krone der globalen Weltherrschaft wurde der „einzig verbliebenen Supermacht" wie auf einem Silbertablett offeriert, als die Sowjetunion, vor der die Westeuropäer, und nicht nur diese, zitterten und bangten, sich in einem Anfall von Selbstzerstörungswahn sang- und klanglos auflöste. Das unrühmliche Ende der Sowjetunion ... , plötzlich auf die Grenzen Russlands zu Zeiten Iwan des Schrecklichen zurückgeschrumpft, gebietet Nachdenklichkeit und Skepsis auch im Hinblick auf die Permanenz amerikanischer Weltgeltung. Die Propheten des Unheils streiten darüber, ob interne Krisen und Zwistigkeiten, religiöse und intellektuelle Fehlentwicklungen das allmähliche Abbröckeln der „Hypermacht" im eben angebrochenen einundzwanzigsten Jahrhundert bewirken könnte ... oder ob die maßlose geografische Verzettelung, die Verwicklung in eine endlose Serie unlösbarer Regionalkonflikte, den USA zum Verhängnis würde.

Zitiert nach: Peter Scholl-Latour: Koloss auf tönernen Füßen. Amerikas Spagat zwischen Nordkorea und Irak, Berlin (Propyläen) [2]2005, S. 9ff.

1 Berichten Sie über die weltweite Verflechtung der USA (M2–M3 und Autorentext).

2 Woran erkennt man Amerikas Stellung als Supermacht? Nennen Sie Beispiele, beziehen Sie die Quellen und den Autorentext mit ein.

3 Diskutieren Sie die These von Scholl-Latour, die USA hätten die Weltherrschaft „wie auf einem Silbertablett" offeriert erhalten und befänden sich nun in einem „overstretch" (M4).

4 Stellen Sie die Bedeutung der Terroranschläge vom 11. September 2001 für die USA dar (M1 und Autorentext).

Russland als Weltmacht

Das neue Russland. Ende Dezember 1991 löste sich die Sowjetunion auf. Russland war mit 76 % der Fläche und etwas mehr als der Hälfte der Einwohnerzahl die größte Teilrepublik der alten Sowjetunion und wurde nun unter dem Staatsnamen „Russische Föderation" Rechtsnachfolger der Sowjetunion. Mit den meisten ehemaligen Teilrepubliken schloss Russland ein lockeres Bündnis unter dem Namen „Gemeinschaft unabhängiger Staaten" (GUS) ab, um der weiteren wirtschaftlichen und militärischen Zusammenarbeit einen Rahmen zu geben. Dieses Zweckbündnis konnte eine Anzahl von Krisen meistern, die z. B. bei Engpässen durch die Entflechtung der Energieerzeugung und der Leitungssysteme entstanden. Es erfüllte aber nie seinen Anspruch, einen Wirtschaftsraum nach Vorbild der Europäischen Union zu schaffen. Nach Jahrzehnten der Planwirtschaft erwies sich die Umstellung auf eine Marktwirtschaft in der Praxis als extrem schwierig. Dennoch schritt unter Präsident Boris Jelzin (1991–1999) die Demokratisierung des Landes voran. Die Mehrzahl der Menschen sehnte sich nach den geregelten Einkommen und dem vergleichsweise stabilen Leben der kommunistischen Ära zurück. Extremer Reichtum einer Gruppe von Industriemanagern („Oligarchen"), bittere Armut bei Rentnerinnen und Rentnern und bei der Bevölkerung in den abgelegenen Landesteilen zeigten extreme soziale Unterschiede, die es in der Sowjetunion nie gegeben hatte.

Eine „gelenkte Demokratie" als Lösung? In einer von Korruption geprägten Phase übernahm Wladimir Putin die Präsidentschaft (2000–2008). Er holte sachkundige Fachleute in die Regierung und stärkte die Zentralgewalt gegenüber den Provinzgouverneuren. Mit der roten Militärflagge und der Wiedereinführung der alten Hymne der Sowjetunion mit neuem Text knüpfte er bewusst an die Symbole aus kommunistischer Zeit an. Seine Partei „Einiges Russland" konnte 2003 und 2007 überwältigende Wahlsiege verbuchen. Doch statt weiterer Demokratisierung wurden unter Putin die Pressefreiheit und die Bürgerrechte stark eingeschränkt.

Mit harter Hand ging der Präsident gegen alle separatistischen Bestrebungen im Vielvölkerstaat Russland vor. Die unter seinem Vorgänger Jelzin gegen die abtrünnige Provinz Tschetschenien geführten Kriege mit grausamen Menschenrechtsverletzungen auf beiden Seiten haben der Region bisher keinen Frieden gebracht.

Die hohen Gewinne aus den Öl- und Gasverkäufen seit 2005 erlaubten eine vorzeitige Rückzahlung der russischen Auslandsschulden und bildeten die Basis für Investitionen in Bereichen, die über Jahre vernachlässigt worden waren. Der neuerliche Weltmachtanspruch Russlands wurde 2007 in der strikten Ablehnung amerikanischer Pläne zur Stationierung eines Raketenabwehrsystems in Ostmitteleuropa und erhöhten Rüstungsausgaben deutlich.

M1 Die Gemeinschaft Unabhängiger Staaten (GUS)

M2 Der russische Schriftsteller Lew Kopelew über den Zusammenbruch der Sowjetunion *(1995):*
Gorbatschow hat erfolgreich vieles zerstört, aber nichts Neues aufzubauen vermocht. Sein eindeutig historisches Verdienst bleibt: die Abschaffung der Zensur und der unkontrollierten Macht des Geheimdienstes – alle politischen Häftlinge kamen frei ... Erstmals seit 1917 durfte man in Russland wieder frei sprechen, frei schreiben und frei publizieren. Doch die Wirtschaft und die Verwaltung waren hoffnungslos ruiniert ... Maßlose Aufrüstung und der über zehnjährige Krieg in Afghanistan zerstörten nicht nur die Volkswirtschaft, sondern auch die Moral der Menschen.
Zitiert nach: Lew Kopelew: Russland, eine schwierige Heimat. Göttingen (Steidl) 1995, S. 55f.

M3 „Der Westen darf nicht Sieger spielen"
Wladimir Putin am 23. Dezember 1999:
Aus folgenden Punkten setzt sich meine Vision für das erste Jahrzehnt des 21. Jahrhunderts zusammen:
Das nächste Jahrzehnt ... wird das bisherige System ablösen, dem die Konfrontation der beiden Gesellschaftssysteme zugrunde lag. Dieser Prozess wurde mit dem Zerfall des sozialistischen Wertesystems der Sowjetunion eingeleitet. Er hat sich jedoch als schwieriger und langwieriger erwiesen, als zunächst angenommen.
Ich sehe den Hauptgrund dieser Erscheinung darin, dass viele führende Politiker im Westen die stattgefundenen Wandlungen im Rahmen des Paradigmas (Beispiels) „Sieger" und „Besiegte" aufgenommen haben. Hieraus resultieren die Versuche, gegenüber Russland eine Position der Stärke zu betreiben, ihm die gleichberechtigte Partnerschaft zu verweigern, seine nationalen Belange und das Recht, seine inneren Angelegenheiten selbstständig zu lösen, zu missachten. Sobald wir diese Versuche zurückweisen, macht der Westen aus Russland wieder einen Feind.
All dies kam in konzentrierter Form in der Haltung des Westens zum Ausdruck, die mit der Krise in Tschetschenien zusammenhängt. Wir werden aufgefordert, „die Kriegshandlungen gegen seine Einwohner" einzustellen. Wir kämpfen jedoch nicht gegen das tschetschenische Volk. Wir schalten die Stützpunkte und Gruppen des internationalen Terrorismus aus. Russland verfügt über ausreichende Kräfte, um seine Souveränität, seine Sicherheit und seine nationalen Interessen in der internationalen Arena zu verteidigen. Wir wollen dies jedoch nicht durch Rückfall in eine Zeit der Konfrontation, in eine neue Form der bipolaren Welt. Wir haben uns unumkehrbar für Demokratie, Marktwirtschaft und die Einbindung in die Weltgemeinschaft entschieden.
Zitiert nach: www.glasnost.de/db/DokZeit99/putin.htlm (26. Dezember 2007)

1 Zeigen Sie anhand der Karte M1 die Nachfolgestaaten der Sowjetunion auf. Finden Sie heraus, wo im heutigen Russland große nationale Minderheiten leben.
2 Wie bewertete Lew Kopelew die Politik des Umbaus in der Ära Gorbatschow (M2)?
3 Welche Kritik übte Putin am Westen (M3)? Was spricht für, was gegen seine Argumente? Wie ist die tatsächliche Entwicklung seither verlaufen?
4 Referieren Sie über Gründe und Verlauf der beiden Tschetschenien-Kriege (1994–1996 und 1999).
5 Kommentieren Sie die Aussage der Karikatur über den Einsatz von Öl- und Gasexporten als Druckmittel der russischen Politik.

M4 EU-Energiegipfel in Finnland *(Karikatur von Orlando Eisenmann, 2006)*
Europäische Regierungsmitglieder vor Putin, u. a. die deutsche Bundeskanzlerin Angela Merkel

China – Weltmacht im 21. Jahrhundert

Zwischen Industrialisierung und Umweltzerstörung. Im Jahre 2006 wurde in China mithilfe von ausländischen Investoren und Know-how der größte Staudamm der Welt fertig gestellt. Der Drei-Schluchten-Staudamm staut den Jangtse-Fluss zu einem See auf, der eine Länge von über 600 km haben wird. Das entspricht der Entfernung zwischen München und Hamburg. Er ermöglicht den Betrieb des größten Wasserkraftwerks der Welt. Bei voller Leistung wird so viel Strom erzeugt wie in 14 Atomkraftwerken zusammen. China benötigt diese Energie für seine rasch wachsende Industrie. Doch haben Industrialisierung und wirtschaftlicher Fortschritt ihren Preis: Über eine Million Menschen mussten umgesiedelt werden, weil ihre Heimatstädte und -dörfer von den Wassermassen des Stausees überflutet werden. Daneben befürchtet man schwerwiegende Umweltschäden. So warnen Experten beispielsweise davor, der See werde zu einem Sammelbecken für Industriemüll und giftige Rückstände aus Bergwerken.

M1 Straßenszene in China bis in die 1980er Jahre: „Blaue Ameisen“

China und die Globalisierung. Der Drei-Schluchten-Staudamm symbolisiert die neue Wirtschaftskraft Chinas. Sie ist vor allem den Wirtschaftsreformen Deng Xiaopings zu verdanken, der in den späten 1970er Jahren zum einflussreichsten chinesischen Politiker wurde. Deng leitete die Erneuerung des Landes ein, indem er marktwirtschaftliche Strukturen einführte und von der Planwirtschaft seines Vorgängers, des kommunistischen Revolutionärs Mao Zedong, abrückte (s. S. 18f.). Doch an der Alleinherrschaft der Kommunistischen Partei Chinas hat sich seit Maos Tod 1976 nichts geändert; nach wie vor missachten Regierung und Behörden die Menschenrechte, während in wirtschaftlicher Hinsicht immer mehr Freiheiten gewährt wurden. Sie ermöglichen, dass die chinesische Wirtschaft seit Jahren rasant wächst. So schickt sich China mit seinen 1,3 Milliarden Menschen an, die neue Supermacht des 21. Jh. zu werden. Für Deutschland ist China heute der wichtigste Handelspartner in Asien und nach den USA der zweitgrößte Abnehmer deutscher Waren außerhalb Europas. Doch nicht nur auf wirtschaftlichem Gebiet, sondern auch im kulturellen Sektor sucht Europa mit China einen Austausch. Chinesisch als Schulfach ist heute nichts Außergewöhnliches, ebenso wie Städte- und Schulpartnerschaften.

M2 China heute:
Was ist typisch Chinesisch?

M3

M5 Schulpartnerschaft eines bayerischen Gymnasiums mit einer Oberschule in Schanghai *(2007)*

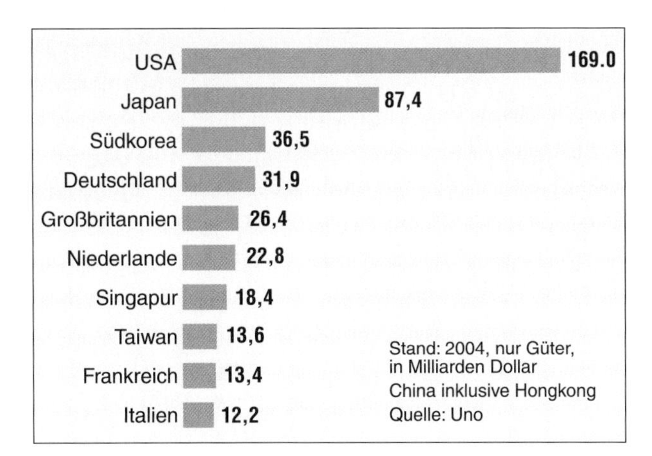

M4 Wohin China exportiert

M6 Die Folgen des Wirtschaftsbooms

Die Kehrseite (des Wirtschaftswachstums) ist, dass die Energieversorgung Chinas an ihre Grenzen stößt und die Umweltschäden katastrophale Ausmaße angenommen haben. Laut einer Studie der Weltbank befinden sich 16 der 20 am stärksten verschmutzten Städte der Welt in China. Ein Viertel des Landes wird regelmäßig mit saurem Regen verunreinigt, hervorgerufen durch das beim Verheizen von 1,6 Millionen Tonnen Kohle pro Jahr entstehende Schwefeldioxid. Die Abholzung der – ohnehin nur 16 Prozent der Fläche Chinas bedeckenden – Wälder fördert den Vormarsch der Wüsten. Der jährliche Wasserbedarf wird bis 2030 von 120 auf 400 Milliarden Tonnen steigen. Dabei haben es 60 Millionen Chinesen schon heute schwer, genügend Wasser für ihr tägliches Leben aufzutreiben. Experten schätzen, dass in den kommenden 20 Jahren zwischen 20 und 30 Millionen „Umweltflüchtlinge" untergebracht werden müssen.

Zitiert nach: Pierre Simonitsch: Der Preis für Chinas Fortschritt. In: Frankfurter Rundschau, 26. Januar 2005.

1 Beschreiben Sie die Entwicklung Chinas in den letzten zwanzig Jahren mithilfe der Materialien auf dieser Doppelseite. Beziehen Sie den Autorentext und Seite 18f. mit ein.

2 Erarbeiten Sie aus M4, M6 und dem Autorentext die positiven und negativen Aspekte des chinesischen Wirtschaftswachstums heraus. Gehen Sie dabei besonders auf den Zusammenhang von Industrialisierung und Umweltverschmutzung ein.

3 Das „Chinaforum Bayern" ist ein gemeinnütziger Verein zur Förderung der bayerisch-chinesischen Zusammenarbeit im Bereich Wirtschaft, Wissenschaft und Kunst. Unter dem Link: http://www.chinaforumbayern.de/ erfahren Sie mehr über Bemühungen zu einer engen Zusammenarbeit zwischen beiden Ländern. Berichten Sie über Aktivitäten dieses Forums.

4 Sie treten für eine Partnerschaft mit einer chinesischen Schule ein (M5). Bringen Sie Argumente vor, die für ein solches Vorhaben sprechen.

Israel im Spannungsfeld des Nahen Ostens

Verschärfte Gegensätze. Nach dem Sechstagekrieg (1967) wurde der Nahe Osten vollends zum Schauplatz des Kalten Kriegs: Die Sowjetunion füllte rasch die Waffenarsenale der geschlagenen arabischen Partnerländer auf und die Vereinigten Staaten bekannten sich in einer „strategischen Partnerschaft" zu Israel. Die Arabische Liga verkündete ein dreifaches Nein zu Verhandlungen, Anerkennung und Frieden mit Israel.
Im September 1970 versuchte die Palästinensische Befreiungsorganisation (PLO) in einem fehlgeschlagenen Attentat den jordanischen König Hussein umbringen zu lassen, um aus dem Königreich Jordanien einen Staat der Palästinenser zu machen. Hussein ließ daraufhin 20 000 Palästinenser ermorden – die PLO verlegte ihre Zentrale nach Beirut und organisierte Entführungen westlicher Flugzeuge. Während der Olympischen Spiele von München 1972 ermordeten Mitglieder der Terrororganisation „Schwarzer September" elf israelische Sportler.

Yom-Kippur-Krieg (1973) und Frieden mit Ägypten. Im September 1970 starb mit dem ägyptischen Staatschef Nasser der Führer der arabischen Welt. Unter seinem Nachfolger Anwar as-Sadat mussten alle sowjetischen Militärberater Ägypten verlassen. Am 6. Oktober 1973, dem höchsten jüdischen Feiertag, Yom Kippur, eröffneten Ägypten und Syrien einen erneuten Krieg gegen Israel. Nach Anfangserfolgen gegen die völlig überraschten Israelis mussten die Angreifer hohe Verluste hinnehmen – 15 000 arabische und 2 300 israelische Soldaten starben. Erstmals benutzen arabische Staaten während dieses Kriegs Erdöl als Waffe und verhängten ein Embargo gegen westliche Staaten (s. S. 32f.).
Unter amerikanischen Druck kam 1978 nach Gesprächen in Camp David, dem Sommersitz der amerikanischen Präsidenten, eine erste Lösung für den Nahen Osten zustande. Die Verhandlungsergebnisse mündeten in einen 1979 von Ägypten und Israel unterzeichneten Friedensvertrag. Ägypten erkannte darin als erster arabischer Staat Israel diplomatisch an, beide Seiten erklärten den Gewaltverzicht; die Israelis räumten die Sinai-Halbinsel mit den dort errichteten Siedlungen. 1979 erhielten sowohl Begin als auch Sadat den Friedensnobelpreis für diese historische Leistung.

M1 Friedensabkommen zwischen Israel und Ägypten

Präsident Jimmy Carter (Mitte) mit dem israelischen Premier Menachem Begin (rechts) und dem ägyptischen Präsidenten Anwar as-Sadat

Die USA setzten auf einen „Gürtel prowestlicher Staaten" im Nahen Osten. Drei Viertel der amerikanischen Waffenlieferungen für die Dritte Welt gingen 1978 an Israel, Saudi Arabien und den Iran unter Schah Reza Pahlevi. Viele arabische Staaten brachen den Kontakt zu Ägypten ab; as-Sadat wurde im Oktober 1981 von einem ägyptischen Fundamentalisten erschossen.

Der fünfte Nahostkrieg. Die amerikanischen Pläne einer neuen Friedensordnung zerstoben in kürzester Zeit. Im Iran errichtete Ayatollah Chomeini 1979 eine Islamische Republik. Der Irak überfiel den Iran und band beide über mehrere Jahre in einem der blutigsten Kriege. Die Sowjetarmee marschierte 1979 in Afghanistan ein und bemühte sich vergebens um eine Kontrolle des Landes. In dieser angeblichen „Stunde der Gunst" begannen israelische Truppen mit der Operation „Friede für Galiläa", mit der die PLO aus Beirut vertrieben und eine israelfreundliche Regierung im Libanon errichtet werden sollte. Nach Belagerung und Beschießung der Stadt sowie Massentötungen von Frauen, Männern und Kindern durch die mit Israel verbündeten christlichen libanesischen Milizen in den Flüchtlingslagern der ▸ Palästinenser gab es erstmals in Israel massive Kritik am Vorgehen der eigenen Armee. PLO-Chef Yassir Arafat zog sich mit seiner Führung nach Tunis zurück. Das PLO-Büro bei den Vereinten Nationen wurde geschlossen.

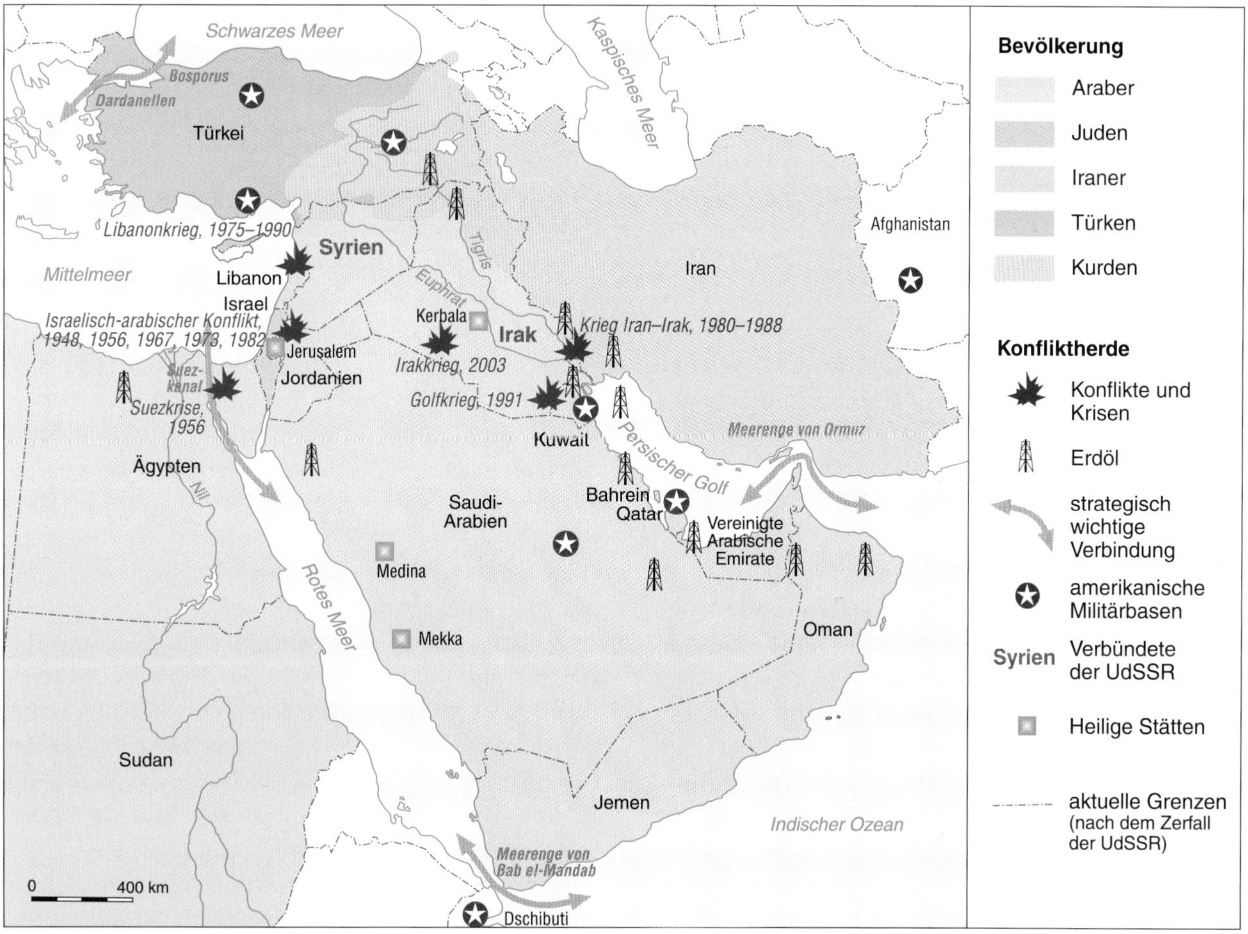

M2 Krisenherd Nahost

M3 UN-Resolution 242 vom 22. November 1967

Der Sicherheitsrat betont,

- dass Gebietserwerbungen durch Kriege nicht erlaubt sind,
- die Notwendigkeit, eine gerechte und dauerhafte Friedenslösung zu erarbeiten, damit jeder Staat der Region in Sicherheit leben kann.

I. Ein gerechter und dauerhafter Frieden im Nahen Osten sollte die folgenden Grundsätze anwenden:

1. Rückzug der israelischen Streitkräfte aus während des jüngsten Konflikts besetzten Gebieten.
2. Beendigung des Kriegszustandes, Achtung und Anerkennung der Souveränität, territorialen Integrität und politischen Unabhängigkeit aller Staaten der Region sowie ihres Rechtes, in Frieden zu leben, innerhalb sicherer und anerkannter Grenzen.

II. Der Sicherheitsrat betont die Notwendigkeit …

b) einer gerechten Lösung des Flüchtlingsproblems;

c) von Garantien für die territoriale Unverletzbarkeit sowie die politische Unabhängigkeit aller Staaten der Region durch Maßnahmen, die auch die Errichtung entmilitarisierter Zonen beinhalten.

Zitiert nach: Friedrich Schreiber und Michael Wolffsohn: Nahost. Geschichte und Struktur des Konflikts, Opladen (Leske & Budrich) 1996, S. 201.

1 Beschreiben Sie die geopolitische Lage Israels im Nahen Osten, indem Sie zu den in der Karte M2 angegebenen Krisen und Konflikten eine kurze Recherche durchführen und Ihre Ergebnisse vorstellen. Beziehen Sie den Autorentext mit ein.

2 Beurteilen Sie die Forderungen in der UN-Resolution aus der Sicht eines Israeli und der eines Arabers (M3). Welche Punkte enthalten den größten Konfliktstoff?

3 Informieren Sie sich über das Attentat auf die israelische Olympiamannschaft in München 1972.

Frieden für Palästina?

Risse in der israelischen Gesellschaft. Der jahrzehntelange Gegensatz Israelis gegen Araber wurde zwischen den 1970er und 1990er Jahren des 20. Jh. abgelöst durch verschiedene Haltungen innerhalb der Gesellschaften der beiden Konfliktparteien: In Israel unterstützten die „Tauben“ das Prinzip „Land für Frieden“, hielten eine grundsätzliche Verständigung mit den Palästinensern für möglich und befürworteten die Errichtung eines souveränen Palästinenserstaates. Auf der anderen Seite wollten die israelischen „Falken“ alle besetzten Gebiete behalten und immer mehr jüdische Siedlungen in diesen Gebieten bauen. Auch auf palästinensischer Seite setzte ein Nachdenken über die Anerkennung Israels und die Bedingungen einer geregelten Nachbarschaft ein.

Durchbruch durch gegenseitige Anerkennung? Nach weiteren Jahren des Mistrauens und einem zivilen Massen-Aufstand (Intifada) der Palästinenser ab 1987 gegen die israelische Besatzung fanden in Madrid im Oktober 1991 erstmals Gespräche zwischen Israelis einerseits sowie Libanon, Syrien und einer gemeinsamen palästinensisch-jordanischen Delegation andererseits statt. Die Gespräche verliefen erfolglos. Ein Durchbruch gelang in geheimen Verhandlungen zwischen Israelis und Palästinensern in Oslo 1994 und 1995. Erstmals erkannte Palästinenserführer Yassir Arafat das Existenzrecht Israels an. In Washington wurde die dort ausgehandelte „Prinzipienerklärung über die vorübergehende Selbstverwaltung“ als erster Schritt zu einem künftigen Palästinenserstaat unter Leitung des amerikanischen Präsidenten Clinton von Arafat und dem israelischen Ministerpräsidenten Rabin unterzeichnet. Die Israelis sollten sich aus Gaza und Jericho zurückziehen und eine palästinensische Polizei aufbauen. Strittige Fragen wurden ausgeklammert. Nun wurden auf beiden Seiten die Gegner des Friedensprozesses aktiv: Bis 2003 erschütterten mehr als 90 palästinensische Selbstmordattentate Israel. Präsident Rabin wurde am 4. November 1995 auf einer Friedensdemonstration von einem ultrareligiösen Juden erschossen.

M1 Itzak Rabin ***(links)*** **und Yassir Arafat**
Rabin war während des Sechstagekriegs 1967 Generalstabschef der israelischen Armee.

Gescheiterte Friedensbemühungen. Die weiteren Friedensgespräche schienen mehrfach vor einem historischen Durchbruch zu stehen, scheiterten aber immer wieder an taktischen Rückzügen, überzogenen Forderungen oder ungelösten Fragen der einen oder anderen Seite. Erstmal zeigte sich Israel bereit, auch über den künftigen Status von Jerusalem zu verhandeln. Doch der anhaltende Beschuss israelischer Siedlungen aus dem Gazastreifen und die Welle von Anschlägen durch palästinensische Selbstmordattentäter führte seit 2005 zum Bau einer gewaltigen Mauer entlang der Palästinensergebiete.

Bürgerkrieg unter Palästinensern. Nach dem Tod Arafats 2004 wurde Mahmut Abbas neuer Präsident der Palästinenser. Doch die harte Haltung Israels nahm Hunderttausenden von Palästinensern, die täglich zur Arbeit nach Israel pendelten, ihren Broterwerb und ihre Lebensgrundlage. Bei den Wahlen im Jahre 2006 siegte die radikal-islamische Hamas-Partei über die Fatah-Partei von Arafat und Abbas. Da die Hamas das Existenzrecht Israels und den Holocaust leugnet, hielten die westlichen Staaten eine Milliarde Dollar jährlicher Finanzhilfe für die palästinensische Autonomiebehörde zurück; Israel fror 700 000 Dollar Steuereinnahmen ein. Eingemauert und verarmt setzten viele Bewohner auf radikale Lösungen. 2006 tobten bürgerkriegsähnliche Kämpfe zwischen Hamas und Fatah – im Westjordanland mit der Hauptstadt Ramallah setzte sich die Fatah, im Gazastreifen die Hamas als führende Kraft durch.

M2

M4 Israelische Sperranlagen

Die über 700 km lange und 8 m hohe Mauer soll das israelische Kernland vom Westjordanland trennen. Mit dem Bau wurde 2003 begonnen.

M3 Die zentralen Streitfragen

- Wie ist der völkerrechtliche Status eines Palästinenserstaates und wo liegen seine genauen Grenzen?
- Wie werden die israelisch-palästinensischen Beziehungen geregelt?
- Wer gibt welche Sicherheitsgarantien?
- Was passiert mit den jüdischen Siedlungen innerhalb des palästinensischen Gebietes?
- Wie sieht der künftige Status Jerusalems aus?
- Dürfen palästinensische Flüchtlinge zurückkehren?
- Woher kommt das Wasser und wie werden die Wasser-Ressourcen gerecht aufgeteilt?

Vom Verfasser zusammengestellt.

1 Auch Arafat und Rabin wurden mit dem Friedensnobelpreis ausgezeichnet (M1). Informieren Sie sich über das Leben der beiden Politiker.
2 Die in M2 beschriebene „Roadmap“ galt mehrfach als gescheitert und wurde wieder als Leitlinie genutzt. Was ist seither Wirklichkeit geworden?
3 Geben Sie zu den Streitfragen in M3 in Stichworten die Standpunke von Israelis und Palästinensern an. Wo klaffen die Vorstellungen besonders weit auseinander (Autorentext)?
4 Welche Folgen hat die Errichtung der Sperrmauer für das Alltagsleben der Palästinenser (M4)? Recherchieren Sie im Internet (Stichworte: „israelische Mauer“, „Westjordanland“ oder „israelische Sperranlagen“).

Der internationale Terrorismus – ein unbesiegbarer Gegner?

Eine neue Gefahr. Nach dem Ende des Kalten Kriegs erwuchs eine neue Bedrohung: Der internationale Terrorismus. Mit Anschlägen und Attentaten vor allem gegen Zivilisten versuchen zumeist islamistische Extremisten, die westlichen demokratischen Gesellschaften zu schwächen. Bisheriger trauriger Höhepunkt dieser Entwicklung war der 11. September 2001 (s. S. 82). Am 11. März 2004 starben 191 Menschen bei Anschlägen auf Vorortzüge in Madrid. Über 2 000 Zugreisende wurden zum Teil schwer verletzt. Auch Deutschland ist längst zum Betätigungs- und Rückzugsraum von Terroristen geworden. Nachweisbar wurden einige Anschläge von Deutschland aus vorbereitet.

Der Islamismus. Weil die meisten Attentate heute von muslimischen Extremisten begangen werden, geraten Muslime leicht unter einen „Generalverdacht". Umso wichtiger ist es, zwischen „Islam" und „Islamismus" zu unterscheiden. Der „Islam" ist eine friedliche Religion, die mit dem Christentum viele Gemeinsamkeiten aufweist und in der das Streben nach Frieden und die Menschenwürde einen hohen Stellenwert besitzen. „Islamisten" hingegen benutzen die Religion als Vorwand, ihre gewalttätigen Ziele zu legitimieren. Die übergroße Mehrheit der in Deutschland lebenden Muslime hat sich vom Islamismus distanziert. Die Bedrohung durch Extremisten freilich bleibt trotzdem bestehen.

Ursachen und Motive. Da es viele islamistische Terrorgruppen gibt, ist es schwierig, gemeinsame Motive oder konkrete Ziele herauszufiltern. Viele Terrorgruppen werfen den USA und Europa „Imperialismus" vor. Da die westliche Welt angeblich nur an der Ausbeutung und Besetzung der islamischen Staaten des Nahen und Mittleren Ostens interessiert sei, rufen sie zum Dschihad, zum Kampf gegen die „Ungläubigen", auf. Islamisten kämpfen vor allem gegen die Errungenschaften der europäischen Aufklärung. Ihnen geht es darum, die freiheitlichen Gesellschaftsordnungen Europas zu schwächen und durch religiös geprägte zu ersetzen. Schließlich geben Staaten wie Syrien oder der Iran noch heute dem Westen die „Schuld" an der Existenz des Staates Israel (s. S. 88f.). Auf der anderen Seite lenken viele Regime durch derartige Vorwürfe an westliche Staaten von eigenen Problemen wie Korruption oder Versäumnissen in der Wirtschaftspolitik ab.

Wissenschaftliche Erklärungsversuche. Der amerikanische Politikwissenschaftler Samuel Huntington (geb. 1927) sieht den islamistischen Terrorismus als Symptom des „Zusammenpralls der Kulturen": Bewaffnete Konflikte entstünden nicht mehr wie bisher zwischen Nationalstaaten, sondern zwischen Angehörigen verschiedener Kultur- und Religionsgruppen, wie zum Beispiel dem Islam und dem Christentum. Der deutsche Wissenschaftler Gunnar Heinsohn (geb. 1943) wiederum zieht eine andere Begründung heran: Terrorismus entstünde nicht aufgrund religiöser oder politischer Konflikte, sondern überall da, wo es aufgrund hoher Geburtenraten „überschüssige Söhne" gebe, denen die Gesellschaft keinen Platz und keine Aufgabe zuweisen könne. Als Terroristen versuchten solche jungen Menschen, sich diesen Platz zu erkämpfen. In der Tat stellen junge Männer aus Staaten oder Regionen mit hohem Geburtenüberschuss, z. B. Palästina, die große Mehrheit der Terroristen.

„Terror" – Das Spiel mit der Angst. Terroristen wissen genau, dass sie ihren Gegner nicht im eigentlichen Sinn militärisch „besiegen" können. Das lateinische Wort „terror" bedeutet „Angst, Schrecken", und genau dies soll verbreitet werden. Jeder, der ein Flugzeug oder einen Zug besteigt oder ein Fußballspiel besucht, soll einen Anschlag befürchten müssen. Dies stellt die liberalen Staaten Europas und Nordamerikas, die ihren Bürgern ein Höchstmaß an Freiheit einräumen wollen, vor große Schwierigkeiten: Welche Vorkehrungen müssen getroffen werden, um solche Anschläge zu vereiteln? Müssen, um der Sicherheit willen, Telefone und Wohnungen abgehört und kontrolliert werden können? Wie stark müssen Flughäfen geschützt werden? Die westlichen Staaten haben es noch nicht geschafft, auf die Herausforderung des Terrorismus die passende Antwort zu finden.

M1 Protestkundgebung gegen die Anwesenheit von US-Soldaten im Nahen Osten *(Jordanien, 1990)*

M2 Fragen und Antworten zu Al Qaida

Ein Wissenschaftler, zugleich Journalist, gibt Antwort auf Fragen zum Terrorismus:

Ist Al Qaida eine weltumspannende Terrorgruppe?

Nein. Al Qaida – das sind viele Organisationen. Bis zum Jahr 2001 erstreckte sich Bin Ladens Netzwerk ... über etwa 55 Staaten ... Im Namen des Dschihad kann jeder kämpfen, der 5 die Ziele der Bewegung teilt. Dabei können die Veteranen den Nachwuchs-Dschihadisten mit Know-how, Waffen und Geld weiterhelfen ...

Kann man den Terroristen nicht den Geldhahn zudrehen?

Kaum. Die Welt ist voll von Al Qaida-Sponsoren ... Das private 10 Vermögen des Ex-Saudis Bin Laden wird auf 300 Millionen Dollar geschätzt. Zusätzlich soll Al Qaida jährlich etwa 30 Millionen Dollar einnehmen ...

Wird Al Qaida Deutschland verschonen?

Wahrscheinlich nein ... Deutsche Soldaten zogen mit den 15 USA in den Krieg; sie sind immer noch in Afghanistan stationiert. Deutsche Marineboote patrouillieren noch immer... am Horn von Afrika ... Zudem gilt die Bundesrepublik als enger Freund Israels. Die deutschen Sicherheitsbehörden arbeiten eng mit CIA und FBI zusammen ... All das macht Deutschland 20 aus Sicht von Al Qaida zum Komplizen des „großen Satans" (USA).

Wie kann der Terrorismus besiegt werden?

Auf lange Sicht muss es darum gehen, potenziellen Terroristen ihre Motivation zu entziehen. Diese speist sich vor allem 25 aus dreierlei. Erstens aus einem Gefühl des Gedemütigtseins durch einen technisch und wirtschaftlich überlegenen Westen. Zweitens aus einer religiös unterstützten Selbststilisierung der Opfer ... Drittens aus dem Glauben, dass die ungläubigen Unterdrücker Rache verdient haben. Mit schuld an der 30 Konjunktur des anti-westlichen Verschwörungsglaubens sind die eklatanten (offenkundigen) Bildungsdefizite ...

Zitiert nach: Jochen Bittner: Das weltweite Al Qaida-Netz. In: DIE ZEIT Nr.29/2005.

M3 Umfrageergebnis der NATO *(2002)*

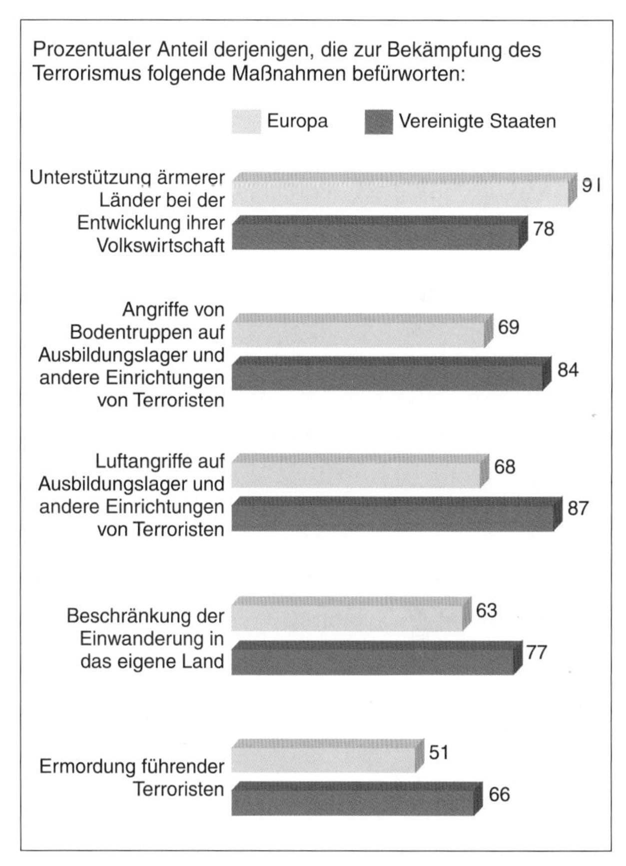

1 Diskutieren Sie, welche die entscheidenden Ursachen des islamistischen Terrors (M2 und Autorentext) sind und wie man diesen bekämpfen könnte (M3).

2 Begründen Sie, warum es für die westlichen Staaten so schwierig ist, den „Kampf gegen den Terror" zu gewinnen (Autorentext, M1–M2).

3 Erklären Sie, warum auch Deutschland vom internationalen Terrorismus betroffen ist (M2 und Autorentext).

4 Verfassen Sie einen Brief an die Bundeskanzlerin, in der Sie ihr vorschlagen, mit welchen Sicherheitsvorkehrungen sich Deutschland am wirkungsvollsten vor Terroranschlägen schützen sollte.

Migration als Folge von Krieg und Unterentwicklung

Flucht und Vertreibung. In der westsudanesischen Provinz Darfur sind sie bei der schwarzen Bevölkerung gefürchtet: arabische Reiternomaden. Immer wieder plündern und zerstören sie die Dörfer ihrer afrikanischen Nachbarn, die meist als sesshafte Bauern leben. Die unterschiedliche Lebens- und Wirtschaftsweise der arabischen und der afrikanischen Stämme in Darfur führt zu Konflikten um Wasser und Land. Eine schwerwiegende Folge dieser Konflikte ist, dass immer mehr Afrikaner aus ihrer sudanesischen Heimat fliehen oder in das Nachbarland Tschad vertrieben werden.

M1 Flüchtlinge in Ruanda *(1994)*

1994 führte der Konflikt zwischen der Regierung von Ruanda und einer Rebellenbewegung, der Ruandischen Patriotischen Front, zu einem der grausamsten Völkermorde des 20. Jh. Systematisch wurden von Angehörigen der Volksgruppe der Hutu ca. 800 000 Menschen getötet, meist Angehörige des verwandten Tutsi-Volkes sowie oppositionelle Hutus.

Der Krisenkontinent. Kriege und Bürgerkriege sind nicht die einzigen Probleme unter denen Afrika leidet; und sie sind nicht die alleinige Ursache für Flüchtlingsbewegungen innerhalb des Kontinents:

- Immer wieder kommt es zu Dürre- und Hungerkatastrophen.
- Vor allem im Süden des Kontinents dezimiert Aids die Bevölkerung.
- Korrupte und unfähige Regierungen, deren Mitglieder staatliche Einnahmen in die eigene Tasche stecken anstatt sie für die Finanzierung öffentlicher Aufgaben zu verwenden, behindern die wirtschaftliche Entwicklung vieler Länder. Auch aus diesem Grunde ist Afrikas Anteil am weltweiten Export zwischen 1950 und dem Jahr 2000 von 6,7 % auf 1,9 % gesunken. Noch immer sind zahlreiche Staaten von einem einzigen Produkt, oft einem Rohstoff, abhängig.
- In den meisten afrikanischen Staaten herrscht Massenarbeitslosigkeit.

Angesichts dieser Schwierigkeiten ziehen viele Menschen vom Land in die Städte (Landflucht). Dort erhoffen sie sich ein besseres Leben, vor allem wirtschaftlichen Aufstieg. Meist aber enden diese Hoffnungen in den Elendsquartieren der Slums.

M2 Entwicklung der Rohstoffpreise *(1960–2004)*

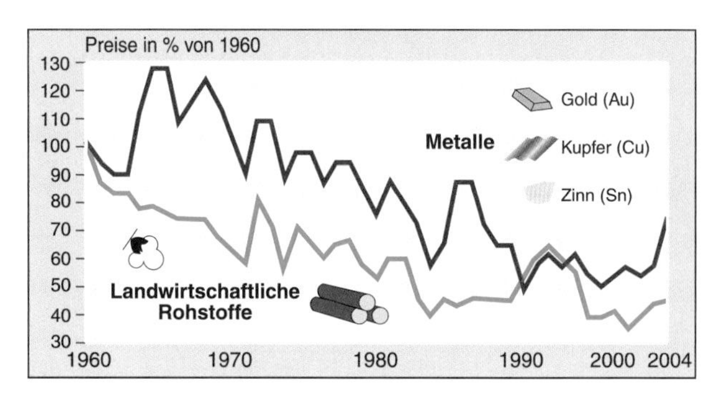

Flüchtlinge zieht es nach Europa. Für viele Afrikaner ist Europa das Ziel: Immer wieder versuchen Flüchtlinge die Grenzanlagen der spanischen Besitzungen Ceuta und Melilla an der nordafrikanischen Küste zu überwinden oder mit kleinen Booten auf die Kanarischen Inseln oder nach Sizilien zu kommen. Beinahe täglich ertrinken dabei Flüchtlinge; wer von ihnen Europa erreicht, muss mit seiner Abschiebung rechnen.

M3 Sklavenhandel *(Zeichnung, 19. Jh.)*

Das Verhältnis zwischen Arabern und Afrikanern prägt bis heute der Umstand, dass arabische Händler bis weit ins 19. Jh. hinein Jagd auf Afrikaner machten und sie versklavten.

M4 Krisenzonen in Afrika

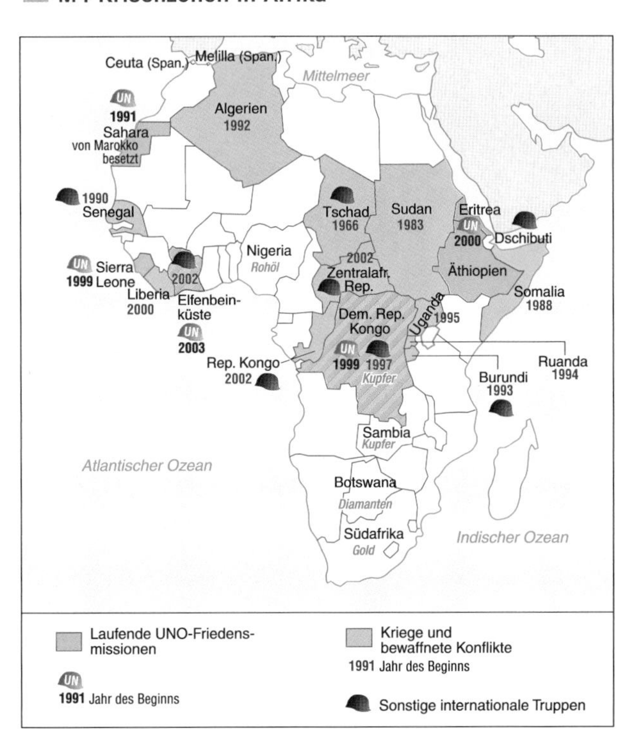

M5 Die Entwicklung in Botswana

Bei seiner Unabhängigkeit (1966) gehörte der 1,7 Millionen Einwohner zählende Staat von der Größe Frankreichs zu den ärmsten Nationen der Welt: Heute ist Botswana auf der UN-Entwicklungsskala der Spitzenreiter Afrikas. Ein durch-
5 schnittliches Wirtschaftswachstum von jährlich neun Prozent ... katapultierte den Halbwüstenstaat im Volkseinkommen in die Kategorie der obersten Mittelklasse: Botswana ist heute der größte Diamantenproduzent der Welt und der größte Rindfleischlieferant der EU ... Dass es in dem Land so
10 verblüffend wenig (politischen) Zündstoff gibt, ist nicht nur dem Umstand zu verdanken, dass Botswana im Gegensatz zu fast allen anderen von den Kolonialmächten abgesteckten Staaten Afrikas fast nur von einem Volk, den Tswana, bevölkert wird, sondern auch der Tatsache, dass die (regierende)
15 Demokratische Partei wenig Angriffsfläche bot. Botswana gilt wegen seiner Haushaltspolitik als vorbildlich: Der Staat hat praktisch keine Schulden, ein Drittel des Budgets wurde bislang für die Bildung seiner Bürger ausgegeben ... Botswana hat tatsächlich alles, was für eine moderne Dienstleis-
20 tungsgesellschaft nötig ist ... Beste technologische Infrastruktur ..., ein stabiles politisches Klima und hervorragend ausgebildete Arbeitskräfte. Und jetzt die Hiobsbotschaft, die alles zunichte zu machen droht. Mit 38 Prozent der erwachsenen Bevölkerung hat Botswana eine der höchsten Aids-
25 Infektionsraten der Welt.

Zitiert nach: Johannes Dieterich: Afrikanischer Edelstein. In: Frankfurter Rundschau vom 30. Oktober 2004.

1 Stellen Sie mithilfe von M1–M4 und dem Autorentext Formen der Migration sowie Gründe für sie zusammen.

2 In Europa gab es im 20. Jh. zahlreiche Wanderungsbewegungen, z. B. von Flüchtlingen und Vertriebenen im Zusammenhang des Zweiten Weltkriegs oder von Gastarbeitern. Vergleichen Sie deren Motive mit jenen, die heute Afrikaner dazu bringen, ihre Heimat zu verlassen (s. S. 80f. und S. 116f.).

3 Beschreiben Sie die Entwicklung der Rohstoffpreise; erläutern Sie ihre Folgen für Staat und Gesellschaft (M2).

4 Erarbeiten Sie mithilfe der Materialien und des Autorentextes Ursachen für die unzureichende Entwicklung vieler afrikanischer Staaten.

5 Tragen Sie in einer Tabelle die Chancen und die Risiken für die Entwicklung Botswanas ein (M5).

Agenda 21: Global denken, lokal handeln

„Vorwärts in den Abgrund?" Mit den neuesten UN-Klimakonferenzen 2006 in Nairobi und 2007 auf Bali ist der Umwelt- und Klimaschutz verstärkt in den Blickpunkt geraten. Auch der G-8-Gipfel 2007 (s. S. 74) hatte als einen Schwerpunkt das Thema Klima und Umweltschutz. Doch ernüchternd bleibt, dass gerade die Weltsupermacht USA die Beschlüsse nicht anerkennt und damit die Umsetzung über Jahre in Frage gestellt bleibt. Demgegenüber warnen Umweltorganisationen und Forscher vor den ungeahnten Folgen des bisherigen Wirtschaftslebens, besonders auf der nördlichen Halbkugel. Könnten die Menschen in den Entwicklungsländern den gleichen Lebensstandard wie in den Industrieländern erreichen, würde dies den Verbrauch der Rohstoffe um das 200-fache steigern und den von fossilen Brennstoffen wie Kohle und Erdöl um das Zehnfache. Das wäre der Kollaps der Erde. Doch letztlich haben alle Menschen auf diesem Globus das Recht auf ein menschenwürdiges Leben auch in Zukunft.

Der Gipfel von Rio. 1992 trafen sich in Rio de Janeiro Vertreter aus 178 Staaten zu einem „Erd-Gipfel" der UN-Konferenz für Umwelt und Entwicklung. Das Ziel der bisher größten Weltkonferenz war es, Grundsätze für den Umgang mit der Natur und Leitlinien für die Entwicklungspolitik festzulegen. Man einigte sich auf die Agenda 21, die allen Staaten den Auftrag gab, sich für den Erhalt der Umwelt und für mehr soziale Gerechtigkeit gegenüber den Menschen in den Entwicklungsländern einzusetzen.

Lokale Agenda 21. Kernpunkt der Agenda 21 ist der Begriff der Nachhaltigkeit: Der Umwelt sollen nur so viele Schadstoffe zugeführt werden, wie die Natur selbst abbauen kann. Und Luft, Wasser und Boden dürfen nur mit so vielen Schadstoffen belastet werden, wie die Menschen selbst verkraften können. Diese Ziele sollen auf allen politischen Ebenen umgesetzt werden: in den Staaten, in den Bezirken und Kreisen, in den Städten und Gemeinden, in Schulen, Vereinen und Familien. Um die Öffentlichkeit in den Agenda-Prozess richtig einbeziehen zu können, gibt es zu verschiedenen Themenbereichen im Rahmen einer „lokalen Agenda 21" Arbeitskreise. In diesen sollen Bürgerinnen und Bürger, örtliche Organisationen und die Privatwirtschaft unter Einbeziehung der Verwaltung und des Stadtrats die Ziele einer zukünftigen Entwicklung erarbeiten.

M1 Blick vom Weltall auf die Erde

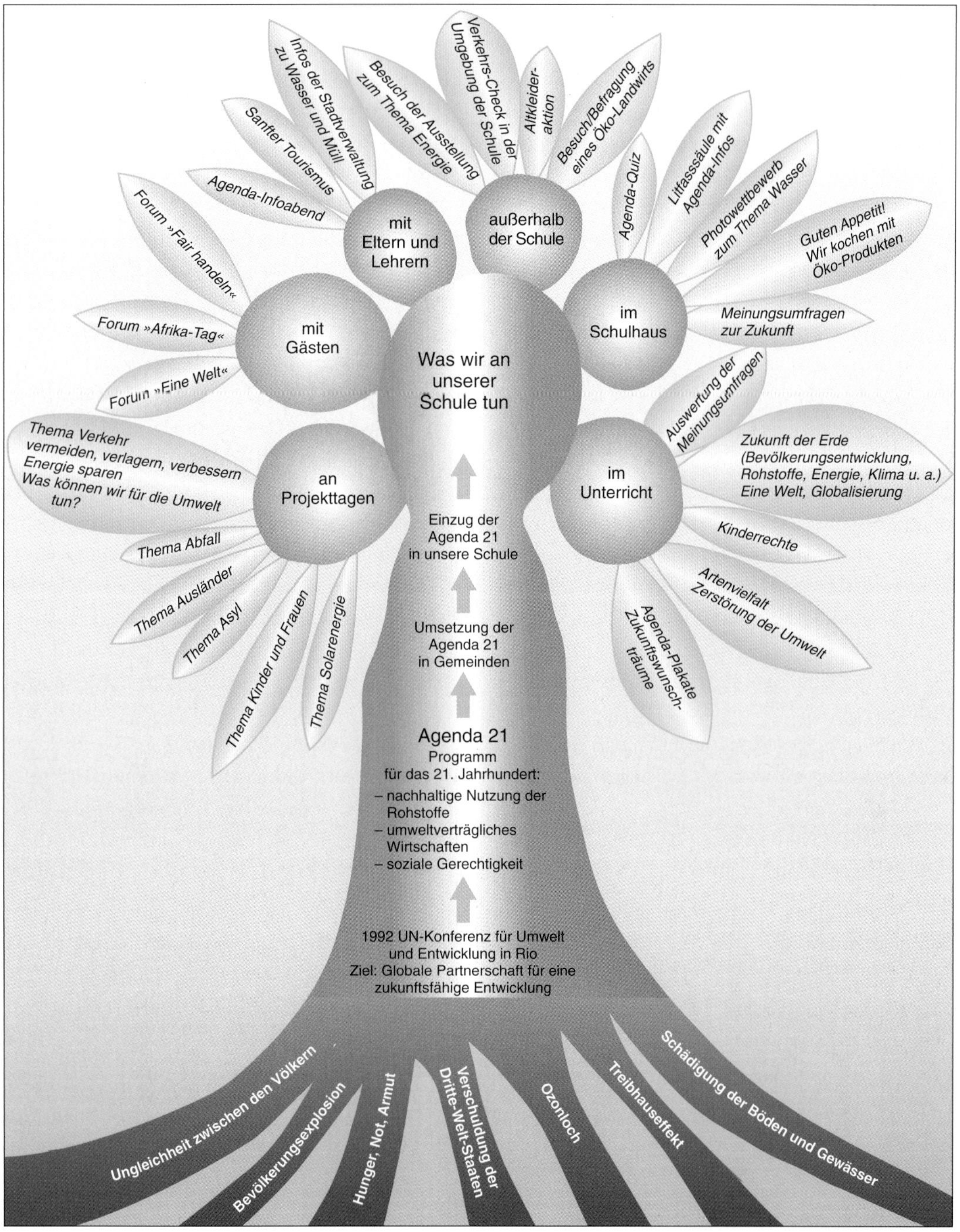

M2 Plakat nach einer Idee von Schülern einer Münchner Schule

1 Nennen Sie die Regionen der Erde, in denen am stärksten Energie verbraucht wird, und stellen Sie diese den „dunklen" Teilen des Globus gegenüber (M1).

2 Zeigen Sie anhand des Plakats M2 die wichtigsten Ziele der Agenda und ihre Stoßrichtung auf.

3 Informieren Sie sich im Internet oder durch Vorsprache in der Verwaltung Ihrer Stadt/Gemeinde nach der Umsetzung der Agenda 21. Diskutieren Sie eigene Beiträge.

Die Farbe der Geschichte

... und was kommt jetzt? In den vergangenen fünf Jahren haben Sie den Gang der Weltgeschichte von der Steinzeit und den Anfängen der Menschheit bis zu unserer Gegenwart betrachtet. Hört die Geschichte dann auf? Natürlich geht sie weiter. Zu allen Zeiten haben sich Historiker und andere Wissenschaftler gefragt, ob man den Gang der Geschichte voraussagen könne. Dabei gelangten sie zu ganz unterschiedlichen Ansätzen.

M1 Polybios *(ca. 200–120 v. Chr.)*

Der griechische Historiker beschrieb die Weltgeschichte als ewigen Kreislauf: Jeweils drei gute und drei schlechte Staatsformen würden sich regelmäßig abwechseln:

Dies ist der Kreislauf der Verfassungen, der mit Naturnotwendigkeit sich vollzieht und durch den die Verfassungen sich wandeln und miteinander wechseln, bis der Kreis sich geschlossen hat und alles wieder am Ausgangspunkt ange-
5 langt ist. Wenn man das klar erfasst hat, wird man sich mit der Zukunftsaussage vielleicht in der Zeit irren, kaum aber über den Punkt in der Kurve des Wachstums, Niedergangs und des Wechsels, der gerade erreicht ist, sofern man ohne Hass und Missgunst urteilt.

Zitiert nach: Polybios, eingeleitet und übers. von Hans Drexler, Zürich u. a. (Artemis-Verlag) 1961.

M2 Der römische Historiker Sallust *(86–35 v. Chr.)*

Die Sache selbst scheint dazu aufzufordern, da der Punkt, wo wir stehen, uns an den sittlichen Zustand des Staates erinnert hat, weiter zurückzugreifen und mit wenigen Worten ... zu erörtern, wie die Vorfahren ihren Staat gepflegt und wie
5 mächtig sie ihn hinterlassen haben, wie er sich allmählich änderte und aus dem schönsten und besten zum schlechtesten und schändlichsten geworden ist.

Zitiert nach: Gaius Sallustius Crispus: Die Verschwörung Catilinas, Cap. 5, übers. u. hrsg. von Karl Büchner, bearb. vom Verf., Stuttgart (Reclam) 1997, S. 11.

Schöne Aussichten ... Auch in unserer Zeit beschäftigen sich die Menschen mit diesen Fragen. 1992 erregte der amerikanische Politikwissenschaftler Francis Fukuyama mit dem Buch „Das Ende der Geschichte" (1992) viel Aufsehen: Auch er geht davon aus, dass Geschichte nicht zufällig, sondern nach festen Regeln und Gesetzmäßigkeiten ablaufe. Er erklärt, nach dem Fall der Berliner Mauer und dem Ende des Kalten Kriegs stellten totalitäre Systeme wie die vom Kommunismus und Nationalsozialismus geprägten keine Alternativen mehr dar, weil sie Grundgedanken des Liberalismus, z. B. die Grundrechte der Bürger oder die Marktwirtschaft, missachteten. Zwangsläufig würden jetzt also überall auf der Welt Demokratie und Freiheit ihren Siegeszug antreten.

... und düstere Prognosen: Gewissermaßen als Reaktion auf Fukuyama veröffentlichte Samuel P. Huntington sein Aufsehen erregendes Werk „Kampf der Kulturen": Kriege zwischen demokratischen, westlich orientierten Staaten würden der Vergangenheit angehören. Dafür drohten neue Konflikte (s. S. 92).

◀ **M3 „Non Violence"** *(Denkmal von Karl Reuterswärd auf dem Platz der Vereinten Nationen in New York)*

M4 Auszug aus dem Buch „Kampf der Kulturen" von Samuel P. Huntington

So wie es aussieht, werden die Beziehungen zwischen Staaten und Gruppen aus unterschiedlichen Kulturkreisen nicht besonders eng und häufig
5 sogar feindselig sein ... Auf der Mikroebene[1] verlaufen die umkämpftesten Bruchlinien[2] zwischen dem Islam und seinen orthodoxen, hinduistischen,

afrikanischen bzw. westlich-christlichen Nachbarn. Auf der
10 Makroebene[3] ist die ausschlaggebende Teilung die zwischen dem „Westen" und „dem Rest", wobei der heftigste Zusammenprall zwischen muslimischen und asiatischen Gesellschaften einerseits und dem Westen andererseits stattfindet. Die gefährlichen Konflikte der Zukunft ergeben sich
15 wahrscheinlich aus dem Zusammenwirken von westlicher Arroganz, islamischer Unduldsamkeit und sinischem[4] Auftrumpfen.

Zitiert nach: Samuel P. Huntington: Der Kampf der Kulturen. Die Neugestaltung der Welt im 21. Jahrhundert, München (Goldmann-Verlag) [5]1998, S. 291. Übers. von Holger Fliessbach. © Europa Verlag München/Wien 1996

[1] Mikroebene: untere Ebene ; [2] Bruchlinien: Konfliktlinien; [3] Makroebene: obere Ebene; [4] sinisch: ostasiatisch

Die Rolle der Vereinten Nationen in der Zukunft. Ganz gleich, welches Geschichtsmodell der Realität am nächsten kommt – die Menschen werden im 21. Jh. gewaltige Probleme lösen müssen. Der globale Klimawandel, der Kampf um Wasser und Rohstoffe, die Armutsprobleme der Dritten Welt und die daraus resultierenden Flüchtlingsbewegungen wie auch Bürgerkriege und Terrorismus werden nur mithilfe internationaler Zusammenarbeit gelöst werden können. Viel Hoffnung ruht dabei auf den Vereinten Nationen (UNO = United Nations Organization). Nach dem Zweiten Weltkrieg wurden sie als Zusammenschluss der Nationalstaaten gegründet und umfassen heute 192 Mitglieder und somit fast alle souveränen Staaten der Erde.

M5 Auszug aus der UN-Charta von 1945

Die Vereinten Nationen setzen sich folgende Ziele:
1. den Weltfrieden und die internationale Sicherheit zu wahren ...
2. freundschaftliche ... Beziehungen zwischen den Nationen
5 zu entwickeln und andere geeignete Maßnahmen zur Festigung des Weltfriedens zu treffen;
3. eine internationale Zusammenarbeit herbeizuführen, um ... die Achtung vor den Menschenrechten und die Grundfreiheiten für alle ohne Unterschied der Rasse, des Geschlechts,
10 der Sprache oder der Religion zu fördern und zu festigen ...

Zitiert nach: Günther Unser: Die UNO. Aufgaben und Strukturen der Vereinten Nationen, München (Beck/dtv) [6]1997, S. 360.

Wenn auch die UNO wegen ihrer friedenserhaltenden Maßnahmen in vielen Brennpunkten der Welt sehr hohes Ansehen genießt, kann sie nur aktiv werden, wenn die Mehrheit ihrer Mitglieder und die fünf Veto-Mächte USA, Russland, China, Frankreich und Großbritannien zustimmen. Da dies häufig nicht der Fall ist, ist die UNO bei vielen humanitären Katastrophen oder kriegerischen Auseinandersetzungen zur Untätigkeit verurteilt. Deshalb fordern viele Politiker weltweit derzeit eine grundlegende UNO-Reform.

... wie geht's also weiter? Wie in den vergangenen Jahrtausenden wird es keine eindeutigen Voraussagen und keine einheitliche Sichtweise geben. Wissenschaftler, Lehrer und Schüler werden weiterhin diskutieren und erörtern müssen, weil auch jeder geschichtliche Vorgang stets von mehreren Seiten gesehen werden muss. Die „Guten" und die „Bösen" gibt es vielleicht in einem James-Bond-Film, aber nicht in der geschichtlichen Realität – und deswegen wird Geschichte so spannend bleiben!

M6 „Die Grundfarbe der Geschichte ist grau ..."

Der deutsche Historiker Thomas Nipperdey (1927–1992) schreibt 1991 am Schluss seiner „Deutschen Geschichte":

Die Menschen unterscheiden sich nicht in gute und böse ...: Die Grundfarben der Geschichte sind nicht Schwarz und Weiß, ihr Grundmuster nicht der Kontrast eines Schachbretts; die Grundfarbe der Geschichte ist grau, in unendli-
5 chen Schattierungen.

Zitiert nach: Thomas Nipperdey: Deutsche Geschichte 1866–1918, Band II: Machtstaat vor der Demokratie, München (C. H. Beck) [3]1995, S. 905.

1 Vergleichen Sie die Geschichtstheorien von Polybios (M1), Sallust (M2) sowie von Francis Fukuyama (Autorentext). Zeigen Sie Gemeinsamkeiten und Unterschiede auf.
2 Erläutern Sie, was Samuel P. Huntington mit dem „Kampf der Kulturen" meint (M4).
3 Fassen Sie die Ziele der UNO zusammen (M5) und erklären Sie die Symbolik der Skulptur auf dem „Platz der Vereinten Nationen" (M3).
4 Erörtern Sie den Satz: „Die Grundfarbe der Geschichte ist grau ..." (M6).

Bayern und seine Landesteile

M1 Bayern 1777

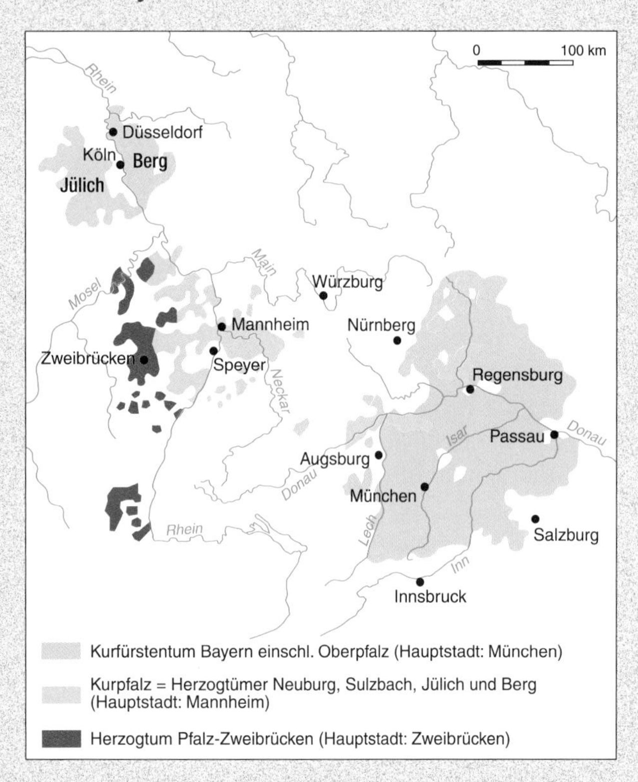

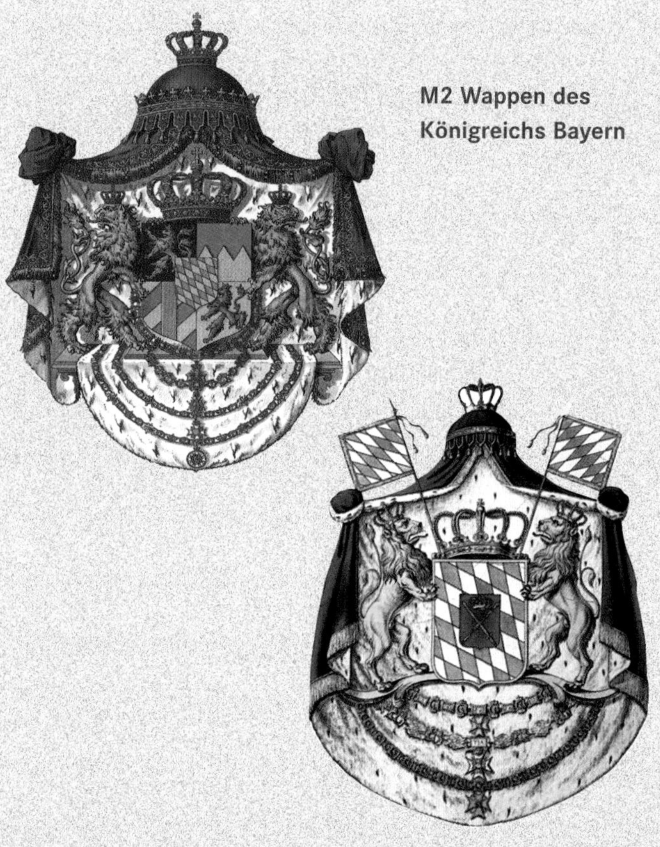

M2 Wappen des Königreichs Bayern

M3 Bayern um 1816

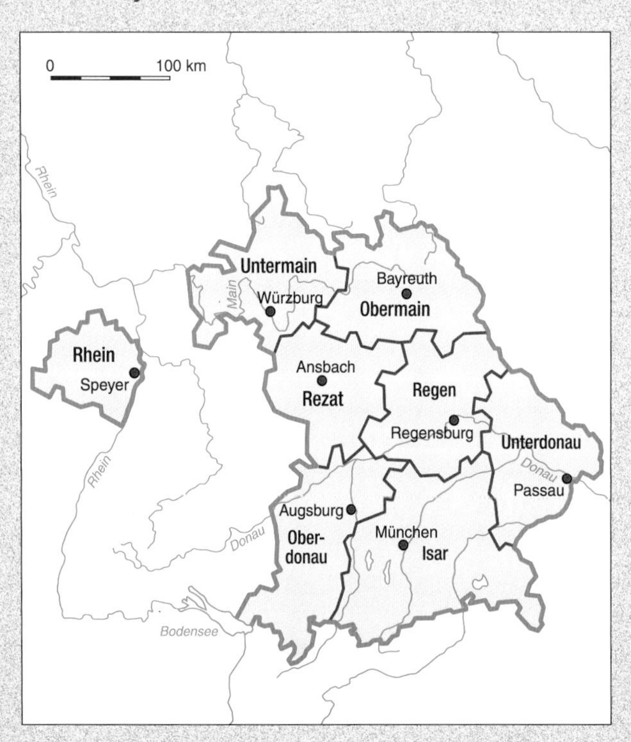

M4 Bayern 1946

M5 Präambel der „Verfassung des Freistaates Bayern"
(2. Dezember 1945)

Angesichts des Trümmerfeldes, zu dem eine Staats- und Gesellschaftsordnung ohne Gott, ohne Gewissen und ohne Achtung vor der Würde des Menschen die Überlebenden des Zweiten Weltkriegs geführt hat, in dem festen Entschluss, den kommenden deutschen Geschlechtern die Segnungen des Friedens, der Menschlichkeit und des Rechts dauernd zu sichern, gibt sich das Bayerische Volk, eingedenk seiner mehr als tausendjährigen Geschichte, nachstehende demokratische Verfassung.

Fächerübergreifendes Projekt:

Bayern

1 Vergleichen Sie die territoriale Entwicklung Bayerns ab dem Ende des 18. Jh. (M1 und M3–M4). Sammeln Sie Informationen zu den historischen Ereignissen, die zu den geopolitischen Veränderungen führten. Hilfreich dazu sind folgende Fragestellungen:

- 1777 starb der letzte bayerische Wittelsbacher. Wer regierte danach in Bayern und bis wann?
- Welche Änderungen erfolgten aufgrund des Reichsdeputationshauptschlusses in Bayern (siehe unter „linksrheinische Gebiete", „Rheinbund")?
- Bayern kämpfte eine Zeit lang aufseiten Napoleons und wurde dafür belohnt. Wie sah die „Belohnung" aus?
- Welche umwälzenden Veränderungen führten Kurfürst Maximilian IV. Joseph und sein Minister, Maximilian Freiherr von Montgelas, in Bayern durch (siehe auch unter „Säkularisierung", „Mediatisierung" „Bayern auf dem Weg zu einem modernen Staat")?

2 Bayern wurde 1918 Freistaat: Welche politischen Ereignisse waren damit verbunden? Nennen Sie die Veränderungen, die die beiden Wappen (M2) deutlich machen.

3 Verfassen Sie eine kurze Geschichte Ihres Regierungsbezirks und erläutern Sie das dazugehörige Wappen.

4 Keine Länderverfassung der 1949 geschaffenen Bundesrepublik Deutschland kann sich auf eine zurückliegende Geschichte des jeweiligen Landes beziehen. Diskutieren Sie die in der Präambel der Bayerischen Verfassung benutzte Formulierung „eingedenk seiner mehr als tausendjährigen Geschichte" (M4).

Bayern – ein moderner Industriestaat

Wirtschaftsland Bayern. Die Zeiten, in denen Bayern als Agrarland gesehen wurde, sind längst vorbei: Der Freistaat gehört heute zu den erfolgreichsten Regionen der EU, die Wirtschaftsleistung pro Einwohner liegt deutlich über dem deutschen und europäischen Durchschnitt. Vor 50 Jahren noch stark landwirtschaftlich geprägt, hat sich Bayern seit Ende des Zweiten Weltkriegs zu einem hochmodernen Industriestaat mit einer zukunftsweisenden Wirtschaftsstruktur gewandelt.

M1 Erwerbstätige nach Wirtschaftsbereichen
(1950–2006)

Erwerbstätige am Ort der Hauptwohnung nach Wirtschaftsbereichen

Volkszählungs-stichtag	Land- und Forstwirtschaft, Fischerei	Produzierendes Gewerbe	übrige Wirtschafts-bereiche
13.9.1950	1 385 160	1 565 311	1 233 015
27.5.1970	646 911	2 309 194	1 938 389
25.5.1987	260 704	2 242 592	2 593 694
2006*	175 000	1 959 000	3 926 000

* Ergebnis des unterjährigen Mikrozensus (Jahresdurchschnitt)

Wirtschaftsstruktur Bayerns. Neben internationalen Großunternehmen, z. B. MAN oder Eurocopter, besteht Bayerns Wirtschaft aus einer Vielzahl von kleinen und mittleren Betrieben, einer breiten Handwerksschicht sowie einem leistungs- und konkurrenzfähigen Dienstleistungsbereich. Neben traditionellen Industrien, wie die Glas-, Holz- und Textilindustrie, finden sich heute Branchen wie Elektronik, Datenverarbeitung, Chemieindustrie, Maschinen- und Fahrzeugbau, Feinmechanik, Optik und Industrien der Luft- und Raumfahrttechnik. Der Freistaat belegt im Bereich von Landwirtschaft und Touristik Platz 1 in der Bundesrepublik.
Die wirtschaftlich stärkste Region ist der Großraum München mit seiner Automobil- und Rüstungsindustrie, einem starken IT-Sektor (Informationstechnologie) sowie einer ausgeprägten Medien- und Verlagslandschaft. Weitere bedeutende Wirtschaftsstandorte sind vor allem Augsburg, Ingolstadt und die Großstadtregion Nürnberg-Fürth-Erlangen.

M2 Industriestandort Bayern

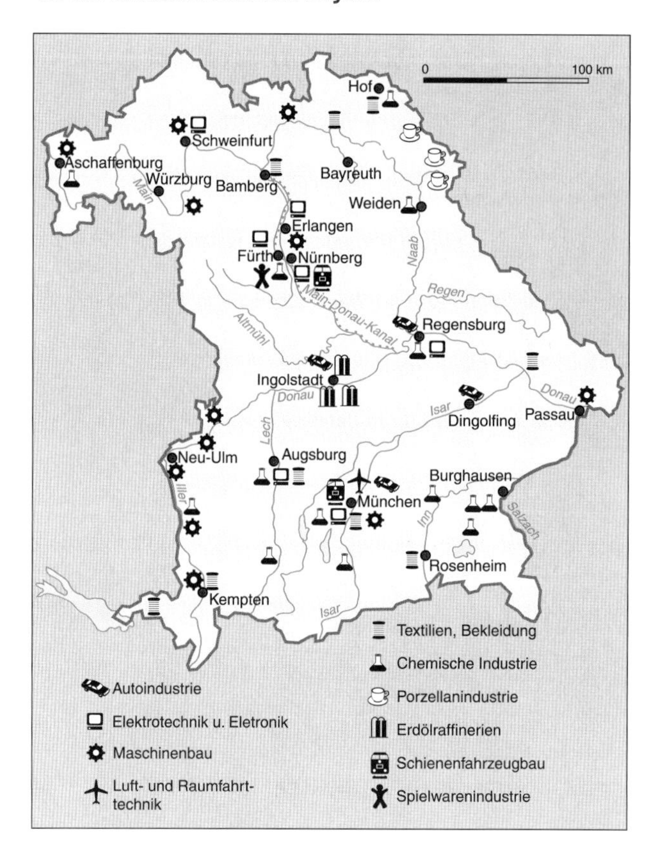

Ursachen für den Strukturwandel in Bayern. Auf dem Weg zum modernen Wirtschaftsstandort profitierte Bayern zunächst von seiner agrarisch ausgeprägten Struktur: Dieses attraktive, industriell aber kaum erschlossene Land mit seinen großen Flächen konnte nach Kriegsende neu gestaltet werden. Eine wichtige Rolle kam bei diesem Vorgang sowohl den Flüchtlingen und Vertriebener aus den ehemaligen deutschen Ostgebieten als Gründer von neuen Unternehmen zu als auch den Entscheidungen über die Ansiedlung von Großunternehmen bzw. von Hauptsitzverlagerungen nach 1945, z. B. von Siemens. Schließlich förderten die Bayerischen Staatsregierungen den Strukturwandel durch eine gezielte Politik, die nicht nur die Großindustrie umfasste, sondern in besonderem Maße auch mittelständische Unternehmen. Diese sollte dazu beitragen, in krisenanfälligen Zeiten die Wirtschaft stabilisieren zu helfen. Die entscheidenden Weichen wurden hierbei nicht selten durch die Gewährung stützender wie lenkender staatlicher Hilfen gestellt.

M3 „Gründe für Bayern" *(2007)*

„Invest in Bavaria": Das Bayerische Staatsministerium für Wirtschaft, Infrastruktur, Verkehr und Technologie wirbt im Internet folgendermaßen für den Wirtschaftsstandort Bayern:

Top Lage im Zentrum von Europa

Bayern ist Drehkreuz im West-Ost- und Nord-Süd-Handel. Sämtliche Wirtschaftszentren Europas sind von hier aus bequem zu erreichen ...

Modernste Energie-, Verkehrs- und Telekommunikationsinfrastruktur

Die in allen Teilen Bayerns erstklassig ausgebaute wirtschaftsnahe Infrastruktur lässt keine Investorenwünsche offen.

Hoch qualifizierte und motivierte Mitarbeiter

Die weltbekannte duale Berufsausbildung, die auf die enge Verbindung von Theorie und betrieblicher Praxis setzt, sorgt ebenso wie eine gute Hochschulausbildung für höchste Mitarbeiterkompetenz. In Bayern wird, wie an wenigen anderen Standorten der Welt, Spitzenqualität produziert.

Weltweit renommierte Universitäten und Forschungseinrichtungen

Mit 11 Universitäten, 17 Fachhochschulen, 3 Großforschungseinrichtungen, 12 Max-Planck-Instituten und 9 Einrichtungen der Fraunhofer-Gesellschaft gehört Bayern zu den bedeutendsten Forschungsstandorten der Welt. Die exzellente Wissensbasis garantiert beste Voraussetzungen für die Entwicklung neuer Technologien und Dienstleistungen.

Leistungsfähige unternehmerische Partner

Bayerns Wirtschaft wird neben Global Playern von einem dichten Netz kleiner und mittlerer Industrie-, Handwerks- und Dienstleistungsunternehmen geprägt. Jeder Investor stößt auf ein breites Spektrum von wettbewerbsfähigen Zulieferern, Abnehmern und Kooperationspartnern.

Zukunftsfähige High-Tech-Cluster

Bei nahezu allen neuen Technologien besetzt Bayern heute bereits nationale und internationale Spitzenpositionen: angefangen bei Information und Kommunikation über die Bio- und Gentechnologie bis hin zur Energie-, Medizin- und Umwelttechnik. Für High-Tech-Unternehmen ergeben sich daraus attraktive Fühlungsvorteile ...

Offensive Wirtschaftspolitik

„Neue Produkte, neue Betriebe, neue Märkte" ist das Leitmotiv der bayerischen Wirtschaftspolitik. Sie setzt als Partner der Wirtschaft auf eine klare Vorwärtsstrategie im globalen Wettbewerb und Wandel.

Arbeiten, wo andere Urlaub machen

Bayern ist das beliebteste Ferienland in Deutschland. Hoher Freizeitwert, attraktive Landschaften und kultureller Reichtum werden auch den Ansprüchen von Spitzenpersonal gerecht.

Zitiert nach: www.invest-in-bavaria.de/Gruende/index.html?PHPSESSID=7eaae1294542f804a1b6e32fa4348169 Bayerisches Staatsministerium für Wirtschaft, Infrastruktur, Verkehr und Technologie

1 Begründen Sie den im 20. Jahrhundert deutlich werdenden Strukturwandel in Bayern mithilfe der Tabelle M1. Zeigen Sie anhand der Karte M2 die wichtigsten Industrien mit ihren Standorten auf.

2 Der Vorstand eines international renommierten US-amerikanischen Großunternehmens entscheidet über einen neuen Firmensitz. Neben einigen europäischen Metropolen wird auch Bayern in die engere Wahl gezogen. Diskutieren Sie in Form eines Rollenspiels über die Standortwahl (M3).

■ GESCHICHTE AKTIV / KREATIV

Projektidee:

„Wir informieren uns über den Werdegang eines großen bayerischen Unternehmens mit weltweiten Verflechtungen."

- Bilden Sie mehrere Gruppen und wählen Sie pro Gruppe ein Unternehmen aus.
- Informieren Sie sich im Internet, über die jeweilige Homepage des Unternehmens, über den Firmenstandort, die Geschichte des Unternehmens, seine wirtschaftliche Entwicklung und derzeitigen Schwerpunkt.
- Bitten Sie die Pressestelle des jeweiligen Unternehmens um Zusendung von Broschüren.
- Auch aktuelle Zeitungsmeldungen bereichern die Darstellung.
- Sammeln Sie das Material und werten Sie es aus.
- Präsentieren Sie die Informationen in Form einer Ausstellung im Schulgebäude.

Neue Heimat Bayern

Bayern nach dem Zweiten Weltkrieg. Bis 1950 kamen über zwei Millionen Heimatvertriebene und Flüchtlinge in Bayern an. Die Integration so vieler entwurzelter Menschen war eine beachtliche gesellschaftliche Leistung. Die hohe Zahl an Flüchtlingen verschärfte die ohnehin angespannte Versorgungslage und führte häufig zur Ablehnung der neu Hinzugekommenen. Doch dies änderte sich relativ rasch, als sich zeigte, wie sehr Flüchtlinge und Vertriebene tatkräftigen Anteil am wirtschaftlichen Aufstieg Bayerns nahmen.

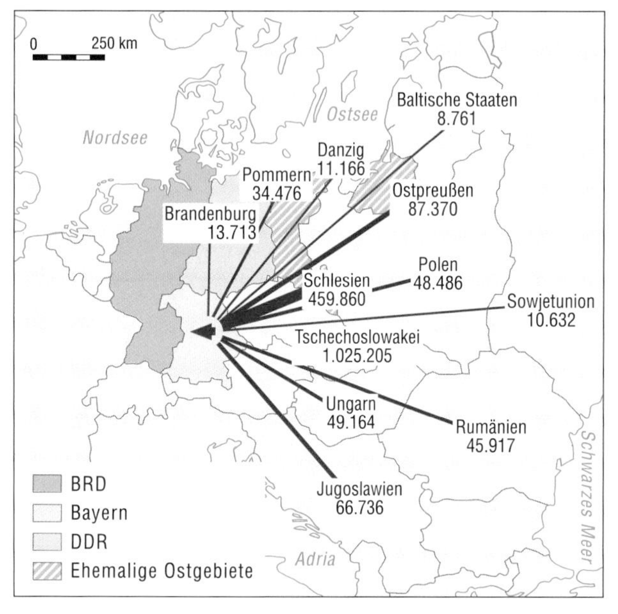

M1 Herkunft der Vertriebenen in Bayern *(1950)*

Einheit in der Vielfalt? Bayern hat heute über 12 Millionen Einwohner, davon sind ca. 1,1 Millionen Ausländer. Die Gründe für die Zuwanderung waren unterschiedlichster Natur. So kamen in den 1960er und 1970er Jahren Tausende von Gastarbeitern nach Bayern, um hier für einige Jahre zu arbeiten. Viele von ihnen sind aber mit ihren Familien geblieben und nicht mehr in ihre ursprüngliche Heimat zurückgekehrt. Die Ausländer haben die Wirtschaft und deren Wandel mitgetragen, zugleich auch die Alltagskultur verändert. Wir gehen gerne „zum Italiener" oder „zum Griechen" essen, Döner-Buden und Asia-Läden gehören zum vertrauten Stadtbild. In vielen Berufszweigen sind wir auf Ausländer angewiesen, z. B. im Dienstleistungsbereich der Krankenpflege. Die Integration von Ausländern birgt große Chancen, stellt die Gesellschaft aber auch vor immense Herausforderungen.

Insbesondere seit den 1980er Jahren ist Deutschland und damit auch Bayern Ziel von Flüchtlingen geworden, die in ihren Heimatländern aus politischen oder religiösen Gründen verfolgt werden. Diese Menschen bleiben nur auf Zeit, ihnen gewährt man meist (nach einem längeren Aufnahmeverfahren) Asyl, ein zeitlich beschränktes Aufenthaltsrecht. Asylbewerber haben vielfach große Schwierigkeiten, sich an ihr neues Umfeld zu gewöhnen, sind immer wieder Ausländerfeindlichkeit und damit verbunden auch fremdenfeindlichen Gewalttaten ausgesetzt.

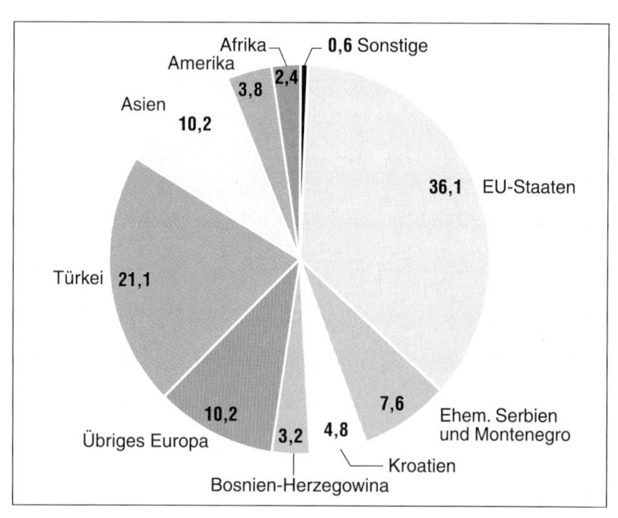

M2 Herkunftsländer der in Bayern lebenden Ausländer *(Angaben in Prozent, Stand: 2006)*

Gelungene Integration? Die Eingliederung von Ausländern ist nicht in allen Fällen gelungen. Sprach- und Anpassungsprobleme bleiben häufig bestehen, sodass die Chance, eine schulische Laufbahn oder eine berufliche Ausbildung erfolgreich abzuschließen, nicht automatisch gegeben ist. Arbeitslosigkeit und die Flucht in Parallelgesellschaften sind vorgezeichnet. Die Beherrschung der deutschen Sprache wird momentan als Schlüssel einer erfolgreichen Integrationspolitik betrachtet. Die Bayerische Landesregierung wie auch viele Verbände und Institutionen, u. a. die Ausländerbeiräte, bemühen sich verstärkt, die ausländischen Mitbürger besser in die Gesellschaft zu integrieren. Damit die Integration aber gelingt, müssen die Menschen von beiden Seiten aufeinander zugehen.

M3 Zuwanderung und Integration
Aus den Leitlinien des Bayerischen Staatsministeriums des Inneren *(2006):*
Die Bayerische Staatsregierung setzt auf eine verantwortungsbewusste Zuwanderungspolitik, die die Identität unseres Staates mit seiner christlich-abendländischen Prägung bewahrt und die Interessen unserer Bürger gebührend be-
5 rücksichtigt.
Unsere Leitlinien heißen:
- den Zuzug aus Nicht-EU-Staaten auf ein sozial verträgliches Maß begrenzen;
- die Zuwanderung in unsere Sozialsysteme, vor allem unter
10 Missbrauch des Asylrechts, reduzieren;
- die gewonnenen Spielräume für die Zuwanderung hoch qualifizierter Arbeitskräfte nutzen (Umsteuerung);
- die rechtmäßig und dauerhaft bei uns lebenden Ausländer wirklich in unsere Gesellschaft integrieren.

15 Der entscheidende Maßstab für Zuwanderung ist die Integration der hier lebenden Ausländer. Eine echte Integration ist nur dann möglich, wenn die Zahl der zu Integrierenden begrenzt ist und durch eine sozialverträgliche Steuerung des Zuzugs von Ausländern die Akzeptanz der einheimischen Be-
20 völkerung gewahrt bleibt. Nur so ist ein friedliches Miteinander von Menschen aus verschiedenen Kulturkreisen zu gewährleisten. Wer auf Dauer in Deutschland leben will, muss sich nach besten Kräften in unsere rechtliche, politische und gesellschaftliche Situation einfügen. Zuwanderer sollten
25 nicht nur die deutsche Sprache beherrschen und unsere Rechtsordnung anerkennen, sondern auch die Grundwerte unserer Gesellschaft mit ihren Wurzeln in Christentum, Humanismus und Aufklärung akzeptieren ...
Zitiert nach: Vorwärts Bayern, Dezember 2006, Web-Ausgabe S. I.

M4 Kritische Sicht aus den Reihen der Opposition
Auszüge aus der Rede von Sepp Dürr, Fraktionsvorsitzender der Partei „Die Grünen" (2005):
Insbesondere Jugendliche und junge Erwachsene mit Migrationshintergrund zählen überproportional zu den VerliererInnen unserer Gesellschaft. Nirgendwo ist der Bildungserfolg so sehr an die soziale und kulturelle Herkunft gebunden wie
5 in Bayern. Fast ein Drittel aller männlichen ausländischen Jugendlichen hat keinen Schulabschluss. Viele haben zehn Schuljahre durchlaufen und können immer noch nicht richtig Deutsch. MigrantInnen sind von Arbeitslosigkeit und Armut besonders betroffen. In München beispielsweise ist die
10 Arbeitslosigkeit unter ausländischen Jugendlichen doppelt so hoch wie unter deutschen Gleichaltrigen. Und auch was die gesellschaftliche und politische Teilhabe angeht, führen ein Großteil der Eingewanderten und ihre Kinder ein Leben zweiter Klasse. Sie werden ausgegrenzt, dürfen nirgends mitre-
15 den oder gar mitentscheiden.
Zitiert nach: http://www.gruene-fraktion-bayern.de/cms/integration_und_migration/dok/91/91983.jugendliche_migrantinnen_brauchen_mehr_c.htm

1 Erarbeiten Sie in Gruppen: Wann kamen welche Ausländer nach Bayern? Nennen Sie die Gründe für ihr Kommen. Beziehen Sie M1, M2 und den Autorentext mit ein.
2 Diskutieren Sie die Leitlinien des Bayerischen Staatsministeriums des Inneren (M3).
3 Worin liegen – nach Aussage von M4 – die größten Schwierigkeiten bei der Umsetzung obiger Leitlinien?
4 „In Deutschland Russen, in Russland Deutsche." Informieren Sie sich, was man unter „Spätaussiedler" versteht. Ziehen Sie Art. 116 des Grundgesetzes heran.

■ GESCHICHTE AKTIV / KREATIV
Projektidee: „Wir informieren uns über die Arbeit eines Ausländerbeirates."

- Erkundigen Sie sich, wo in Ihrer nächsten Umgebung ein Ausländerbeirat tätig ist.
- Sammeln Sie Fragen zum Thema „Integration".
- Laden Sie einen Experten/eine Expertin ein, der Ihre Fragen beantworten kann.
- Machen Sie selbst Vorschläge, wie man zur Integration von ausländischen Bürgern beitragen kann.
- Stellen Sie die gesammelten Informationen, z. B. als Wandzeitung, dar.

Spurensuche im Heimatort: Kempten 1945 und Neuanfang

Jede Stadt hat ihre eigene Geschichte. Wichtige nationale historische Geschehnisse und Entwicklungen spiegeln sich häufig auch auf lokaler und regionaler Ebene wider. Quellen und Zeugnisse aus dem Heimatraum belegen die unmittelbare Betroffenheit der Menschen und geben uns Einblicke in Einzelschicksale. Geschichte wird dadurch greifbar und so „begreifbar" gemacht.

M1 Arbeitskommando auf dem Weg zu Aufräumungsarbeiten
1943 wurden die KZ-Außenlager Kempten und Kottern-Weidach errichtet.

M2 Zwangsarbeiter in Kempten

Im Verlauf des Zweiten Weltkriegs wurden Millionen von Zwangsarbeitern nach Deutschland verschleppt. Eine Zeitzeugin erinnert sich an den Einsatz von Fremdarbeitern:

Aus einem Lager für Russen habe ich monatelang etwa 20 Männer abgeholt. Diese waren im Baugeschäft meines Vaters beschäftigt. Für die harte Arbeit erhielten die Fremdarbeiter von meinem Vater täglich ein Essen, obwohl es streng verboten gewesen wäre.
Für diesen Ungehorsam gegenüber dem NS-System bedankten sich die Russen nach dem Einmarsch der Amerikaner. Unsere Familie bekam stangenweise Butter und Käse und Schubkarren voll Lebensmittel.
Ich erinnere mich noch, dass mein Vater 1945 eine luxemburgische Familie versteckt hat, die auf der Flucht vor den Nationalsozialisten war. Nach der Besetzung durch die US-Truppen hatten die Gäste eine Landesfahne aus dem Fenster gehängt. Ich nehme an, das war der Grund weshalb unser Haus nicht geplündert wurde.

Aus privaten Aufzeichnungen.

M3 Mahnmal für die Opfer der NS-Zeit

Die Schüler einer Kemptener Schule gestalteten dieses Denkmal und verliehen ihm den Titel „Gefangener Körper, gefangener Geist, gefangene Seele".

M4 Zerstörungen nach dem amerikanischen Luftangriff am 22. Februar 1945

M5 Eine Augenzeugin berichtet *(22. Februar 1945):*

Nach dem Fliegeralarm flüchteten wir uns in den Luftschutzraum, der in einem großen Keller tief unter der Erde eingerichtet war. Dort trafen sich immer sehr viele Familien. Die Bomber dröhnten über uns hinweg und immer wieder hörten wir die Explosionen der Luftminen. Besonders schlimm war der Volltreffer im Nachbarhaus. Einige Meter weiter wurde ein kleines Haus zerstört. Die Frau, die darin wohnte, kam ums Leben.

Nach privaten Aufzeichnungen.

M6 „Den ganzen Tag heulten Sirenen."

Auszüge aus dem Tagebuch eines Kempteners über die letzten Kriegstage:

19. April 1945: Wie sich die Menschen plagen mit ihren großen Koffern, worin alles enthalten ist, was sie für wertvoll halten. Zuletzt ist nur das nackte Leben wertvoll.

26. April 1945: In Kempten glaubt kein normaler Mensch mehr an einen Sieg ..., sondern man zerbricht sich den Kopf, ob die Besatzung französisch oder amerikanisch wird.

27. April 1945: Die Nazibonzen verlassen die Stadt ... Ob sich der Anmarsch der Amerikaner reibungslos vollziehen wird? Die Nazis haben sämtliche Illerbrücken zur Sprengung vorbereitet. Aus allen Fenster wehen weiße Fahnen ... Zwischen 15 und 16 Uhr werden die drei Brücken in die Luft gesprengt, eine weitere Brücke konnte nur durch das beherzte Eingreifen braver Bürger vor ihrer Zerstörung bewahrt werden. Um 17 Uhr: Man sieht frohe Gesichter, die glücklich scheinen. Da laufen die ersten Buben zur Illerbrücke und kommen zurück: „Sie sind da!"

Nach privaten Tagebuchaufzeichnungen.

M7 Der Wille zum Neuanfang

Am 13. Dezember 1945 erschien in Kempten wieder die erste Tageszeitung nach Kriegsende.

Der Allgäuer

Heimatzeitung für die Städte und Landkreise
Kempten, Memmingen, Kaufbeuren, Markt Oberdorf, Füssen, Immenstadt und Sonthofen

Jahrgang 1 / Nummer 1 — Lizenz Nr. 11 der Nachrichtenkontrolle der Militär-Regierung Ost — Donnerstag, 13. Dezember 1945

Unser Gelöbnis zum Arbeitsbeginn!

„Der Allgäuer" ist eine völlig unabhängige demokratische Zeitung, die keiner Behörde und keiner Regierung verpflichtet ist und die nur der Wahrheit dient.
In einer Zeit der größten Not haben sich ... Männer verschiedener politischer Richtung einträchtig zusammengefunden, um mitzuhelfen bei der notwendigen Entgiftung der politischen Atmosphäre in unserem Vaterland und mitzuwirken bei der geistigen und seelischen Erneuerung des Volkes ...
Wir wollen allen denen ein Fürsprecher ... sein, die guten ehrlichen Willens sind und die mit uns an eine bessere Zukunft in einem demokratischen neuen Deutschland glauben. Um so schonungsloser brandmarken wir diejenigen, die unser Vaterland in das größte Unglück seiner Geschichte gestürzt haben und solche, die ihre unbelehrbaren Nachfolger sein sollten ...

Spurensuche im Heimatraum: das moderne Kempten

M1 Beispiel für den Niedergang eines Industriezweiges
Die 1852 gegründete Spinnerei und Weberei war über 100 Jahre das größte Unternehmen Kemptens. Wegen des Wandels in der Textilindustrie wurde die Produktion 1992 eingestellt.

M2 Am nördlichen Stadtrand von Kempten entstand ein neues Industriegebiet.

M3 Der rekonstruierte keltisch-römische Tempelbezirk des Archäologischen Parks Cambodunum bildet häufig die Bühne für Kemptener Konzert- und Theaterveranstaltungen.

M4 Aus der Chronik Kemptens von 1945 bis zur Gegenwart

- Bis 1950 Aufnahme von etwa 9 700 Flüchtlingen und Heimatvertriebenen
- 1949: Erste „Allgäuer Festwoche" (Präsentation von Wirtschaft, Kultur, Geselligkeit und Sport); wird jedes Jahr im August veranstaltet
- 1963: Altstadtsanierung beginnt, Kempten erhält dafür Bundesmittel
- 1972: Eingemeindung von Sankt Mang und Sankt Lorenz im Rahmen der Gebietsreform
- 1983: Gründung des Hauses „International" und eines Ausländerbeirats
- 1987: Einrichtung eines Archäologischen Parks Cambodunum (APC) auf dem Boden der im 1. Jh. n. Chr. gegründeten römischen Provinzstadt
- In den letzten Jahrzehnten Partnerschaften mit den Städten Bad Dürkheim (Rheinland-Pfalz), Quiberon (Frankreich), Trient (Italien), Sopron (Ungarn) und Sligo (Irland)
- Entwicklung der Einwohnerzahl (gerundet):
1950: 40 500
1972 (nach Eingemeindungen): 57 500
1980: 57 400
2006: 61 500
- 2006 betrug der Anteil an ausländischen Mitbürgern 11,8 %
- Wirtschaftsentwicklung: Überwiegend mittelständische Betriebe, steigende Erwerbsquote im Handel, im Verkehrswesen und bei Dienstleistungen aller Art, Arbeitslosenquote 2007: 5,2 % (höchste Arbeitslosenquote in Schwaben)
- Zentrale Funktion Kemptens als Schul- und Behördenstadt, als Medienstandort, als Zentrum der Milchwirtschaft und als Einkaufsstadt für eine halbe Million Menschen

Vom Verfasser zusammengestellt.

GESCHICHTE AKTIV-KREATIV

Projektidee: „Wir untersuchen die Entwicklung unseres Heimatortes / unserer Heimatstadt von 1945 bis heute."

Die Materialien auf dieser und auf der vorhergehenden Doppelseite sind als Impuls und Anregung zu verstehen. Historische Ereignisse, die die Entwicklung des Heimatraums im 20. Jh. geprägt haben, lassen sich in nahezu allen Gemeinden und Städten Bayerns dokumentieren. Die Auswahl von Quellen ist jedoch von der lokalen und regionalen Geschichte abhängig.

Vorschläge für Themen zur Bearbeitung:
– Die Probleme der Bevölkerung in der Nachkriegszeit (Versorgung, Not, Elend, Integration der Heimatvertriebenen, Reaktion der Siegermächte, Stimmung in der Bevölkerung ...)
– die Zeit des Wiederaufbaus in der Bundesrepublik, politische Weichenstellungen und Veränderungen (Parteien, Verbände, Wahlen ...)
– der wirtschaftliche und technische Wandel gegen Ende des 20. Jh., Veränderungen in der Wirtschaftskraft und in der Erwerbsstruktur (Schließung und Gründung von Betrieben), das Wachstum von Städten und Gemeinden, der Ausbau der Infrastruktur, kulturelle Einrichtungen und Veranstaltungen, Chancen und Probleme der Zuwanderung ...

Wo findet man geeignetes Quellenmaterial?
– Befragen Sie zu dem jeweiligen Thema Zeitzeugen aus dem Verwandten- und Bekanntenkreis.
– Suchen Sie nach geeigneten Quellen in den Schul-, Gemeinde- und Stadtbibliotheken, im Heimatmuseum, im Gemeinde-/Stadtarchiv und im Archiv der lokalen oder regionalen Zeitungen, aber auch kirchliche und Industriearchive können von Nutzen sein. Hinweise erhalten Sie von Heimatpflegern, Archivaren und Redakteuren. Zeitungen vermitteln häufig auch interessante Zeitzeugen.
– Recherchieren Sie auf der Internetseite Ihrer Heimatgemeinde (Stichwort: „Geschichte" bzw. „wirtschaftliche Entwicklung").

Präsentieren Sie Ihre Forschungsergebnisse in Form einer Ausstellung in der Schule oder in einem geeigneten öffentlichen Raum der Gemeinde/Stadt.

Ehrenamtliches Engagement

Antike Wurzeln. Bereits in der griechischen Polis sorgte der ehrenamtliche Einsatz der einzelnen Bürger für das Funktionieren des Stadtstaates. Ähnlich gestaltete sich das gesellschaftliche Miteinander in der „res publica“, der römischen Republik. Die öffentlichen Angelegenheiten wurden von den Bürgern gemeinsam geregelt, in der Volksversammlung, durch den Senat und den Magistrat, dessen Beamte ehrenamtlich die Politik des Imperium Romanum gestalteten. Das Engagement des Einzelnen für die Gemeinschaft hat seine Wurzeln natürlich neben der griechischen und römischen Tradition auch im christlichen Gebot der Nächstenliebe. Entsprechend unterschiedlich fallen auch die Motive für ehrenamtliche Tätigkeiten heute aus.

Mitwirkung und Selbstverwirklichung. Für viele Bürger bietet das Ehrenamt die Möglichkeit, das gesellschaftliche Leben ihrer Heimat mitzugestalten: So zum Beispiel können sie in Kultur- und Sportvereinen, durch Bürgerinitiativen oder Umweltschutzmaßnahmen persönlichen Einfluss auf die Lebensbedingungen ihrer Umgebung nehmen. Der Einsatz für andere bietet darüber hinaus die Chance, neue Menschen kennenzulernen und Kontakte zu knüpfen. Gerade für Neuzugezogene bieten Vereine eine ideale Integrationsmöglichkeit. Ehrenamtliches Engagement dient also nicht nur der Gemeinschaft, sondern auch der Einzelne profitiert persönlich von seiner Tätigkeit.

Viele empfinden den freiwilligen und unentgeltlichen Einsatz für andere auch als willkommenen Ausgleich zum Berufsleben, da sie hier meist mehr Gestaltungsmöglichkeiten haben und in entspannterer Atmosphäre ihre Fähigkeiten und Kenntnisse erweitern und unter Beweis stellen können. Arbeitgeber sind bei Bewerbungen stets daran interessiert zu erfahren, ob und in welcher Weise sich der Kandidat ehrenamtlich engagiert.

Wie in der Antike lebt auch heute der moderne Staat vom Ehrenamt seiner Bürger und daher wird der Beitrag für die Gemeinschaft auf unterschiedliche Weise honoriert: mit Vorteilen bei der Versteuerung, durch Aufwandsentschädigungen, durch besonderen Versicherungsschutz für ehrenamtlich Tätige und durch Ehrungen oder Verleihungen von Bürgerpreisen.

M1 Jugendliche bei der Aktion „Drei Tage Zeit für Helden“ *(2007)*

M2 „Nur gemeinsam werden wir diese Aufgabe meistern können!“

Aus der Ansprache von Bundespräsident Horst Köhler bei der Auftaktveranstaltung zur Woche des bürgerschaftlichen Engagements 2006:

... Der Schweizer Schriftsteller Max Frisch hat gesagt: „Demokratie heißt, sich in die eigenen Angelegenheiten einzumischen.“ Nichts anderes tun Menschen, wenn sie sich freiwillig engagieren! Dafür möchte ich Ihnen heute von Herzen danken! ...

Wir brauchen die Partnerschaft zwischen den engagierten Bürgerinnen und Bürgern. Wir brauchen die Partnerschaft zwischen hauptamtlich und ehrenamtlich Tätigen. Und wir brauchen die Partnerschaft zwischen Wirtschaft, Staat und Gesellschaft. Der Glaube an die Allmacht und Allzuständigkeit des Staates war schon immer ein schlechter Ratgeber. Gerade die Herausforderungen, vor denen wir heute stehen – Bildung und Erziehung von Jugendlichen, die Integration von Zuwanderern, die Fürsorge für die wachsende Zahl älterer Menschen – erfordern den Einsatz aller Kräfte unserer Gesellschaft. Nur gemeinsam werden wir diese Aufgaben meistern können! Und so ist es grundfalsch zu glauben, dass Ältere nicht mehr gebraucht werden. Ihr Ideenreichtum und ihre Lebenserfahrung – gepaart mit einem Schuss Weisheit – nutzen uns allen ... Das bedeutet allerdings nicht, dass engagierte Bürgerinnen und Bürger die Lückenbüßer für einen Staat werden sollen, der an seine finanziellen Grenzen stößt.

Zitiert nach: http://www.bundesregierung.de/nn_1514/Content/DE/Bulletin/2006/09/83-1-bpr-buergerschaftlich.html

M3 Ehrenamtliche Tätigkeitsbereiche

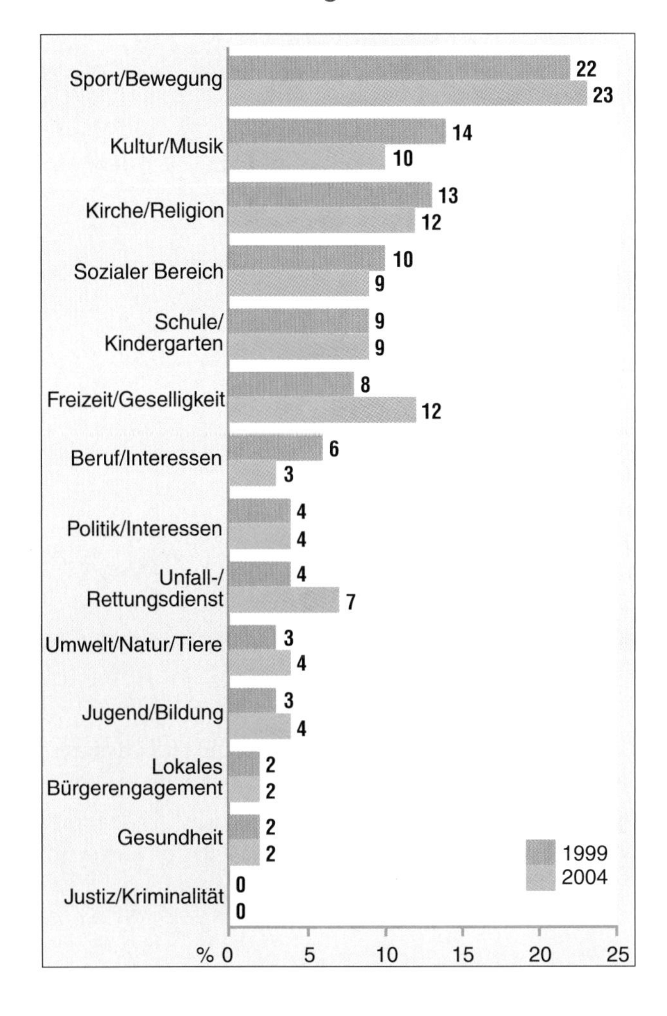

M4 Organisationsformen des Ehrenamts

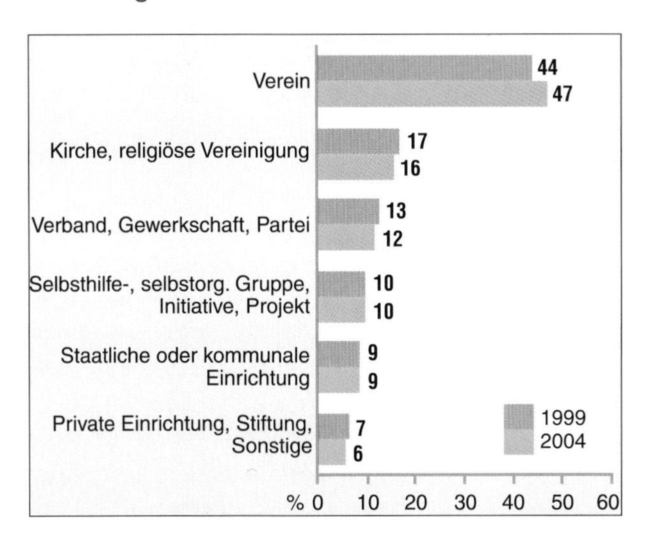

GESCHICHTE AKTIV/KREATIV
Projektidee: „Wir organisieren eine Benefizveranstaltung."

Überlegen Sie zuerst, welchem Projekt Sie den Erlös Ihrer Veranstaltung zukommen lassen wollen. Informieren Sie sich dafür vor Ort oder bei überregionalen oder internationalen Organisationen.
Als nächsten Schritt müssen Sie den Rahmen für Ihre Veranstaltung abstecken. Denkbar wären beispielsweise ein Sponsoring-Lauf, ein Flohmarkt, eine Konzert- oder Theaterveranstaltung oder ein Verkaufsstand am Schulfest.
Anschließend planen Sie die Durchführung Ihrer Aktion. Dabei ist es sinnvoll, sich in verschiedene Arbeitsgruppen aufzuteilen: Öffentlichkeitsarbeit, Sponsorensuche, Detailplanung: Organisation der notwendigen Durchführung, Finanzen, Koordination der Arbeitsbereiche und Dokumentation.
Erstellen Sie einen Zeitplan, der alle notwendigen Tätigkeiten beinhaltet, und legen Sie Zuständigkeiten fest. Vereinbaren Sie zwei bis drei Treffen, bei denen alle Arbeitsgruppen/-bereiche kurz ihre bisherigen Ergebnisse präsentieren und notwendige Absprachen getroffen werden können.
Achten Sie bereits im Vorfeld darauf, dass der Zweck Ihrer Aktion ausführlich vorgestellt wird, damit potenzielle Sponsoren genau wissen, wofür sie Geld geben sollen. Am Aktionstag ist es wichtig, dass das Projekt nochmals informativ präsentiert und für eine abschließende Auswertung dokumentiert wird. Denken Sie auch an einen Bericht für die Presse.

1 Fassen Sie die Kernaussagen des Bundespräsidenten zusammen (M2). Wie begründet er die Notwendigkeit des Ehrenamtes?
2 Werten Sie M3 und M4 aus. Überlegen Sie, wodurch sich die Unterschiede zwischen den einzelnen Bereichen und im Jahresvergleich erklären lassen.
3 Informieren Sie sich über die Aktion „Zeit für Helden" (M1) bzw. über ehrenamtliche Tätigkeitsbereiche und Organisationsformen in Ihrer Heimatgemeinde (Rathaus, Gemeindeamt) und erstellen Sie hierzu eine Übersicht mit Kurzinformationen und Kontaktadressen. Veröffentlichen Sie die Ergebnisse in der Schülerzeitung oder stellen Sie diese Ihrer Gemeinde für das Mitteilungsblatt zur Verfügung.

ANALYSE VON KARTEN

Geschichtskarten auswerten

Geschichte ereignet sich nicht nur in der Zeit, sondern stets auch an bestimmten Orten und in geografischen Räumen. Karten sind ein wichtiges Hilfsmittel, historische Ereignisse, Zustände und Entwicklungen zu verstehen. Hierbei können verschiedene Arten von Karten verwendet werden. Im Fach Geschichte wird in erster Linie mit der Geschichtskarte gearbeitet. Sie ist nicht dasselbe wie eine historische Karte – diese stammt aus anderen Zeiten und hat die Bedeutung von Quellen. Geschichtskarten fangen zu sprechen an, wenn sie in den folgenden Schritten ausgewertet werden:

1. Schritt: Thema und Zeitraum ermitteln
Bei einer solchen Karte ist es immer wichtig, ihren Titel zu kennen. Erst wenn man weiß, ob es z. B. um Bevölkerungsbewegungen, Städtegründungen, Kriegszüge oder Reichsbildungen geht, gewinnen die farbigen Flächen und Symbole einen Aussagewert. Ebenso von Bedeutung ist die zeitliche Einordnung. Geschichtskarten beziehen sich, im Gegensatz zu geografischen Karten, immer auf einen historischen Zeitraum.

2. Schritt: Zeichen und Maßstab entschlüsseln
Die Legende einer Karte gibt Hinweise zur Bedeutung der farbigen Flächen, Linien sowie Punkte und erklärt die unterschiedlichen Schriftarten und Schriftgrößen. Der Maßstab in Form einer Entfernungsleiste mit Kilometerangaben hilft herauszufinden, welche Ausdehnung die dargestellten Gebiete in Wirklichkeit haben.

3. Schritt: Kartenaussage zusammenfassen
Eine Karte gibt zu dem Thema, das sie darstellt (s. Schritt 1), eine Fülle von Informationen. Diese müssen geordnet und formuliert werden. Das ist der Kern der Kartenarbeit.

4. Schritt: Zusätzliche Informationen beschaffen
Keine Geschichtskarte ermöglicht Antworten auf alle Fragen. So werden z. B. die Jahreszahlen nicht näher erklärt. Hierzu müssen zusätzliche Informationen aus Büchern, Geschichtsatlanten oder dem Internet beschafft werden.

Geografische Karten lesen und verstehen

Durch die Auswertung einer geografischen Karte lernt man ein Land genauer kennen. Im Geschichtsunterricht spielen solche Karten eine Rolle bei der Frage, wie die besondere Lage oder das Klima eines Landes dessen geschichtliche Entwicklung beeinflusst oder sogar bestimmt haben. In Ägypten z. B. hat der Nil die Herausbildung der Hochkultur ermöglicht.

1. Schritt: Zeichen und Maßstab entschlüsseln
Informieren Sie sich genau über die Bedeutung von Farben, Linien und Symbolen (Legende = Zeichenerklärung). Wichtig ist auch der Maßstab der Karte, um Entfernungen abschätzen zu können.

2. Schritt: Karte beschreiben
Beschreiben Sie das Relief, d. h. die Oberfläche der dargestellten Landschaft. Beachten Sie die Farbunterschiede. Man kann auch ein Profil zeichnen, indem man „das gezeigte Gebiet entlang einer festgelegten Linie auseinander schneidet" und die Schnittfläche aufzeichnet.

3. Schritt: Informationen zusammenfassen und Fragen daraus ableiten
Ziehen Sie aus der Beschreibung der Karte Schlussfolgerungen hinsichtlich der Lebensbedingungen: Wo können Menschen siedeln und Ackerbau betreiben? Was erschwert oder erleichtert die Verbindung einzelner Landesteile miteinander? Welche politische Organisation des Landes lässt sich daraus ableiten? Könnten hier eher ein einheitliches Reich oder viele unabhängige Kleinstaaten entstehen?

Historische Karten auswerten

Historische geografische Karten zeigen, wie ihre Verfasser in einer bestimmten Epoche die Oberflächengestalt der Erde sahen. Sie unterscheiden sich von den Geschichtskarten, die einen bestimmten Zustand oder eine Entwicklung aus heutiger Sicht wiedergeben. Mithilfe der folgenden Schritte können historische Karten ausgewertet werden:

1. Schritt: Welchen Raum, welche Zeit, welches Thema behandelt die Karte? Ist sie genordet?

2. Schritt: Welchen Kenntnisstand von der Beschaffenheit der Erde hatte der Verfasser?

3. Schritt: Lassen sich bestimmte religiöse Vorstellungen herauslesen?

4. Schritt: Stellen Sie Vermutungen an, zu welchem Zweck (für welche Auftraggeber) die Karte angefertigt wurde.

ANALYSE VON AUTORENTEXTEN, SCHRIFTLICHEN QUELLEN UND TEXTQUELLEN MIT BILDERN

Autorentexte lesen und verstehen

In Geschichtsbüchern gibt es zwei Arten von Texten: Neben schriftlichen Quellen finden sich von Geschichtslehrerinnen und -lehrern eigens geschriebene Texte. Gehen Sie beim Analysieren dieser Informationen in folgenden Schritten vor:

1. Schritt: Überschrift und Bildmaterial ansehen
Dabei gewinnen Sie einen ersten Eindruck, worum es bei diesem Text geht, und können Ihr Vorwissen aktivieren, das Sie zu diesem Thema haben.

2. Schritt: Den Inhalt kurz wiedergeben
Machen Sie eine erste Aussage, worüber dieser Text handelt.

3. Schritt: Text gründlich lesen
Achten Sie beim gründlichen Lesen auf Hilfen, die der Text enthält. Das sind z. B. Zwischenüberschriften, Bildunterschriften, die (optische) Gliederung des Textes durch Fettdruck, z. B. hervorgehobene Wörter oder Satzteile. Fehlt eine Struktur, so schaffen Sie sich eine: durch zusätzliche Überschriften, eigene Zusammenfassungen, wenige Unterstreichungen oder Markierungen (in einer Kopie!).

4. Schritt: Informationen zusammenfassen
Im letzten Schritt geht es darum, einen Überblick zu gewinnen und die wesentlichen Informationen festzuhalten. Das ist mithilfe der in Schritt 3 geleisteten Arbeit gut zu schaffen.

Textquellen auswerten

Wir wissen genau, wann ein bestimmtes geschichtliches Ereignis, wie eine Kaiserkrönung, stattgefunden hat, weil mehrere Textquellen darüber berichten. Schwieriger ist es zu erkennen, wie das Ereignis genau abgelaufen ist. Denn die Quellen berichten nie ganz sachlich. Vielmehr betonen oder verschweigen die Autoren bestimmte Einzelheiten und bewerten sie, je nachdem, welcher Person sie nahe stehen. Deshalb dürfen wir Textquellen nicht einfach wörtlich nehmen, sondern müssen gezielt vorgehen, wenn wir Informationen aus ihnen erhalten wollen:

1. Schritt: Die Quelle und ihren Autor einordnen
An welchem Ort und zu welchem Zeitpunkt fand das Ereignis statt? Wer ist der Verfasser der Quelle? War er bei dem Geschehen, von dem er berichtet, selbst anwesend? Stand er einer der Personen in seinem Bericht nahe?

2. Schritt: Tatsachen erfassen
Über welches Ereignis oder welche Zustände wird berichtet? Welche Einzelheiten werden dabei genannt? Wie kann man die Aussage des Texts in einem Satz zusammenfassen? Auf welche möglichen Fragen gibt der Text eine Antwort, auf welche nicht?

3. Schritt: Information und Meinung unterscheiden
Welche Textteile berichten von Fakten, welche enthalten Wertungen? Womit können Sie diese Unterscheidung begründen? Für wen oder was ergreift der Verfasser Partei? Wen oder was kritisiert er? Gibt es einen Zusammenhang zwischen der Meinung und dem, was wir vom Verfasser wissen (vgl. Schritt 1)?

Textquellen vergleichen

Wer hat Recht, wer hat Unrecht? Wenn sich zum Beispiel zwei streiten, wie das zwischen Kaiser und Papst während des Mittelalters oft der Fall war, sollte man mehrere Quellen von unterschiedlichen Verfassern vergleichen.

1. Schritt: Halten Sie fest, welche Stellung der Verfasser hat, an wen er sich richtet und welche Form er dabei gewählt hat.

2. Schritt: Stellen Sie in zwei bis drei kurzen Sätzen gegenüber, a) was der Verfasser über sich sagt und b) was er von seinem Gegenüber behauptet.

3. Schritt: Schreiben Sie auf, wie die Behauptungen begründet sind.

4. Schritt: Abschließend sollten Sie sich noch überlegen: Welche Partei überzeugt Sie mehr? Begründen Sie Ihre Meinung.

Flugschriften untersuchen und ihre propagandistische Absicht erkennen

1. Schritt: Den Inhaltskern verstehen
Lesen Sie den Text eines Flugblatts und betrachten Sie die Abbildung. Verschaffen Sie sich mittels Markierungen (Kopie!) und Notizen einen ersten Überblick. Was ist das Thema der Flugschrift? In welchem Zusammenhang stehen Text und Bild?

2. Schritt: Die Position und Absicht des Autors herausfinden
Klären Sie mithilfe der Legende, wer die Flugschrift verfasst hat. Informieren Sie sich über den Verfasser/Künstler. Wann wurde das Flugblatt verfasst? Welche Absicht verfolgt der Autor? Aus welchem Grund? An wen richtet sich das Flugblatt? Gehören die Adressaten einer Gruppierung oder Partei an?

3. Schritt: Die Darstellung erfassen
Suchen Sie sich aus dem Text Beschreibungen der Gegner, Behauptungen oder Vergleiche heraus. Klären Sie, welche Eigenschaften wem zugeschrieben werden. Schauen Sie sich die Abbildung genau an: Welche Personen und Gegenstände sind zu erkennen? Wie sind sie dargestellt? In welcher Beziehung stehen die Personen zueinander? Wer oder was steht im Mittelpunkt?

Politische Lieder analysieren

Lieder sind nicht selten vertonte Gedichte; Text und Musik gehören zusammen. Deshalb sollte man sie auch gemeinsam untersuchen:

1. Schritt: Untersuchung des Textes
Wie bei anderen Textquellen muss man zunächst die folgenden Fragen beantworten:
Wann wurde der Text geschrieben? Wer hat ihn für wen geschrieben? Welches Thema hat er? Welche Absicht, welche Funktion ist erkennbar? Da Liedtexte häufig Gedichtform haben, darf man zudem die sprachlichen Gestaltungsmittel nicht außer Acht lassen. Welche Wörter bringen die Stimmung des Liedes besonders zum Ausdruck?

2. Schritt: Untersuchung der Musik
Klären Sie, wie Melodie und Rhythmus gestaltet sind und welche Wirkung von einem Lied ausgeht.

3. Schritt: Musik und Text in Beziehung setzen
Abschließend müssen Musik und Text zueinander in Beziehung gesetzt werden: Wie unterstützen Melodie und Rhythmus die Textaussage? Welche Textpassagen werden durch die Musik besonders hervorgehoben?

ANALYSE VON BILDQUELLEN

Bilder deuten

Die Bilder verschiedener Epochen haben jeweils besondere Merkmale – sie folgen einem bestimmten Stil. So sind Bilder der Ägypter oft übersät mit Hieroglyphen und Tierdarstellungen. Sie wirken auf uns fremd. Die Gesichter zeigen keine individuellen Züge, die Körper sind schematisch gezeichnet. Die Personen wirken merkwürdig verdreht: Sie werden im Profil, d. h. von der Seite dargestellt, aber der Oberkörper wendet sich zum Betrachter hin; der Kopf schaut wieder zur Seite, aber das Auge ist dem Betrachter zugewandt. Solche Bilder veranschaulichen religiöse Vorstellungen oder politische und gesellschaftliche Verhältnisse ihrer Zeit. Dazu verwenden die Künstler Mittel, die uns „unrealistisch" vorkommen: Personen sind unverhältnismäßig groß oder klein, mit den Menschen treten Götter oder Fabelwesen auf, Himmelskörper verlassen ihre Bahn, Abstände und Raumverhältnisse stimmen nicht.
Die Bildaussage lässt sich leichter entschlüsseln, wenn man in folgenden Schritten vorgeht:

1. Schritt: Bild beschreiben
Wie ist der Hintergrund gestaltet? Welche Personen stehen im Vordergrund? Wohin schauen die Personen? Ist ein Handlungsablauf erkennbar? Welche Bildelemente fallen besonders auf?

2. Schritt: Das Bild in einen Zusammenhang stellen
Die Bildunterschrift gibt wichtige Auskünfte über Entstehung, Inhalt und Verwendung des Bildes. Wenn möglich, sollte das Bild mit ähnlichen Abbildungen verglichen werden.

3. Schritt: Leitfragen formulieren
Durch Ausführung der beiden ersten Arbeitsschritte wird bewusst, um welches Thema es sich bei dem bearbeiteten Bild handelt und warum es in einem bestimmten Zusammenhang in diesem Buch auftaucht. Worum es im Kern geht, sollte man in einer „Leitfrage" formulieren. Sie ist wichtig; ohne Leitfrage würde sich die Bildinterpretation nur an zufällige Eindrücke halten.

4. Schritt: Das Bild deuten
Als letzter Schritt folgt eine intensivere Auseinandersetzung mit dem Bild. Die Leitfrage hilft bei der Festlegung, welche Bildelemente wesentlich sind und welche „übersehen" werden können.

Vasenbilder als Quellen auswerten

Die Abbildungen auf Vasen gehören, wie auch Gemälde und Zeichnungen, zu den bildlichen Quellen. Neben Szenen aus dem alltäglichen Leben sind sehr oft Motive aus Sagen dargestellt. Durch Vasenbilder erhält man eine genauere Vorstellung von Leben und Denken, z. B. der antiken Geschichte. Einen ersten Schritt zur Auswertung dieser Art von Material haben Sie bereits kennengelernt: die Bildbeschreibung. Hier gehen wir darüber hinaus und kommen zur Erklärung und Interpretation.

1. Schritt: Bildinhalte wiedergeben
Beschreiben Sie das Vasenbild so exakt wie möglich. Folgende Details können wichtig sein: z. B. Personen, Kleidung, Bewaffnung, Gesichtsausdruck und Haltung.

2. Schritt: Erklären der Zusammenhänge
Erfassen Sie die Stellung der abgebildeten Personen und ihr Verhältnis zueinander. Können Sie Charaktereigenschaften, die in der Darstellung ausgedrückt sind, erschließen?

3. Schritt: Zusatzinformationen einholen
Ziehen Sie weitere Angaben aus dem Bildtitel, der Bildlegende oder einer zusätzlichen Textquelle heran.

Herrscherbilder analysieren

1. Schritt: Erste Bildbeschreibung durchführen
Wer ist dargestellt? Welche Attribute sind den einzelnen Personen beigefügt? Lassen sich aus den Größenverhältnissen schon Unterschiede zwischen den dargestellten Personen erkennen? Welche Situation ist dargestellt? Wie ist der Bildhintergrund?

2. Schritt: Vorwissen aktivieren
Welche bekannten Motive kennen Sie bereits, z. B. aus dem Religions- oder dem Kunstunterricht?

3. Schritt: Über den Herrscher und seine Zeit Informationen sammeln
Welche Bedeutung kommt dem dargestellten Herrscher zu? Wie regierte er? Worauf stützte er seine Herrschaft? Verfolgte er ein besonderes Ziel?

4. Schritt: Gefundene Informationen auswerten
Wie will der Herrscher gesehen werden? Welche Auffassung von Herrschaft steckt in dem Bild?

Ein Denkmal erschließen

1. Schritt: Beschreibung und Information
An welche Persönlichkeit oder welches Ereignis (Jahr, Ort) will das Denkmal erinnern? Wann ist das Denkmal entstanden? Wer hat es in Auftrag gegeben? Woher kam das Geld, wie lange wurde gebaut? Aus welchen Bestandteilen setzt sich das Denkmal zusammen? Welche Inschriften sind angebracht? Welche Materialien wurden verwendet, welche künstlerischen Mittel eingesetzt?

2. Schritt: Deutung
Was bedeuten die verwendeten künstlerischen Mittel (z. B. Säule, Obelisk, Reiterstatue, Löwen, Adler, Eisernes Kreuz, Girlanden). Welche inhaltlichen Akzente setzen die Inschriften? Zu welchem Typus gehört das Denkmal (z. B. Krieger- oder Reiterdenkmal)? Wie lässt sich seine Aussageabsicht zusammenfassen?

3. Schritt: Bewertung
Werden durch das Denkmal die Leistungen aller Beteiligten (z. B. Soldaten, Volk, Politiker, Fürsten) angemessen gewürdigt? Wer wird herausgehoben, wer in den Hintergrund gerückt? Wer hätte Einwände gegen das Denkmal erheben können?

Karikaturen untersuchen und ihre Aussage erarbeiten

Karikaturen (ital. caricare = überladen) sind Bilder, die menschliche Eigenschaften oder Handlungen übersteigert und damit verzerrend darstellen. Um ihre Aussage so genau wie möglich zu erfassen, sollte man folgendermaßen vorgehen:

1. Schritt: Den Inhalt beschreiben
Welche Personen werden abgebildet? Was tun sie? Wie verhalten sie sich? Sind die Personen identifizierbar? Werden Symbole verwendet?

2. Schritt: Den Text einbeziehen
Falls die Karikatur mit einem Text versehen ist, kommentiert er einen Sachverhalt oder das Verhalten einer Person? Sprechen die abgebildeten Personen miteinander? Was sagen sie?

3. Schritt: Hintergründe berücksichtigen
Beziehen Sie die Bildüber- und die Bildunterschrift in die Untersuchung mit ein: Was teilt sie darüber mit, wann die Karikatur entstanden ist, wer sie zeichnete und wo sie veröffentlicht wurde?

4. Schritt: Die Aussageabsicht formulieren
Fassen Sie die Ergebnisse der Untersuchung zusammen: Wird die abgebildete Person oder das abgebildete Ereignis positiv oder negativ bewertet? Woran kann man die Art der Wertung erkennen?

Propaganda-Bilder deuten

Propaganda kann auf unterschiedliche Weise betrieben werden: mithilfe von Zeitungsartikeln, öffentlichen Reden, Plakaten, Flugblättern, Filmen oder auch Postkarten. Propaganda stellt z. B. einen gerade stattfindenden Krieg als gerecht, notwendig und gottgewollt dar, um den Kampfgeist zu beflügeln und den Durchhaltewillen zu stärken. Sprüche, die z. B. Bilder auf Postkarten häufig ergänzen, vermitteln meist leicht verständliche Botschaften: Der jeweilige Kriegsgegner wird als lächerlich, grausam oder erfolglos, auf jeden Fall aber negativ dargestellt, die eigenen Soldaten dagegen als gerecht, heldenhaft und überlegen. Möchte man Propaganda-Bilder verstehen, sollten folgende Arbeitsschritte beachtet werden:

1. Schritt: Das Bild beschreiben
Beschreiben Sie die Handlungsabläufe, die das Bild zeigt: Was tun die abgebildeten Personen und wie werden sie dabei dargestellt?

2. Schritt: Den Text einbeziehen
Daraus folgt die Fragestellung: Inwiefern ergänzt oder beschreibt der Text das Bild?

3. Schritt: Die Quelle befragen
Den Informationsgehalt einer Quelle kann man nur dann voll ausschöpfen, wenn man Fragen an sie richtet. Das gilt auch für die Propaganda-Postkarten. Folgende Fragen können gestellt werden: Welches Bild wird vom Krieg gezeichnet? Wie wird der Gegner dargestellt, wie die eigene Armee?

4. Schritt: Die Bildaussage formulieren
Abschließend fassen Sie die Antworten auf Ihre Fragen zusammen und formulieren die Aussage, die vermittelt werden sollte.

Plakate analysieren

Im Wahlkampf greifen Parteien besonders oft auf Plakate zurück. Die meist bunten Bilder werden innerhalb weniger Sekunden wahrgenommen und die Botschaft gedeutet. Plakate können so unbewusst unsere Meinung beeinflussen.

1. Schritt: Beschreibung
Bei der Analyse eines Plakats darf der Betrachter nicht sofort alles interpretieren, sondern soll sich auf das Wesentliche konzentrieren. Notieren Sie zunächst das, was Ihnen ins Auge fällt: Welche Personen oder Dinge stehen im Mittelpunkt des Bildes und werden durch Größe oder Farben hervorgehoben?

2. Schritt: Inhalt des Plakats zeitlich zuordnen
Richtig einordnen kann man ein Plakat nur, wenn man weiß, in welchem (geschichtlichen) Zusammenhang es entstanden ist. Symbole oder der Text eines Plakats sind ein erster konkreter Orientierungspunkt, sie informieren über den Urheber und die angesprochene Zielgruppe. Daraus folgt die Fragestellung: Was wissen wir über die Partei oder das dargestellte Ereignis?

3. Schritt: Art der Darbietung
Die Gestaltung eines Plakats ist ein wichtiges Instrument, um seine Botschaft im Sinne des Autors zu vermitteln. So werden z. B. Feindbilder gerne in dunklen Farben gezeichnet. Auch die Mimik und Gestik abgebildeter Personen sind entscheidend. Überlegen Sie außerdem, mit welcher Absicht Symbole in das Bild integriert werden.

4. Schritt: Aussage und Beurteilung des Plakats
Fügen Sie nun alle Beobachtungen zu einer Gesamtaussage und geben Sie die Zielsetzung des Plakats wieder. Überprüfen Sie abschließend: Arbeitet das Plakat mit „fairen“ Mitteln oder will es, beispielsweise durch Übertreibungen, Hass gegen bestimmte politische oder gesellschaftliche Gruppierungen erzeugen?

Ein Schaubild „zum Sprechen bringen“

1. Schritt: Erste Analyse
Welche Figuren, Farben und Formen werden verwendet? Wofür stehen die Pfeile? Gibt es unbekannte Wörter, die Sie nachschlagen müssen? Diese erste Analyse mündet in den nächsten Schritt:

2. Schritt: Den Inhalt des Schaubildes in eigenen Worten wiedergeben

3. Schritt: Zusammenfassen der wichtigen Inhalte
Beim erforderlichen systematischen Vorgehen werden auch offene Fragen geklärt. Wenn in einem Schaubild z. B. eine Verfassung dargestellt wird, sollten u. a. folgende Fragen beantwortet werden: Wer bzw. welche Gruppe kann mitbestimmen? Wer hat welche Rechte/Aufgaben? Womit werden die einzelnen Gruppen in Schranken gewiesen?

4. Schritt: Was wird im Schaubild nicht erklärt?
Wie viele bildliche Darstellungen müssen auch Schaubilder häufig vereinfachen, wobei Inhalte verloren gehen können. Klären Sie, ob dies der Fall ist, und halten Sie diese Inhalte fest. Versuchen Sie zu ergründen, warum nicht alles erklärt wurde.

5. Schritt: Sich eine eigene Meinung bilden
Abschließend sollten Sie darlegen, welche Informationen Sie bekommen haben, welche Ihnen fehlen und Ihre Einstellung zusammenfassen.

Statistiken auswerten

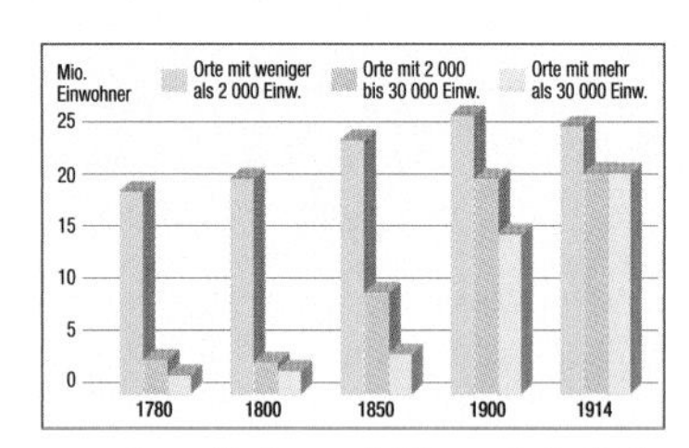

Statistiken und grafische Darstellungen helfen uns, komplizierte Sachverhalte anschaulich und übersichtlich darzustellen. Statistiken sind zahlenmäßige Erfassungen von Veränderungen oder Zahlenanteilen. Sie werden häufig bei wirtschafts- oder sozialgeschichtlichen Themen (z. B. Produktionszahlen, Arbeitszeiten, Bevölkerungsentwicklung) verwendet. Allerdings müssen die gewünschten Informationen „herausgelesen“ werden:

1. Schritt: Inhalt und Darstellung
Was zeigt die Statistik? Welche (Maß-)Einheiten werden grafisch dargestellt (z .B. Jahre, Anzahl der Einwohner, prozentuale Anteile, Kilogramm)?

2. Schritt: Veränderungen feststellen
In welche Richtung verändern sich die Zahlenwerte? Werden die Werte größer, kleiner oder ist keine einheitliche Tendenz zu erkennen?

3. Schritt: „Sprünge“ erläutern
An welchen Stellen lässt sich ein auffällig großer oder der größte „Sprung“ feststellen? Kann dieser begründet werden?

4. Schritt: Das Ergebnis zusammenfassen
Können Sie die Inhalte bzw. Aussagen der Statistik in einem oder zwei Sätze zusammenfassen?

Vorsicht! Man muss überprüfen, ob in der Statistik sinnvolle bzw. korrekte Aussagen gemacht werden:
- Sind die Werte, die die Statistik anführt, überhaupt vergleichbar? Ist es z. B. sinnvoll, die Stahlproduktion der USA mit der eines afrikanischen Staates zu vergleichen, wenn die Produktionsbedingungen völlig unterschiedlich sind?
- Gibt die grafische Darstellung einen Sinn?
- Bei Prozentangaben ist – wenn möglich – nachzuprüfen, ob die absolute Menge auch wirklich 100 beträgt.
- Und schließlich: Wer ist der Urheber der Statistik? Hat er ein Interesse an einem bestimmten Ergebnis?

ANALYSE VON FILM- UND TONQUELLEN

Spielfilme historisch auswerten

Kein anderes Medium kann Historie einem Massenpublikum so anschaulich und emotional vermitteln wie ein Spielfilm. Doch auch ein detailgenauer Film bleibt immer eine Konstruktion von Geschichte mit fiktiven und illusionären Elementen. Daher sollte bei der Analyse folgendermaßen vorgegangen werden:

1. Schritt: Thema und Inhaltsschwerpunkte erfassen
Schauen Sie sich den Film mindestens einmal aufmerksam an. Notieren Sie das Thema und wesentliche inhaltliche Schwerpunkte: Welche Aspekte, Einzelheiten werden besonders herausgestellt, was wird nur am Rande gezeigt? Welche Personen stehen im Mittelpunkt? Warum? – Erkundigen Sie sich, wann und von wem der Film produziert wurde.

2. Schritt: Glaubwürdigkeit überprüfen
Vergleichen Sie Ihre Geschichtskenntnisse mit der Darstellung im Film. Was entspricht der historischen Wirklichkeit? Halten Sie offensichtliche Fehler oder Widersprüche fest. Welche Ausstattungsdetails beeindrucken, welche stimmen nicht? Auf welche Quellen stützt sich der Film?

3. Schritt: Fiktive Anteile herausfinden
Welche Details sind von Drehbuchautoren ausgedacht worden? Gibt es eine erfundene Geschichte? Wie wirkt diese auf den Zuschauer? Inwieweit spricht sie die Gefühle der Zuschauer an?

4. Schritt: Gesamtbewertung durchführen
Werten Sie Ihre Notizen aus und formulieren Sie ein Gesamtergebnis. Beurteilen Sie dabei den Stellenwert der erfundenen Geschichte und erörtern Sie, inwieweit Sie den Film historisch überzeugend finden.

Analyse propagandistischer Mittel in modernen Bild- und Tonmedien

Moderne Medien sind schwieriger zu untersuchen als geschriebene Texte, weil sie Ohr oder Auge nur flüchtig berühren und über verschiedene Informationsebenen (Rundfunk: Musik, Geräusche, Sprache oder Film: zusätzlich Bild und Schrift) verfügen. Dennoch lassen sie sich wie ein Text lesen, analysieren und interpretieren.

Folgende Schritte können dabei hilfreich sein:

1. Schritt: Den historischen Zusammenhang erfassen
Notieren Sie Titel, Thema und wichtige inhaltliche Aspekte: Was wird herausgestellt (Einzelheiten oder Personen)? Warum? Wann ist das Material entstanden? In welcher Beziehung stehen Entstehungszeit und Darstellung? Wer sind Autor bzw. Produzent?

2. Schritt: Die Darstellungsform und Funktion feststellen
Halten Sie fest, ob es sich beispielsweise um Rundfunkansprachen und -reportagen, Nachrichten, Dokumentar-, Werbe- oder Propagandafilme handelt. Klären Sie, welche Adressatengruppe(n) und welche Wirkung(en) – z. B. Bericht, Anklage, Agitation – dabei erreicht werden sollen.

3. Schritt: Einen Ausschnitt analysieren
Untersuchen Sie eine Sequenz des Materials, indem Sie das Zusammenwirken von Inhalten, sprachlichen und akustischen – gegebenenfalls auch optischen – Mitteln überprüfen. Dabei können Sie auf Argumentation (Behauptung, Begründung, Beweis), auf Wortwahl und sprachliche Mittel (z. B. Schlagwörter, Superlative; Wiederholungen, Metaphern und Ironie), auf den Einsatz von Geräuschen und Musik sowie auf technische Mittel (Ton, Kommentierung, Kameraführung, etc.) achten. Untersuchen Sie den Abschnitt mehrmals und konzentrieren Sie sich auf Teilaspekte.

4. Schritt: Gesamtbewertung durchführen
Werten Sie die Teilergebnisse aus. Formulieren Sie ein Gesamtresultat, bei dem Mittel, Adressaten, Funktion bzw. Wirkung des Materials sowie die Absicht des Produzenten zueinander in Bezug gesetzt werden.

RECHERCHEN DURCHFÜHREN

Im Archiv recherchieren

Sowohl Text- als auch Film- und Tondokumente finden sich in Archiven. Man kann sich die Dokumente nicht ausleihen, sondern muss sie im Lesesaal des Archivs studieren und auswerten. Wie gehen wir bei der Arbeit in einem Archiv vor?

1. Schritt: Vorbereitungen treffen

Um bei der Suche in einem Archiv wirklich erfolgreich zu sein, muss man sich im Vorfeld genau überlegen, welches Thema bearbeitet werden soll und wonach man sucht. Klären Sie, in welchem Archiv Sie etwas zu Ihrem Thema finden können. Melden Sie sich bei dem zuständigen Archivar des ausgewählten Archivs an und bitten Sie ihn um Unterstützung.

2. Schritt: Einen Überblick zum gefundenen Material gewinnen und Informationen entnehmen

Nach dem Beratungsgespräch erhalten Sie einschlägige Findbücher (= Verzeichnisse von Quellen). Suchen Sie nach interessant erscheinenden Titeln und notieren Sie die Signatur. Nach Erhalt der gewünschten Unterlagen kann man sich Kopien anfertigen lassen (Antrag stellen), ansonsten sollte man die wichtigsten Passagen abschreiben, um sie später auswerten zu können. Auf keinen Fall darf man vergessen, den Fundort, die Signatur der Akte, die Seiten- oder Blattzahl, Titel, Verfasser, Adressat und Entstehungszeit zu notieren. Damit kann man im Zweifelsfall ohne großen Aufwand das Dokument erneut einsehen und die Untersuchungsergebnisse nachweisen.

3. Schritt: Ergebnisse präsentieren

- Gestalten Sie eine kleine Ausstellung im Schulgebäude.
- Verfassen Sie einen Artikel für die Schülerzeitung.
- Bei besonders interessanten Ergebnissen kann die Schule die Zeitung Ihres Heimatortes informieren.

Internetrecherche durchführen

1. Schritt: Erste Informationen sammeln

Weiß man noch wenig über ein Thema, so helfen Suchmaschinen, eine erste, recht allgemeine Recherche durchzuführen. Nützen Sie die speziellen Suchmaschinen für geschichtliche Themen wie www.bildungsserver.de, www.historisches-forum.de, www.historicum.net, www.geschichte.de; www.clio-online.de

2. Schritt: Spezialwissen erwerben

Sind bereits genaue Vorstellungen und somit entsprechende Begriffe vorhanden, dann sollte man möglichst viele davon eingeben (stets verbunden mit einem „+"). Die so gefundenen Links sollten in einer eigenen Datei abspeichert werden, damit man sie nacheinander abrufen kann.

3. Schritt: Gefundenes Material auf seine Glaubwürdigkeit überprüfen

Um zu klären, ob eine Seite vertrauenswürdig ist, muss man herausfinden, wer die Quelle verfasst hat. Alle zuverlässigen Seiten haben, meist im Index oder Impressum, Angaben über ihre Herkunft. Gibt es auch eine E-Mail-Adresse für Rückfragen? Suchen Sie die Webseiten von Archiven, Universitäten, Institutionen, Organisationen oder Museen auf; ihre Seiten sind meist zuverlässig.

4. Schritt: Quellen untersuchen und ihre Inhalte kritisch bewerten

Handelt es sich um eine Zusammenfassung, Wiedergabe eines Vortrags, ist es eine wissenschaftliche Arbeit? Sind überprüfbare Quellen für die Informationen angegeben? Gibt es weiterführende Literaturhinweise? Weitere Links? Geht hervor, mit welchem Ziel/mit welcher Zielgruppe dieser Link verbunden ist? Unterscheiden Sie nach Quellenarten wie Radioansprache, amtliche Verlautbarung, Zeitzeugenaussagen oder Sicht eines Historikers. Bewerten Sie eine Quelle nach ihrem Informationsgehalt und ihrer sprachlichen Aufbereitung; schwierige Wörter müssen nachgeschlagen werden. Zur Überprüfung von Zahlen, Daten und gemachten Aussagen sollten immer mehrere Quellen überprüft werden. Bei Beschreibung von Konflikten sollen auch die unterschiedlichen Sichtweisen von den jeweiligen Gruppen vorliegen.

5. Schritt: Ergebnisse einer Recherche zusammenfassen

Die abschließende Dokumentation sollte die wesentlichen geschichtlichen Inhalte zu der gesuchten Thematik wiedergeben, zugleich aber auch die Quellenlage aus dem Internet kritisch darstellen. Geben Sie stets die genaue Webadresse als Fundstelle an.

Zeitzeugen befragen

Für Ereignisse mindestens ab der Mitte des 20. Jh. stehen uns nicht nur Text-, Ton- und Bildquellen zur Verfügung: Wir können auch Zeitzeugen befragen, also Menschen, die diese Zeit persönlich erlebt haben. Sie geben dabei natürlich ihre subjektive Sicht der historischen Ereignisse wieder; damit wird verdeutlicht, wie sich politische Entscheidungen auf Menschen auswirken. Somit kann das Befragen von Zeitzeugen (= Oral History) eine wertvolle Quelle erschließen und die Darstellung der großen historischen Zusammenhänge ergänzen, aber nie ersetzen. Immer ist menschliche Erinnerung der Gefahr ausgesetzt, die Ereignisse z. B. zu verklären. Außerdem sind es meist nur kleinere Einschnitte von größeren Ereignissen.

1. Schritt: Vorbereitung

- Bereiten Sie sich gut auf das Gespräch vor, indem Sie sich zunächst vertieft über die geschichtlichen Hintergründe informieren. Grenzen Sie das Fachgebiet ein (Alltag, Politik, Jugendzeit, Beruf etc.), arbeiten Sie im Vorfeld Leitfragen aus (immer schriftlich).
- Vereinbaren Sie einen Termin. Schaffen Sie auch eine angenehme Atmosphäre für den Gesprächsverlauf. Der Zeitzeuge sollte schon vorher informiert werden, worüber Sie ihn befragen wollen. So kann er sich vorbereiten, z. B. auch Erinnerungsstücke heraussuchen.
- Legen Sie fest, wer die Gesprächsleitung übernimmt, wer evtl. das Gespräch per Videokamera oder Kassette festhält und/oder wer ein schriftliches Protokoll verfasst.

2. Schritt: Durchführung

Beim Interview muss der Zeitzeuge ausreichend Zeit zur Beantwortung der Fragen haben. Anfangs sollte man offene Fragen stellen, die den Zeitzeugen zum Erzählen anregen. Im zweiten Teil des Interviews empfiehlt es sich, konkrete Fragen zu stellen, damit man noch detailliertere Informationen erhält. Eine Kunst ist es, einerseits den Erzählfluss nicht durch kleinschrittiges Nachfragen zu stoppen, andererseits zu verhindern, dass vom eigentlichen Thema abgekommen wird.

3. Schritt: Auswertung

Die Informationen müssen kritisch auf ihre Stimmigkeit kontrolliert werden (Interviewaussagen mit Sachinformationen vergleichen). Überprüfen Sie, was neu, was überzeugend war, aber auch, wo Widersprüche entstanden und Lücken geblieben sind. Stets ist zu berücksichtigen, in welcher Beziehung der Zeitzeuge zu dem Ereignis stand, ob er aktiv beteiligt war oder nur Beobachter.
Das gesammelte Material kann schriftlich oder mündlich präsentiert oder als Beitrag für die Schülerzeitung veröffentlicht werden.
Beachten Sie rechtliche Vorgaben!

Im vorliegenden Band finden Sie weitere Hinweise zu Methoden:
Seite 36: Analyse fachwissenschaftlicher Texte
Seite 52f.: Fotos – Schein oder Wirklichkeit?
Seite 79: Umfragen durchführen und Ergebnisse auswerten

Außerparlamentarische Opposition (APO): unter diesem Begriff werden verschiedenste untereinander organisierte Gruppen zusammengefasst, die sich als Oppositionsbewegung außerhalb des Parlaments verstanden; zur Zeit der Großen Koalition unter Bundeskanzler Kurt G. Kiesinger lastete die Arbeit der parlamentarischen Opposition ausschließlich auf der FDP; sie erschien jungen Erwachsenen, insbesondere den Studenten, nicht stark genug; Kritik besonders an der sogenannten Wohlstandsgesellschaft, an den ▸Notstandsgesetzen, Verurteilung des amerikanischen Engagements im ▸Vietnamkrieg und Forderung nach Aufarbeitung des Nationalsozialismus.

„68er-Bewegung“: verschiedene Gruppierungen, die seit dem Jahr 1960 gegen herrschende Normen in sozialen, kulturellen und politischen Bereichen protestierten; die Proteste gingen in erster Linie von Studenten und Schülern aus; ähnliche Bewegungen gab es zwischen 1960 und 1970 u. a. in den USA und in Frankreich; sie alle gingen einher mit der „Hippie“-Bewegung und standen in Verbindung mit unterschiedlichen globalen Ereignissen, z. B. dem ▸Vietnamkrieg; Höhepunkt der Proteste fiel in das Jahr 1968, woher auch der Name der Bewegung kommt; aus ihr leitete sich die ▸Außerparlamentarische Opposition (APO) ab.

Breschnew-Doktrin: politische Leitlinie der Sowjetunion; sie wurde am 12. November 1968 von dem damaligen Staatschef der UdSSR, Leonid Breschnew, verkündet; die Doktrin legte fest, dass die Mitgliedschaft zum Warschauer Pakt gleichbedeutend mit der Einschränkung der nationalen Souveränität war; wenn in einem der Bruderländer der Sozialismus bedroht sei, könne eingegriffen werden; damit rechtfertigte man u. a. die Intervention der Truppen des Warschauer Pakts in der Tschechoslowakei zur Beendigung des „Prager Frühlings“ (1968); erst mit der ▸Reformpolitik unter Michail Gorbatschow wurde die Breschnew-Doktrin aufgehoben.

Einigungsvertrag: Staatsvertrag zwischen der Bundesrepublik Deutschland und der ersten frei gewählten Regierung der Deutschen Demokratischen Republik; unterzeichnet am 31. August 1990; er regelte die rechtlichen Fragen des Beitritts der DDR zur Bundesrepublik Deutschland nach Art. 23 des Grundgesetzes; um dieses Ziel umsetzen zu können, mussten die 1952 von der SED aufgelösten Länder wieder gegründet werden.

Entspannungspolitik: Bemühen um Abbau politischer Spannungen in Konfliktsituationen und Klimaverbesserung zwischen den Staaten; in der Nachkriegsepoche die unter dem amerikanischen Präsidenten John F. Kennedy 1962 beginnenden Schritte zur Überwindung des Kalten Kriegs und zur Milderung des Ost-West-Konflikts; Ergebnisse dieses Entspannungsprozesses waren erste Abrüstungsgespräche und Vereinbarungen, die schließlich zu ▸SALT und zur ▸KSZE (1975) führten; immer wieder kam es dabei zu Rückschlägen (u. a. Afghanistan, 1979); mit dem Amtsantritt von Michail Gorbatschow 1985 wurde eine endgültige Entspannung zwischen Ost und West eingeleitet.
Der Begriff wird im engeren Sinn auch auf die Ostpolitik der sozial-liberalen Koalitionsregierung Brandt-Scheel zwischen 1970 und 1974 angewandt.

Europäischer Binnenmarkt: innerhalb der Länder der ▸EU bewirkt ein solcher Binnenmarkt den freien Verkehr von Personen, Waren, Dienstleistungen und Kapital; eine gemeinsame Währung (Euro) soll mit dazu beitragen, dies zu ermöglichen.

Europäische Gemeinschaft (EG): Institution, die 1968 aus dem Zusammenschluss der Europäischen Wirtschaftsgemeinschaft (EWG), der Europäischen Atomgemeinschaft und der Europäischen Gemeinschaft für Kohle und Stahl entstand.

Europäische Union (EU): wurde mit dem ▸Vertrag von Maastricht (1993) gegründet; derzeit (2008) hat sie 27 Mitglieder; weitere Staaten haben Anträge für eine Aufnahme gestellt; die EU strebt eine enge wirtschaftliche und politische Zusammenarbeit an; bisher wichtigste Ergebnisse waren die Einführung des europäischen ▸Binnenmarktes und die gemeinsame Euro-Währung.

Glasnost (= Offenheit): Zentralbegriff der ▸Reformpolitik Michail Gorbatschows seit 1985; Begriff befürwortete die geistige Öffnung, die Auseinandersetzung mit politisch Andersdenkenden in der UdSSR statt ihrer Unterdrückung; Kritik an Partei und Staat durfte jedoch nicht die Prinzipien des Marxismus-Leninismus in Frage stellen; für Gorbatschow war Glasnost auch ein Mittel zur Umgestaltung der Wirtschaftsstrukturen. ▸ Perestroika

Globalisierung: weltweite Ausdehnung und Vernetzung von großen Wirtschaftsunternehmen und Finanzmärkten; dabei entstanden komplizierte, eng verknüpfte Netzwerke, die sich noch immer weiter entwickeln; neben wirtschaftlichen Verflechtungen kommt es auch zu einer weltweiten engen Zusammenarbeit in verschiedenen anderen Bereichen, z. B. in der Politik oder im kulturellen Bereich.

Grundlagenvertrag: 1972 zwischen der Bundesrepublik und der DDR geschlossener Vertrag; beide Staaten verpflichteten sich zum gegenseitigen Gewaltverzicht und zum Aufbau gutnachbarschaftlicher Beziehungen; der Vertrag markierte einen der wichtigsten Einschnitte in der Geschichte des geteilten Deutschlands. ▸ Ostverträge

Konferenz für Sicherheit und Zusammenarbeit in Europa (KSZE): in Helsinki stattfindende Konferenz; Bestreben der europäischen Staaten, der USA und Kanadas, neben den Entspannungsbemühungen der beiden Supermächte den ▸ Ost-West-Konflikt zu entschärfen; die Schlussakte 1975, unterzeichnet von 35 europäischen Staats- und Regierungschefs, brachte für den ▸ Ostblock die Anerkennung der Grenzen der Nachkriegsordnung und führte zu einem stärkeren wirtschaftlichen Austausch mit dem Westen; im Gegenzug machte der Osten Zugeständnisse bei den Menschenrechten; in den Folgejahren entstanden in zahlreichen sozialistischen Ländern Bürgerrechtsbewegungen; diese trugen letztlich zum Zusammenbruch des Ostblocks und zum Ende des ▸ Ost-West-Konflikts bei.

Kubakrise: äußerst gefährliche Konfliktsituation zwischen den beiden Großmächten USA und UdSSR im Herbst 1962 wegen des Versuchs der Sowjetunion, durch Errichtung von Raketenbasen auf Kuba in die westliche Hemisphäre vorzudringen und sich erhebliche strategische Vorteile zu verschaffen.

NATO-Doppelbeschluss: nach der Aufstellung von modernen Mittelstreckenraketen (SS-20) durch die UdSSR 1979 bot die NATO dem Osten Verhandlungen über die beiderseitige Begrenzung atomarer Mittelstreckenraketen an; zugleich wurde deutlich gemacht, dass man neue US-Raketen (Pershing II, Cruise Missiles) in Westeuropa aufstellen würde, für den Fall, dass die Verhandlungen zu keiner Einigung führten; nach dem Scheitern der Verhandlungen wurden 1983 die Raketen aufgestellt; erst 1987 kam es zu einem Abkommen, das die Vernichtung der vorhandenen und das Verbot aller Raketen mittlerer und kürzerer Reichweite in Europa festlegte; der Beschluss beherrschte die politischen Debatten in Deutschland und ließ eine breite Friedensbewegung wachsen.

Notstandsgesetze: staatsrechtliche Bevollmächtigung (Polizei, Bundesgrenzschutz, Bundeswehr), bei unmittelbar drohender Gefahr von außen oder im Falle eines Umsturzes besondere Maßnahmen zu ergreifen und Rechte außer Kraft zu setzen; im Grundgesetz von 1949 nicht vorgesehen, seit 1968, nach heftigen Protesten, von der Großen Koalition unter Kurt G. Kiesinger eingeführt; alliierte Besatzungsmächte verzichteten dabei auf Vorbehalte hinsichtlich der Souveränität der Bundesrepublik Deutschland.

Öffnung der innerdeutschen Grenze: Mit dem Fall der Mauer am 9. November 1989 endete die friedliche Revolution; zugleich bedeutete sie das Ende der SED-Diktatur.

Ostverträge: Sammelbezeichnung für den Moskauer Vertrag 1970 (Gewaltverzicht), den Warschauer Vertrag 1970 (Oder-Neiße-Linie faktisch als Westgrenze Polens anerkannt), das Berlin-Abkommen 1971 und den ▸ Grundlagenvertrag mit der DDR 1972; sie sollten das Verhältnis der Bundesrepublik zu ihren östlichen Nachbarstaaten verbessern; trotz der Festschreibung im Potsdamer Abkommen, der eine endgültige Festlegung der Grenzen ausschließlich von einem Friedensvertrag abhängig machte und trotz der Aufgabe des Alleinvertretungsanspruchs der Bundesrepublik (Hallstein-Doktrin), verstießen die Ostverträge nicht gegen das Wiedervereinigungsgebot des Grundgesetzes.

Osterweiterung der EU: 2004 traten die Staaten Estland, Lettland, Litauen, Polen, Tschechien, Slowakei, Ungarn, Slowenien, Malta und Zypern der Europäischen Union bei; zu den 25 Mitgliedern kamen 2007 noch Bulgarien und Rumänien hinzu; damit stieg die Einwohnerzahl der EU auf ca. 490 Millionen an; Kroatien strebt einen EU-Beitritt 2009 an.

Palästinenser-Frage: die im 1. Nahostkrieg (1949) geflohenen bzw. vertriebenen und die 1967 unter israelische Herrschaft gekommenen Palästinenser bestehen auf dem Recht, einen eigenen Staat zu gründen; während einige radikale Gruppen weiterhin die Vertreibung der jüdischen Bevölkerung fordern, sind heute viele Palästinenser gemäßigter in ihren Forderungen; seit 1987 kommt es wiederholt zu Aufständen der Palästinenser (Intifada).

Perestroika (= Umgestaltung): neben ▸Glasnost wichtigster Begriff für die ▸Reformpolitik von Michail Gorbatschow; zielte auf die Umgestaltung der Gesellschaft.

Reformpolitik in der UdSSR: s. ▸Glasnost und ▸Perestroika

SALT (Strategic Arms Limitation Talks): Abkommen zwischen den USA und der UdSSR über Höchstzahlen bei Interkontinental-Raketen (SALT-I-Abkommen 1972) und Obergrenzen für alle strategischen Waffen (SALT-II-Vertrag 1979).

„Tag der Deutschen Einheit“: 3. Oktober ist laut Einigungsvertrag seit 1990 Deutschlands Nationalfeiertag, da an diesem Datum die deutsche Wiedervereinigung vollzogen wurde.

Umbruch im Ostblock (1989/90): trotz Unterzeichnung der ▸KSZE-Schlussakte blieb Opposition gegen die kommunistische Herrschaftsstruktur in den Ländern des Ostblocks gefährlich; erst durch Michail Gorbatschows Reformkurs kam Bewegung zustande; ab 1988 wurde insbesondere in Ungarn und Polen ein Prozess der Verselbstständigung und Demokratisierung in Gang gesetzt; 1989 öffnete Ungarn seine Grenze zu Österreich; die polnische Gewerkschaft „Solidarność“ konnte sich nach langen Jahren des Kampfes endlich durchsetzen; Bürgerrechtsbewegungen bewirkten in der DDR und der Tschechoslowakei einen Kurswechsel; zwischen 1989 und 1990 kam es zur Bildung von Mehrparteiensystemen und zur Durchführung von freien Wahlen; der Warschauer Pakt löste sich auf, die UdSSR hörte zu bestehen auf.

Vertrag von Maastricht: von den Außenministern der ▸EG-Staaten unterzeichneter und 1993 in Kraft getretener Vertrag zur Gründung der ▸Europäischen Union (EU) mit dem Ziel, eine Einigung der Mitgliedsstaaten auf politischem, sozialem und wirtschaftlichem Gebiet zu erreichen; Vertrag ruht auf drei Säulen: auf der Europäischen Gemeinschaft, einer gemeinsamen Außen- und Sicherheitspolitik und der Zusammenarbeit in der Rechts- und Innenpolitik; er sah darüber hinaus die Bildung einer Wirtschafts- und Währungsunion bis 1999 vor. ▸Europäische Einigung

Vietnamkrieg: bezeichnet die letzte, besonders verlustreiche Etappe in einem über dreißig Jahre dauernden Konflikt; er gilt als ein Stellvertreterkrieg, weil die Sowjetunion und China in diesen Auseinandersetzungen Nordvietnam, die Vereinigten Staaten von Amerika die Südvietnamesen unterstützten; der Krieg endete 1975 und hatte die Wiedervereinigung des Landes zur Folge.

Währungs-, Wirtschafts- und Sozialunion: Staatsvertrag zwischen den beiden deutschen Staaten vom 1. Juli 1990; die DM wurde einheitliche deutsche Währung; durch ihn sollte die Grundlage für die wirtschaftliche und die Sozialunion geschaffen werden.

„Wandel durch Annäherung“: unter diesem Motto setzte sich die sozial-liberale Regierung unter Bundeskanzler Brandt ab 1969 für eine Politik des Ausgleichs mit dem Osten ein. ▸Ostverträge

Zwei-plus-vier-Vertrag: wurde am 12. September 1990 in Moskau von den beiden deutschen Staaten, den USA, der Sowjetunion, Frankreich und Großbritannien unterzeichnet; er nimmt die Stelle eines Friedenvertrags für ganz Deutschland ein, der seit der Potsdamer Konferenz der alliierten Siegermächte 1945 aufgeschoben worden war. ▸Einigungsvertrag

Die fett gedruckten Wörter gehören zum Grundwissen.

akg-images: S. 9.2, 9.5 (Guttenfelder), 35.1, 100.2, 114 – AP Photo: S. 7.3, 8.2 (Doug Mills), 9.3, 17.1, 42.3, 47 (Doug Mills), 48.2 (Holzner), 61.2, 68.1, 72.3 + 4, 73, 80.1, 82.1, 94.1 (Guttenfelder) – Archiv für Christlich-Soziale Politik (ACSP): S. 29.4 – Astrofoto: S. 8.3, 24.2, 96.1 – Bayerische Staatsbibliothek: S. 116.1 – Baaske, W., München: S. 69.3 (H.J. Starke) – Böhle, Klaus: S. 57.2 – BPK, Berlin: S. 6.5, 10/11, 27.1, 115.2 – Bridgeman/Giraudon: S. 116.2 – Brookes, Peter: S. 65.4b – Brucker, Dr. Ambros, Gräfelfing: S. 86.1 – BStU, Berlin: S. 40.2 – CCC /www.c5.net: S. 22.2 (Luff), 23, 36, 74, 81.4 (Haitzinger), 51.6 (Fritz Behrendt), 59.6 (Joachim Kohlbrenner), 71.3 (Walter Hanel), 76.1 (Rudolf Donath), 81.5 (Fritz Behrendt) – Cinetext Bildarchiv: S. 12.1, 69.4 – Corbis: S. 44, 49.4 (Jean Louis Atlan), 50.2 (Peter Turnley) – Corbis/ Sygma (Kevin Carter): S. 72.2 – Deutsches Historisches Museum, Berlin: S. 5.2, 24.1, 25.1, 39.4 (Hans Ticha)/ VG-Bildkunst, Bonn 2007), 52.1, 105.2, 117.1 – 360-berlin: S. 98.3 – Dittrich Peter, Petershagen-Eggersdorf: S. 67.2 – Dokumentationszentrum Reichsparteitagsgelände, Nürnberg: S. 3 – dpa, Frankfurt: S. 88.1 – dpa-Grafik: S. 75.4 – Eisenmann, Orlando: S. 85.4 – Erich Schmidt Verlag, Zahlenbilder: S. 41.4, 63.2 – Friedrich-Naumann-Stiftung für die Freiheit (Archiv des Liberalismus): S. 29.3 – Globus Infografik: S. 49.3, 91.2 – Haus der Geschichte, Bonn: S. 29.1, 30.1 (Wolfgang Hicks), 35.2, 53 (Vorlage), 55.3 (P. Leger), 64.1 (Antonio Maia), 64.2b (Jerusalem Post), 64.2c (Jacques Bellenger) – Hornung, Erich: S. 115.1 – imagediggers/netfirms.com: S. 25.2 – Interfoto: S. 109.4 – Johanniter-Unfallhilfe e. V.: S. 9.4, 110.1 – Jürgens Ost- u. Europa Photo: S. 40.1, 57.3 – Kaiser, Andree, Berlin: S. 61.4 – Keystone: S. 32.2, 38, 58.2 – Konrad-Adenauer e. V., Archiv für Christlich-Soziale Politik, Plakatsammlung: S. 5.1, 29.2 – Lienert, Ralf, Kempten: S. 106.1, 106.2, 107.4, 108.1, 108.2, 108.3 – Lüdecke Matthias: S. 86.2 – Mansaray, Karin, Berlin: S. 56.1 – MGM: S. 17.1 – Picture alliance/dpa: S. 7.1+5, 8.5, 26.1, 32.1, 34.1, 39.2, 46 (Lektivva Oy), 54, 55, 58.1, 59.4, 74.2 (Oliver Berg), 90.1, 91.4, 93.1 – Picture Press, Hamburg: S. 19.1 (Camerapress/R.C. Hunt), S. 55.2 – Presse- u. Informationsamt der Bundesregierung, Bonn: S. 6.3+4, 22.1 – Reuters, Köln: S. 81.3 – Spiegel-Verlag, Rudolf Augstein GmbH & Co. KG: S. 28.1, 35.2, 66.1, 87.3 – Stadtmuseum, München: S. 100.2 – Stasimuseum, Berlin: S. 41.6 – SV-Bilderdienst: S. 6.1, 6.6, 8.1, 13, 15, 20, 21, 27.2 (Hersterberg), 33.4 (A. Haase), 42.4 Strathjohann), 48.1, 50.1 – Tessa Sale Agency, London: S. 11 – Topham Picturepoint/Keystone: S. 82.2 – Ullstein Bild: S. 6.2, 7.4 (Röhrbein), 8.4 (Röhrbein), 8.6 (Schulze), 12.2 (Sven Simon), 16.1 (AP), 31.2 (Sven Simon), 39.1 (Schulze), 42.1+2 (dpa), 45, 60.1 (Röhrbein), 62.1 (Reuters), 117.2 (Archiv Gerstenberg), 119 – UN-Photo/Maher Attar: S. 72.1 – Wilhelm-Busch-Museum, Hannover: S. 36.1 – Wirtz, Peter, Dormagen: S. 120.1, 121.

Aus: Fischer Weltgeschichte Bd. 29, hrsg. von David K. Fieldhouse, Frankfurt/M. 1965: S. 95.3.

Umschlagvorderseite: picture-alliance/dpa; AP Photo (Guttenfelder); ullstein (Röhrbein);
Umschlagrückseite: ullstein (Röhrbein); UN-Photo (Maher Attar); AP-Photo; VG-Bildkunst: Deutsches Historisches Museum, Berlin: Hans Ticha)/VG-Bildkunst, Bonn 2007.

Romano Guardini (1885–1968)
Katholischer Theologe und Religionsphilosoph